가치투자를 위한
나의 첫
주식가치평가

가치투자를 위한
나의 첫 주식가치평가

2022년 6월 21일 초판 인쇄
2022년 6월 27일 초판 발행

지 은 이 ㅣ 이중욱
발 행 인 ㅣ 이희태
발 행 처 ㅣ 삼일인포마인
등 록 번 호 ㅣ 1995. 6. 26. 제3-633호
주　　소 ㅣ 서울특별시 용산구 한강대로 273 용산빌딩 4층
전　　화 ㅣ 02)3489-3100
팩　　스 ㅣ 02)3489-3141
가　　격 ㅣ 25,000원

ISBN　979-11-6784-090-5　03320

성공한 투자자로 이끌어 줄 쉽고 유익한 투자 길잡이!

가치투자를 위한 나의 첫 주식가치평가

이중욱 지음

SAMIL | 삼일인포마인

서 문

많은 분들이 주식이나 사업의 가치평가를 하는 것을 어려워합니다. 기술이나 사업이 복잡해지면서 가치평가 역시 전문가만의 영역으로 생각해버리곤 하죠. 그러나 조금의 재무적 지식을 가지고 회사와 산업을 이해하는데 어느 정도 시간을 투자할 수 있다면 가치평가는 어려운 영역이 아닙니다. 몇 가지 가치평가 기본 개념을 가지고 시장과 산업과 회사에 대한 충분한 이해를 바탕으로 기업 가치의 핵심 요인을 파악할 수 있다면 누구나 기업가치 혹은 주식가치를 평가할 수 있습니다.

그리고 자신이 직접 주식가치평가를 하지 않더라도 시장에서 볼 수 있는 다양한 주식가치평가에 대한 기사, 애널리스트들의 보고서, 회사에 대해 분석한 글 등을 쉽게 이해하기 위해서라도 주식가치평가가 무엇인지를 이해하는 것은 중요합니다. 주식투자 입장에서는 "수익=가지−가격"이 될 것입니다. 이것이 바로 투자자에게 가치평가가 중요한 이유입니다. 가격은 시장에서 정해져 있는 경우가 많다고 본다면, 가치를 알아야 수익성이 있는 투자인지를 따져보고 투자를 할 수 있기 때문입니다.

즉, 주식투자자들에게 가장 중요한 것 중의 하나는 회사의 가치를 알아보고 그 가치를 주식 평가하는데 적절하게 반영하는 것입니다.

이 책은 독자들이 기업가치평가 혹은 주식가치평가에 조금 더 쉽게 다가갈 수 있도록 하는 것을 목표로 하고 있습니다. 쉽게 다가가기 위

해서는 복잡하면 안될 것입니다. 이 책은 주식가치평가방법을 단순하게 접근하면서도 회사의 핵심 가치에 접근할 수 있도록 하는 것을 돕고자 합니다.

참고로 재무제표가 익숙하지 않거나 가치평가를 위한 재무 · 회계 용어가 낯설게 느껴지는 분들도 이 책을 이용할 수 있도록 책의 후반부에 가치평가를 위해 필요한 재무와 회계에 대한 설명을 추가하였습니다. 그러므로 "제7장 재무제표의 이해"를 먼저 보시는 것도 이 책의 전반적인 내용을 이해하는데 좋은 방법일 수 있습니다.

주식가치평가를 할 때에는 몇 가지 주의할 점이 있습니다. 오늘의 가치평가가 언제까지 지속되는 정답이라고 생각해서는 안됩니다. 가치평가는 다양한 추정에 근거하는 경우가 많고, 그 추정에는 불확실성이 따르기 마련입니다. 가치평가의 세계에서 이를 위험(risk)이라고 합니다. 시장환경이 변하고 새로운 정보가 주어지면 가치평가는 달라질 수 있다는 점을 알아야 합니다.

즉, 가치평가에는 기대치가 반영됩니다. 기대치가 합리적으로 반영되는 과정에서 주식가치평가가 이루어집니다. 당연히 기대치가 달라지면 가치평가도 달라집니다. 그리고 그 기대치는 시장, 산업, 회사의 상황과 연결되어 있습니다.

서 문

이 책에서 설명하고 있는 다양한 주식가치평가방법과 예시도 마찬가지로 절대적인 정답은 아닙니다. 평가를 하는 대상회사의 상황은 달라질 수 있으며, 그에 따라 가정을 비롯한 다양한 가치평가 요소도 달라질 수 있습니다. 하지만 이 책은 일반적인 상황에서 쉽게 접근할 수 있는 주식가치평가방법을 소개하고 있기 때문에, 이 책의 내용을 충분히 숙지한 독자라면 상황에 맞는 적절한 가정과 평가방법으로 합리적인 수준의 주식가치평가를 해 낼 수 있으리라 봅니다.

주식가치평가의 결과는 숫자로 표현되지만, 숫자만 보아서는 평가 대상의 가치를 제대로 파악하지 못할 수 있습니다. 기업과 기업을 둘러싼 다양한 환경에 대한 충분한 이해가 뒷받침되어야 합리적인 주식가치평기를 할 수 있습니다. 그리고 기업이 기지고 있는 스토리를 충분히 이해하여야 적절한 주식가치평가가 이루어질 수 있습니다.

무엇보다도 우리는 "Value"를 평가하는 valuation, "가치"평가를 하고자 한다는 점을 잊어서는 안될 것입니다. 기업의 본질은 "가치" 창출입니다.

"기업은 세상이 필요로 하는 가치를 창출하는데 기여하고, 투자자는 이러한 가치를 창출하는 기업을 알아보는 것" 이것이 투자의 선순환 효과일 것입니다. 우리는 가치평가를 하는 과정에서 "가치"라는 본질을 추구해야 한다는 것을 잊어서는 안될 것입니다.

"가치"라는 본질을 추구하는 것이 바로 가치투자입니다.

이 책이 여러분들이 가치투자를 위한 주식가치평가를 함에 있어서 좋은 길잡이가 될 수 있기를 바라겠습니다. 그리고 그러한 투자의 결과들이 우리 모두의 행복한 삶으로 이어질 수 있기를 함께 바라겠습니다.

이 책이 나오기까지 감사 인사를 드려야 하는 분들이 너무나 많습니다. 이 지면을 통해 먼저 감사 인사드립니다. 그리고 시간은 조금 걸리겠지만 한분 한분 찾아가 다시 한번 감사 인사드릴 계획입니다.

감사합니다.

2022년 6월 저자

Content

CHAPTER

가치평가의 종류

CHAPTER

시장가치접근법(Market Approach)

Content

CHAPTER

이익가치접근법(Income Approach)

CHAPTER

스타트업의 평가

Content

CHAPTER

보너스 강의: 재무제표의 이해

부록

CHAPTER

1

가치평가는 무엇인가?

① 가치평가는 무엇인가?

여러분은 질레트라는 회사를 잘 알고 있을 겁니다. 전 세계 면도기 시장의 강자입니다. 질레트는 P&G 그룹의 계열이기도 합니다.

P&G 그룹의 경쟁사 중에는 유니레버라는 회사가 있습니다.

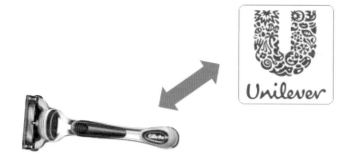

유니레버는 면도기 시장에서 질레트와 경쟁 관계이기도 합니다.

그런데 이 면도기 시장에 신생기업 하나가 치고 들어와 굳건하던 기존 업체의 시장 점유율에 균열을 내기 시작합니다.

바로 온라인을 통한 구독모델을 들고 나온 "달러쉐이브클럽"이라는 회사가 나타난 것입니다.

달러쉐이브클럽은 소비자들이 홈페이지를 통해 면도기 종류를 선택하고 매달 일정 금액을 지불하면, 면도날이 배송되는 비즈니스 모델을 들고 나왔습니다. 가격도 질레트보다 60%나 저렴했으며, 창업 4년만에 미국 면도기 시장 점유율 10%를 달성했습니다.

달러쉐이브클럽의 성공이 시장에서 눈에 보이기 시작하자, 유니레버는 면도기 시장에서의 경쟁력을 강화하고자 달러쉐이브클럽을 인수하게 됩니다.

자, 그러면 한 가지 질문을 하겠습니다.

여러분이라면 이 달러쉐이브클럽을 얼마에 인수하겠습니까? 5백억 원? 1천억 원? 5천억 원?[1]

---

1) 참고로 유니레버는 달러쉐이브클럽을 1조 원에 인수한 것으로 알려져 있습니다.

그런데 여러분! 지금 우리가 이렇게 얘기하는 가격이 가치평가일까요?

가치평가는 값을 매기는 것입니다. 그러나 우리는 앞선 사례에서 달러쉐이브클럽에 대한 자세한 사항을 알지 못한 채 얼마를 지불할 것인지에 대한 얘기를 나눴습니다.

회사를 제대로 알지 못한 상태에서 값을 매기는 것을 우리는 가치평가라고 하지는 않습니다.

가치평가는 회사에 대해 충분히 이해한 상태에서 값을 결정하는 것입니다.

즉, 가치[2]평가는 그냥 값을 매기는 것이 아니라 "이용 가능한 정보를 활용하여 합리적으로 값을 결정하는 과정"을 통해 나오는 것입니다. 여기서 합리적인 값이란 거래당사자 혹은 이해관계자가 "합의"할 수 있는 가격이 되어야 할 것입니다.

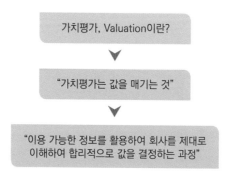

---

2) 참고로 금융감독원이 제정한 외부평가업무 가이드라인(2009. 6.)에서도 공정시장가치의 정의를 "대상자산에 대한 충분한 지식을 가진 자발적인 매수자와 자발적인 매도자가 합의할 수 있는 거래가격"이라고 정의하고 있습니다.

② "수익=가치-가격" 그렇다면 가치를 알아야 하지 않을까?

우리가 흔히 사용하는 말 중에 "가격이 얼마예요?"라는 말이 있습니다. 그렇다면 가격은 가치와 같은 의미일까요?

$$\text{가치} = \text{가격}$$
$$?$$

가격은 수요와 공급에 의해 시장에서 결정된 값으로, 판매자가 팔려는 값과 구매자가 지불하려는 값이 같아야 거래가 되는 Price의 개념입니다.

가치는 구매자가 가격을 지불하고 구매한 상품으로부터 얻는 효용의 크기로서, 가격에 비해 상대적으로 주관적인 값입니다.

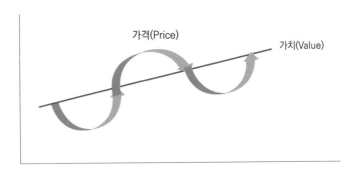

'구매자는 가치 〉 가격일 경우 구매한다'는 경제학 이론에서의 가격과 가치의 관계는 주식투자나 기업 간 M&A에도 적용되어, 투자자는 지불하는 가격보다 투자자 입장에서의 가치가 높은 경우 거래를 하게 되는 것입니다.

그렇다면 주식시장에서의 주가는 가격일까요? 가치일까요? 주가는 누군가에게는 가치일 수 있지만, 일반적으로 보면 가격의 개념에 가깝습니다. 시장에서 형성된 가격이 내가 바라본 가치와 동일한지, 더 높은지, 낮은지를 판단하기 위해 가치평가를 하게 되고, 가치평가를 통해 거래 여부를 결정하는 것입니다. 그래서 **주식투자 입장에서는 "수익=가치-가격"이 되는 것입니다. 이것이 바로 투자자에게 가치평가가 중요한 이유입니다. 가격은 시장에서 정해져 있는 경우가 많다면, 가치를 알아야 수익성이 있는 투자인지를 따져보고 투자를 할 수 있기 때문입니다.**

주식시장에서의 가치평가 혹은 기업분석은 시장평균 혹은 유사회사 평균과 비교하는 상대가치[3]평가를 많이 볼 수 있습니다. 상대가치평

---

3) Relative value(상대가치)는 평가대상회사와 유사한 회사의 가치를 비교하여 평가하는 가치로서, 주로 시장에서 거래되는 유사회사의 가치를 비교하게 되기 때문에 시장가치를 평가하는 대표적인 방법론으로서 상대가치가 적용됩니다.

가는 직관적이고 이해하기가 쉽기 때문에 거래에 많이 활용되는 편입니다. 그러나 이러한 분석은 기업의 가치를 직접적으로 평가하는 것이 아니라, 왜 기업가치가 이익의 몇 배이어야 하는지 본질적으로 설명해주지 못하기 때문에 내재가치평가라고 보기는 어렵습니다.

내재가치는 기업의 본질적 가치의 의미로서 평가대상 기업의 고유한 재무상황 및 평가대상 기업이 갖는 현금흐름 창출 능력을 바탕으로 평가되는 가치를 말합니다. 그러므로 내재가치[4]는 주식시장에서 기업의 적정주가와도 맥이 닿아 있습니다.

참고로 단기적인 가격, 주가의 방향을 합리적으로 예측하는 것은 불가능한 영역입니다. 그러나 기업의 내재가치를 평가하여 가치투자를 하는 방식은 그 우수성이 이미 입증된 것으로 볼 수 있습니다.

가격은 결국 내재가치에 수렴한다는 것이 가치투자자들의 오랜 믿음입니다. 가치투자를 위해서는 회사의 내재가치를 파악할 수 있어야 하는 이유입니다.

---

4) 내재가치(Intrinsic value)기업의 본질적 가치의 의미로서 평가대상 회사의 재무상황 및 회사가 갖고 있는 현금 창출능력을 바탕으로 평가되는 가치입니다.

③ 가치,
주가에 영향을 미치는 중요한 요인은 무엇일까?

주식 등의 자본거래 시장에 참여하는 분들이 가장 궁금해하는 것은 바로 무엇을 보고 회사의 가치를 결정할 것인지에 대한 부분입니다.

기업의 가치는 다양한 요인에 의해 결정됩니다. 그렇기 때문에 단정적으로 어떤 한두 가지 상황만을 가지고 가치를 판단하기는 어렵습니다. 그렇지만 일반적인 경우에 있어서 어떤 상황이 기업의 가치판단에 영향을 미치는지에 대한 이해는 필요할 수 있습니다.

먼저 테슬라와 토요타의 PER[5]을 비교해 보겠습니다. 주당가격이 이익의 몇 배로 형성되어 있는지를 나타내는 PER은 테슬라가 200배, 토요타가 10배입니다.[6] PER을 기준으로 보면 테슬라의 가치가 토요타의 가치보다 훨씬 높게 평가되고 있는데, 무엇이 이런 차이를 가져오는 걸까요?

구분	Tesla	Toyota
PER	200배	10배
단기 예상성장률	57%	8%
향후 5개년 예상성장률	37%	20%

---

5) PER(Price Earnings Ratio, 주가순이익 비율)은 주가와 주당순이익 배수(Multiple)를 통해 대상회사의 주가(자기자본 가치)를 추정하는 방법으로, 대표적인 상대가치방법 중의 하나입니다.
6) 2022년 3월 말 finance.yahoo.com 데이터 기준이며, 다음의 사례도 동일한 기준입니다.

다른 여러 가지 이유가 있겠지만, 위의 정보만으로 보면 기대되는 성장률의 차이가 이러한 가치의 차이를 가져오는 이유 중의 하나일 것입니다. 테슬라의 단기 예상 성장률은 50%를 넘고, 이후에 향후 5개년간 예상되는 성장률도 평균적으로 37% 수준이어서 토요타의 단기 예상 성장률과 향후 5개년 기대 성장률을 훨씬 넘어서고 있습니다.[7] 즉, **향후 기대되는 성장성이 클수록 주식가치는 더 높게 평가될 수 있는 것입니다.**

테슬라를 단순히 자동차 제조회사가 아닌 IT기술과 빅데이터 등에 기반한 빅테크 기업으로 간주한다면, 테슬라를 자동차 회사가 아닌 다른 빅테크 기업과 비교해 볼 수도 있을 것입니다.

테슬라를 아마존과 비교해 보겠습니다. 테슬라의 PER은 아마존의 PER 46배보다도 더 큽니다. 향후 5개년간 시장에서 바라본 예상성장률은 각각 37%와 35%로 큰 차이가 없습니다. 그렇다면 어떤 이유 때문에 두 회사의 시장평가가 이렇게 차이가 나는 걸까요?

구분	Tesla	Amazon
market cap(시가총액)	1.121조 달러	1.665조 달러
PER	200배	46배
향후 5개년 예상성장률	37%	35%
영업이익률	12%	5.2%

다른 여러 가지 이유가 있겠지만, 위의 정보만으로 보면 이익률의 차이가 크게 작용했을 수 있습니다. 테슬라의 영업이익률은 12%이고, 다

---

7) 기대성장률은 2022년 3월 중 조회되는 finance.yahoo.com 데이터와 analyst report 참고, 다음의 사례도 동일한 기준입니다.

른 분석가들은 향후 20% 이상의 영업이익률까지 전망하는 경우도 있습니다. 그런데 아마존의 영업이익률은 5% 수준에 머물고 있습니다. 즉, 향후 기대되는 성장성이 유사하더라도 성장에 따라 **기대되는 이익률이 더 클수록 주식가치는 더 높게 평가**될 수 있는 것입니다.

다음은 토요타와 포드를 비교해 보았습니다. 토요타의 PER은 10배로, 포드의 PER 4배보다 더 높습니다. 동업종으로 비교대상이 될 것으로 보였던 토요타와 포드의 PER 차이는 왜 발생하는 것일까요?

구분	Toyota	Ford
PER	10배	4배
단기 예상성장률	8%	20%
영업이익률	8%	7%
매출	223,340백만 달러	136,341백만 달러

가치의 차이를 가져오는 사유는 복합적이기 때문에 한두 가지로 모든 것이 다 설명되는 것은 아닙니다. 그러나 위의 정보만으로 보면 영업이익률은 큰 차이를 보이지 않고, 예상성장률은 포드가 토요타보다 조금 높게 기대되고 있습니다. 그러나 그보다 눈에 띄는 것은 매출의 차이가 두배 가까이 난다는 점입니다. 매출액의 차이는 시장 점유율의 차이이고, 시장지배적 사업자가 되면 향후 이익창출 능력을 훨씬 안정적으로 전망하게 됩니다. 그리고 상대적으로 시장에서 안정적인 지위를 차지하거나 유지할 가능성이 높다는 것은 불확실성(위험)이 낮다는 의미이기도 합니다. 즉, 향후 시장에서 영업을 하는 사업자로서의 **불확실성이 낮을수록 주식가치는 더 높게 평가**될 가능성이 있습니다.

사실 대상회사의 현금흐름 창출능력이나 성장의 기대치에 영향을 미치는 불확실성의 요인은 정말 많습니다. 대상회사의 내재적인 특성과 관련된 사항이 불확실성에 영향을 미칠뿐만 아니라 산업의 특성과 시장환경도 불확실성에 영향을 미칩니다. 그러므로 어떤 회사를 가치평가할 때에는 평가대상회사에 대한 이해뿐만 아니라 평가대상회사가 속한 산업과 시장상황에 대한 이해도 함께 이루어져야 합니다.

　위의 3가지 사례를 통해 일반적으로 주가 혹은 가치에 영향을 주는 핵심적인 요인 3가지를 추론할 수 있습니다.

　바로 **"현금흐름(이익) 창출능력"**과 **"현금흐름(이익)의 성장에 대한 기대치"**, 그리고 **"미래 예상되는 현금흐름에 대한 불확실성"**을 의미하는 위험(Risk)[8]입니다.

　이러한 3가지 요소는 위의 사례에서 바로 **"이익률"**, **"성장률"**, 그리고 **"시장점유 또는 (매출)규모"**로 설명되고 있으며, 현금흐름의 불확실성 혹은 현금창출 능력의 안정성 및 지속성은 평가 방법론에 따라 **"할인율"** 또는 **"요구수익률"** 등으로 설명되기도 합니다.

---

8) Risk는 재무적인 관점에서는 변동성의 의미에 가깝습니다. 확실하지 않고, 많고 적음을 떠나서 예측이 힘든 경우를 '불확실성이 크다' 혹은 'Risk가 크다'라고 합니다. Risk를 측정하는 지표는 여러 가지가 있을 수 있지만, 여기서는 시장 점유율이 높은 시장지배적 사업자의 현금흐름 불확실성이 상대적으로 그렇지 못한 회사에 비해 낮을 수 있다라는 측면에서 이를 단순화하여 설명하였습니다.

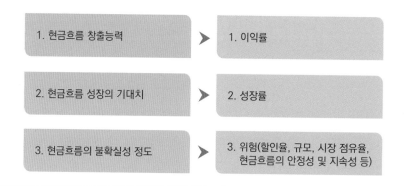

가치에 영향을 주는 3가지 핵심 요소[9]

1. 현금흐름 창출능력 ▶	1. 이익률
2. 현금흐름 성장의 기대치 ▶	2. 성장률
3. 현금흐름의 불확실성 정도 ▶	3. 위험(할인율, 규모, 시장 점유율, 현금흐름의 안정성 및 지속성 등)

　이 3가지 요소를 모두 갖춘 경우도 있겠지만 신생 벤처기업의 경우에는 현시점에서 이 요소를 모두 갖추었는가로 평가되기보다는 이 3가지 요소를 갖출 잠재력이 있는가로 평가될 수도 있으며, 성숙기에 접어든 기업의 경우에는 성장성에 대한 기대요소보다는 이익창출의 지속 가능성에 대한 요소를 중심으로 평가될 가능성이 높습니다.

　또한 시장점유나 규모는 신성장산업의 경우에는 매출이 아닌 가입자 수, 고객 수, 접속자 수 등과 같이 기업이 해당 산업에서 경쟁하는데 중요한 핵심요소 등으로 비교될 수도 있을 것입니다.

　자, 그렇다면 어디에 투자할 것인가도 같은 문제로 귀결될 수 있습니다.

　첫 번째는 **기대성장률이 높은 기업**입니다. 산업의 성장성이 높게 예측되면서 해당 산업에서의 핵심 경쟁 요소를 가지고 있는 기업이 기대

9) 「기업가치평가와 재무실사」, 삼일인포마인 참조

성장률이 높은 기업입니다. 만약 자율주행차의 시장이 향후 성장할 것으로 예상된다면 이 시장에서의 핵심 경쟁 요소가 무엇인지를 살펴보고 이 핵심 경쟁 요소를 갖춘 기업이 기대성장률이 높을 것으로 예측할 수 있습니다.

두 번째는 **이익률이 높거나 높은 이익을 창출할 것으로 기대되는 기업**입니다. 성장을 하더라도 높은 이익을 기대할 수 없다면 투자의 매력도는 낮아질 것입니다. 고객의 충성도가 높은 브랜드를 보유하면서 강력한 특허나 경쟁력 있는 기술과 같은 유무형의 자원을 확보한 기업들과 같이 지속가능한 핵심 경쟁 요소를 보유하고 있는 기업들은 높은 성장성이나 높은 이익률을 기대할 수 있습니다.

세 번째는 **성장과 이익의 기대에 대한 불확실성 정도**를 판단해 보는 것입니다. 성장과 이익에 대한 기대가 높더라도 그 불확실성이 매우 크다면 그만큼 가치는 디스카운트가 될 것입니다.

불확실성은 위험을 의미합니다. 위험의 정도에 따라 할인율 혹은 요구수익률을 달리 적용해 볼 필요가 있습니다. 불확실성의 정도가 클수록 더 높은 할인율과 요구수익률을 적용하는 방법을 통해 주식가치평가에 반영하는 것입니다. 일반적으로 매출규모가 크거나, 고객 수가 많거나, 시장을 지배할 수 있는 독보적인 기술이나 경쟁력 있는 무형의 자산을 보유하고 있거나, 진입장벽이 있는 상황에서 높은 이익률을 보이고 있는 경우에는 상대적으로 위험이 낮다고 볼 수 있습니다.

① 고객의 충성도가 높은 브랜드를 보유
② 강력한 특허나 경쟁력 있는 기술을 보유
③ 시장의 선점으로 높은 진입장벽을 구축
④ 높은 시장 점유율을 보유하여 확고한 시장지배력을 갖춘 경우
⑤ 비용우위를 통해 막강한 경쟁력을 갖춘 경우
⑥ 독창적인 생태계 구축을 통해 고객이 타사로 전환하는 비용이 높은 경우
⑦ 네트워크 · 소셜서비스에서처럼 이용자가 많을수록 고객의 혜택도 많아지는 시장에서 많은 이용자를 확보한 경우
⑧ 잠재적 시장 규모가 크면서 성장이 예상되는 산업의 선도기업인 경우
⑨ 활용도가 많은 빅데이터와 같이 독보적인 자산의 활용을 통해 다양한 사업으로 진출이 가능한 유무형의 자산을 보유
⑩ 고객과 서비스를 흡수할 유용한 플랫폼을 보유
⑪ 비전을 가지고 어려움을 헤쳐 나갈 수 있는 유능한 경영진이나 네트워크 · 계약관계 · 데이터베이스 · 저작권 · 노하우와 같은 쉽게 쌓기 힘들고 무너지기도 힘든 무형의 자산을 보유
⑫ 우리 생활에 중요한 필수품을 지속적으로 공급할 자원과 기술을 보유

① 핵심 경쟁 요소가 되는 유무형의 자산을 어느 수준까지 보유하고 있는지 혹은 보유할 가능성이 있는지
② 이러한 자산의 활용을 통해 시장을 선점하고 있고, 그 선점이 지속될 가능성이 있는지
③ 경쟁력이 지속될 수 있을 만큼 기술이나 무형자산의 가치가 독보적인지
④ 핵심 경쟁 요소가 순식간에 사라질 수 있는 무형의 자산에만 의존하고 있는 것은 아닌지
⑤ 경영진의 평판이 좋은지
⑥ 핵심 인력, 핵심 경쟁 요소를 계속적으로 유지하거나 확보할 능력이 되는지
⑦ 시장은 충분히 성장가능한지 혹은 산업의 전망이 회사의 기대치에 부응하는지
⑧ 다른 경쟁기업들의 출현으로 멀지 않은 기간 내에 경쟁이 치열해질 위험은 없는지
⑨ 비용구조가 악화될 위험은 없는지
⑩ 성장과 이익은 불확실한데 그럼에도 불구하고 대규모 선투자가 필요하지는 않은지
⑪ 차입비중이 높아 재무적으로 위험에 노출되어 있지는 않은지
⑫ 현금성 자산이 풍부한지
⑬ 성장과 이익의 기대치가 단순히 숫자로서의 의미가 아니라 시장환경의 변화에 맞추어 실현가능성이 있는 합리적인 스토리로서의 시나리오가 될 수 있는지 등

④ 기업의 스토리

    기업의 가치평가는 기업의 스토리를 숫자로 표현하는 과정과 유사합니다. 예를 들어, 한 자동차 회사인 우주자동차가 있습니다. 이 우주자동차 회사를 평가할 때 비슷한 자동차 회사의 PER[10]이 10배이니까, 이 PER 10배를 적용하여 우주자동차 회사의 주당순이익이 1,000원이므로 우주자동차의 적정가치는 10,000원이라고 평가할 수 있습니다. 또는 향후 자동차산업의 성장률이 5% 수준으로 전망되니까, 이 성장률을 우주자동차의 향후 매출과 이익에 적용하여 평가하니 회사의 가치는 주당 10,000원이라고 평가할 수 있습니다.

    그러나 만약 우주자동차 회사가 자율주행차를 만들고 있고, 자율주행의 고도화를 위해 AI 플랫폼을 연결하고, 어디서나 쉽게 충전할 수 있도록 에너지플랫폼을 연결하고, 이러한 연결이 원활하게 이루어질 수 있도록 통신플랫폼을 구축하여 자율주행을 중심으로 한 모빌리티 생태계를 구축하려 한다는 스토리를 가지고 있다면, 투자자는 이러한 스토리가 얼마나 실현 가능한지에 대한 판단이 필요할 것입니다. 그리고 우주자동차가 이러한 스토리의 실현을 위해 과거 어떻게 준비해 왔는지를 살펴보고, 이 스토리를 실현할 만한 잠재력이 있는지도 따져보게 됩니다.

---

10) PER(Price Earnings Ratio, 주가순이익 비율)은 주가와 주당순이익 배수(Multiple)를 통해 대상회사의 주가(자기자본 가치)를 추정하는 방법으로, 대표적인 상대가치방법 중의 하나입니다.

가치평가는 이 스토리를 숫자로 표현하는 과정을 통해서 이루어집니다.

　우주자동차는 지금은 단순히 자동차 회사인 것처럼 보이지만 궁극적인 지향점은 플랫폼 기업으로서의 빅테크 기업이므로, 빅테크 기업의 PER 30배를 적용하면 우주자동차의 가치는 30,000원이라고 판단할 수도 있을 것입니다. 또는 향후 자동차산업의 성장률은 5% 수준이지만 전통적인 자동차 시장이 자율주행차 중심으로 이동하고, 자율주행차 중에서도 잘 갖춰진 모빌리티 생태계로 소비자들이 이동할 것으로 본다면 우주자동차의 성장률은 최근의 50% 수준이 향후 몇 년 동안 유지될 수 있을 것으로 보아 이러한 매출 성장률과 이익률이 지속된다면 회사의 가치는 주당 30,000원이라고 평가할 수도 있을 것입니다.

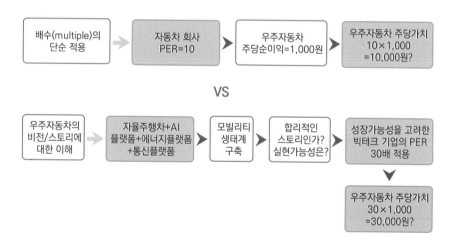

　이렇게 스토리를 합리적으로 숫자로 표현해가는 과정을 통해 기업의 가치를 더 적정하게 평가할 수 있습니다. 그리고 이런 스토리의 합리성을 판단하기 위해서는 산업과 회사에 대한 이해가 필수적입니다.

주식가치평가를 할 때 스토리는 두 가지 관점에서 중요합니다.

첫 번째는, 사람들을 빠져들게 하는 좋은 스토리를 가진 기업은 소비자들의 관심을 받게 됩니다. 소비자들의 관심이 좋은 제품과 서비스로 연결될 때 회사는 성장할 수 있습니다. 그 스토리가 반드시 대단할 필요가 있는 것은 아니고, 소소하더라도 소비자들이 제품이나 서비스를 선택하게 만드는 것이면 충분합니다. 때론 이러한 스토리는 기업의 비전과도 연결이 됩니다. 주주와 시장에 실현 가능한 명확한 비전을 제시하고 이 비전을 달성하기 위한 준비를 충실하게 해 나가는 기업은 그렇지 못한 기업에 비해 성장가능성이 더 높을 수 있습니다.

두 번째는, 주식가치평가를 할 때는 숫자가 가지는 의미에 대한 이해가 필요합니다. 숫자가 가지는 의미가 회사의 스토리와 합리적으로 연결이 될 때 적절한 평가가 이루어질 수 있습니다. 가치평가는 숫자로 이루어지지만, 가치평가에서 다루어지는 숫자들이 회사의 스토리로서 설명이 이루어질 때 그 숫자들에 의미가 생기는 것입니다. 그리고 그 의미 있는 숫자들로 가치평가가 이루어질 때 회사의 가치가 제대로 평가될 수 있는 것입니다.

5 성장단계별 기업의 목표-궁극적으로는 가치 창출

사람과 마찬가지로 산업에도 라이프사이클이 있습니다. 그리고 라이프사이클 각 단계별로 회사의 상황과 경쟁상황이 다르기 때문에 기업이 추구하는 목표도 단계별로 차이가 날 수 있습니다.

예를 들어, 도입기에는 시장 규모와 매출액이 모두 낮은 수준이고 경쟁자도 많지 않은 상황입니다. 이 단계에서는 기업들이 고객들에게 인지도를 높이는 것이 가장 큰 목표가 될 수 있습니다.

성장기에는 시장 규모와 매출액이 급격히 증가하고 신규 경쟁자의 시장진입도 활발하게 이루어집니다. 이 단계에서는 시장 규모를 확대하고, 확대된 시장에서 점유율을 높이는 것이 기업들의 가장 큰 목표가 될 것입니다.

성숙기에는 성장률은 정체되지만 경쟁구도는 성공적으로 시장에 안착한 기업들에 의해 과점체제가 이루어졌을 가능성이 있습니다. 이 단계에서는 기업들이 이익을 확대하는 것을 가장 큰 목표로 삼을 것입니다.

쇠퇴기에는 성장률은 정체되거나 감소할 것입니다. 그리고 많은 기업들이 사업 철수를 검토하게 됩니다. 이 단계에서 기업들은 최저 수익성을 확보하고자 노력할 것이며, 기업의 지속가능성을 위해 신성장동력을 찾고자 할 것입니다.

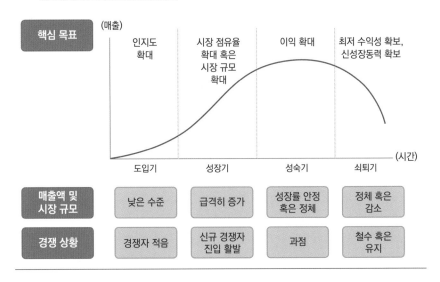

성장 단계별 기업의 목표

핵심 목표	(매출) 인지도 확대	시장 점유율 확대 혹은 시장 규모 확대	이익 확대	최저 수익성 확보, 신성장동력 확보
	도입기	성장기	성숙기	쇠퇴기 (시간)
매출액 및 시장 규모	낮은 수준	급격히 증가	성장률 안정 혹은 정체	정체 혹은 감소
경쟁 상황	경쟁자 적음	신규 경쟁자 진입 활발	과점	철수 혹은 유지

성장 단계별로 경쟁상황과 기업의 목표가 다르다는 것은 가치평가 시에도 고려될 필요가 있습니다.

시장가치접근법을 적용할 때에는 시장에서의 핵심 경쟁 요소로 비교가 이루어집니다. 성장기에 시장 점유율 확대가 핵심 목표일 경우에는 PSR이나 EV/sales 같은 매출지표, 혹은 잠재적으로 매출을 확대할 수 있는 고객 수나 거래량 수 등으로 비교가 이루어질 수 있습니다. 성숙기에 이익 확대가 핵심 목표일 경우에는 PER이나 EV/EBIT, EV/EBITDA 등의 이익 지표로 비교가 이루어질 필요가 있을 것입니다.

쇠퇴기에 있는 기업은 재무적 안정성에 주의할 필요가 있습니다. 그러므로 EV/EBIT와 같이 재무구조를 별도로 구분하여 파악할 수 있는 비교 지표가 적절할 수 있습니다.

이익가치접근법인 현금흐름할인법(DCF)을 적용할 경우에도 성장률이나 이익률, 재투자율에 대한 가정이 성장 단계별로 달라질 수 있습니다.

성장기에는 당분간 높은 성장률이 유지되는 것으로 가정할 수 있을 것입니다. 그러나 장기적으로 고성장을 유지하기는 어려운 것이 일반적이므로, 고성장 단계 이후에는 성장률이 낮아질 수 있다는 점이 고려되어야 할 것입니다. 또한 성장기에는 상대적으로 불확실성이 크기 때문에 할인율(요구수익률)이 높을 수 있습니다.

성숙기에는 성장률이 낮아졌더라도 그 기업이 시장에서 차지하는 위치에 따라 높은 이익률이 유지되는 경우도 존재할 수 있습니다. 그러나 성장 단계를 지나 경쟁이 심화되면 이익률이 낮아질 수 있다는 점도 고려하여야 합니다. 또한 성숙기에는 성장기에 비해 불확실성이 낮을 수 있으므로 할인율(요구수익률)은 낮아질 수 있습니다.

마지막으로 한 가지 알아야 할 것은 기업의 궁극적인 목표는 가치창출이라는 것입니다. 조금 더 풀어보면 기업이 비전을 가지고 영업활동을 하여 고객을 창출하며, 고객들에게 만족할 만한 제품과 서비스를 제공하여 이익을 창출하고, 사회와 공동체 속에서 조화롭게 성장하여 우리의 삶을 풍요롭고 행복하게 하는 것이라고 볼 수 있습니다.

이러한 기업의 목표는 성장 단계별로 달라지지는 않습니다. 도입기나 성장기에 인지도를 높이고 시장 점유율을 확대하고자 할 때에도, 성숙기에 이익확대를 위해 매진할 때에도, 쇠퇴기에 수익성의 확보와 신성장동력 확보를 위해 노력할 때에도 가치창출이라는 기업의 목표가 달라지는 것은 아닙니다. 가치창출은 때로는 이익창출과 동일시되지만 그보다는 더 넓은 의미로 보는 것이 좋을 것 같습니다.

그러므로 기업이 어떤 단계에 있든지 간에 기업이 창출하고자 하는 가치는 무엇이고, 어떤 방식으로 가치를 창출하고자 하는지, 이익을 포함한 가치를 창출할 가능성이 있는지를 파악하는 것은 가치투자자가 기업을 바라볼 때 반드시 필요한 부분입니다.

CHAPTER

가치평가를 위해
알아야 하는 것들

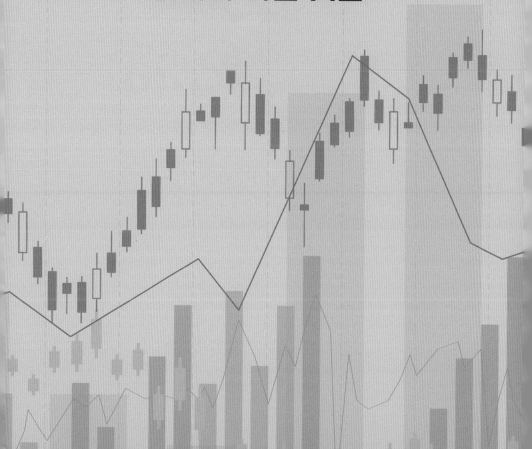

"건강한 투자란 어떤 자산에 대해 그 자산이 가진 가치보다 더 높은 가격을 지불하지 않는 것이다"라는 이야기가 있습니다.[11] 자산이 가진 가치를 알려면 그 자산이 어떤 자산인지에 대한 이해가 필요합니다.

가치평가방법론을 알고 있다고 가치평가를 잘하는 것이 아닙니다. 산업과 대상회사에 대한 충분한 이해가 있어야 가치평가를 잘 할 수 있습니다.

주식투자시장에서도 가치투자를 하는 사람들은 대상회사와 산업에 대해 분석하는 시간을 아까워하지 않습니다. 이러한 분석을 통해 회사가 어떻게 시장에서 경쟁우위를 갖고 계속해서 이익을 창출하고 있는지를 파악합니다. 이를 통해 대상회사의 가치를 평가하여 시장가격과 비교한 후 얼마나 큰 수익을 가져다줄 수 있는지를 분석합니다. 매각 시에도 마찬가지입니다. 대상회사와 산업에 대한 지속적인 모니터링을 통해 매각시기를 결정하는 것입니다. 이 모든 의사결정은 평가대상회사와 평가대상회사를 둘러싼 환경을 이해하는데서 출발하는 것입니다.

이러한 분석은 경제 · 시장환경분석 → 산업분석 → 대상회사분석으로 구분될 수 있습니다.

---

11) 애스워드 다모다란 교수가 언급한 말입니다. 애스워드 다모다란 교수는 뉴욕대학교 레너드 스턴 경영대학원 재무학 담당 교수로 주식가치평가 분야의 세계적 권위자로 꼽힙니다.

우선 대상회사의 재무제표를 이해하는 것이 중요합니다.[12] 그리고 재무현황 분석을 통해 이익수준, 성장성 등을 파악합니다. 이 과정에서 현재의 이익이 정상적인 이익으로 지속가능한지 아니면 비정상적인 이익으로 지속되기 어려운 부분이 있는지도 파악합니다. 그리고 사업을 유지하거나 성장하기 위해 필요한 투자가 어느 정도 될 것인지도 알아봅니다. 대표적인 투자로는 운전자본투자와 유무형자산에 투자하는 자본적지출(capex)이 있습니다. 이를 통해 향후 창출 가능한 현금흐름의 수준을 추정해 보는 것입니다.

이러한 분석을 효과적으로 하기 위해서는, 산업환경을 이해하고 유사회사와 비교하는 것이 도움이 될 수 있습니다. 산업환경에 대한 이해는 경제환경에 대한 이해에서 출발합니다.

이렇게 가치를 평가하기 위해서는 대상회사의 내부적 관점과 외부적인 관점에서의 분석이 필요하고, 각각의 분석은 재무적 관점뿐만 아니라 비재무적 관점에서의 분석도 병행되어야 합니다.

다음의 표는 가치평가 시에 고려되어야 하는 사항을 4가지 관점으로 구분한 것입니다.

---

12) 재무제표 이해를 돕기 위해 "Chapter 7"에서 재무제표에 대한 자세한 설명을 하였습니다.

구분	내부적 관점	외부적 관점
재무적 관점	자산부채의 현황 및 영업실적, 이익수준, 사업계획 및 성장성 등	경제 및 동업종 산업 성장률, 물가상승률, 이자율 등
비재무적 관점	주요 제품과 서비스 현황, 경영진의 능력 및 조직 현황, 보유 설비 및 기술, 공급망 및 영업망, 고객현황, 인지도 등	규제환경, 경쟁환경, 진입장벽, 기술의 발전 추이 및 대체적 위협 등

기업의 가치를 미래수익창출능력이라고 보면, 기업의 가치를 결정하는 요소는 기업의 미래수익창출에 영향을 미치는 요인들이 될 것입니다. 기업가치를 결정하는 요소는 내부환경적 요소와 외부환경적 요소, 재무적 요소와 비재무적 요소로 구분할 수 있으며, 이렇게 기업을 둘러싼 다양한 내·외부 환경적 요소들을 분석하는 것은 가치평가(Valuation)의 출발점이 됩니다.

---

13) 「기업가치평가와 재무실사」, 삼일인포마인 참고

시장 및 경제환경을 알아야 한다

외부 환경적 요소는 기업가치에 중요한 영향을 미칩니다. 얼마 전 COVID-19와 같은 환경변화가 기업들의 영업환경에 얼마나 큰 영향을 미쳤는지를 보면 알 수 있습니다.

COVID-19와 같은 경제환경 변화는 전 세계 경기가 한 해 동안 (−) 성장률을 기록하는 상황에서 산업별로도 일시적인 효과를 주는 경우도 있고, 지속적인 효과를 주는 경우도 있으며, 그 효과가 긍정적으로 작용하는 산업일 수도 있고 부정적으로 작용하는 산업일 수도 있습니다.

COVID-19와 같은 환경이 긍정적으로 작용하는 산업은 감염병 예방, 검사, 치료와 관련된 의료 산업 이외에도 비대면으로 불리는 언택트(Untact) 산업이었습니다. 각종 배송 서비스를 비롯하여 교육, 문화, 금융에 이르기까지 직접적인 대면 접촉 없이 이루어지는 일들의 영역이 확대되어 가고 있고, 그러한 기술을 가지고 있는 회사들의 가치가 커져가기 시작했습니다. 반대로 여행, 항공, 영화관 등 컨택트 산업의 가치는 상대적으로 이익달성과 성장에 제약을 받았습니다.

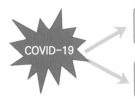

COVID-19	Positive Effect	• 감염병 예방, 검사, 치료와 관련된 의료 산업 • 비대면으로 불리는 언택트(Untact) 산업 등
	Negative Effect	• 여행, 항공, 영화관 등 컨택트(Contact) 산업 등

기업가치를 평가할 때에는 이러한 경제적 요소가 해당 산업에 어떻게 영향을 미치는지, 그리고 그 영향은 단기적인지 장기적인지에 대한 분석이 필요한 것입니다.

경제환경 요인의 예로는 경제성장률, 물가 및 임금상승률, 이자율, 원자재가격, 물동량, 환율, 경기순환주기, 정책 및 정치환경 변화 등이 있습니다.

참고 각 산업에 영향을 미치는 경제환경 요소의 예시

산업 구분	경제환경 요인의 예
금융	금리(이자율), 정책, 부동산 가격
소비재	소비자물가지수, GDP
물류(해운, 항공 등)	물동량, 운임지수, 유가, 국제통상환경, GDP성장률
배달, 택배	모바일/온라인 플랫폼 이용량, 물동량
에너지, 화학	유가, 원자재 가격, 환경규제, 환율
전자, IT기기	경기변동, 소득, 기술발전, 반도체 가격, 반도체 수급
자동차	경기변동, 금리, 소득, 인구, 유가, 원자재, 환경규제, 정부인센티브
의료, 제약, 헬스케어	연령, 평균수명, 인구구조, 정책
건설	정책, 금리, 경기변동, 원자재 가격
게임, 웹툰	언택트 문화, 휴가 문화 등 라이프스타일

위의 산업별 경제환경 요인은 예시로 제시된 것으로, 제시된 요인만이 해당 산업에 영향을 미친다고 보면 안될 것입니다. 예를 들어, 금리나 물가상승률 등과 같이 대부분의 산업에 직·간접적으로 영향을 주는 요소들이 많기 때문입니다.

주식가치평가를 위해 시장 및 경제환경 분석에서 필요한 것은, 평가시점에 어떤 시장환경 및 경제환경이 평가대상회사와 산업에 가장 큰 영향을 미치는 것인지를 파악하는 것입니다.

예를 들어 자동차 산업의 경우 특정 시점에서는 COVID-19로 인한 생산량 감소와 수요 감소가 가장 큰 영향을 미치는 요인이 되었다가, 특정 시점에서는 반도체 수급 불균형이 가장 큰 영향을 미치게 될 수도 있습니다. 또한 특정 시점에서는 유가변동이 자동차 수요에 중요한 영향을 미칠 수 있으며, 물가안정을 위한 금리인상이 자동차 수요에 중요한 영향을 미칠 수도 있는 것입니다.

참고 경제환경 요인이 가치평가에 영향을 미치는 방식의 예

경제환경 요인의 예	가치평가 활용 예시	고려사항 등
GDP(Gross Domestic Product; 국내총생산)	매출성장률, 시장 규모 추정 등	경제성장지표로서 시장 성장에 미치는 영향. 명목 GDP와 실질 GDP가 있으며, 일반적으로 물가상승률이 고려된 명목가치 기준인 명목 GDP를 많이 사용
물가상승률	판매단가, 구매단가, 원가·비용 상승률 등	매출 및 원가 유형별 영향
임금상승률	인건비 증가율 등	사업구조 및 향후 인력구조에 따른 효과
금리	자본비용 등	자본시장의 안정성 여부, 재무적 안정성에 미치는 효과, 자본비용(할인율)에 미치는 영향, 회사의 자본 조달 비용 등의 영향
유가 등 원자재 가격	매출 또는 원가 추정 등	운송업, 정유산업 및 원자재를 사용하는 제조업의 매출 및 원가에 미치는 영향
지역별 물동량	매출, 시장 규모 등	물류산업, 운송업 등의 매출
인구성장률	매출, 시장 규모 등	보급이 안정화된 제품 및 서비스의 시장 규모에 영향

② 산업을 알아야 한다

산업분석은 산업의 매력도 분석을 통해 대상회사가 얼마나 매력적인 지를 분석하고, 경쟁회사의 현황을 파악하여 비교하는 과정입니다.

그렇기 때문에 산업분석 단계에서 중요한 것 중 하나는 산업의 구조적 특성 및 경쟁현황 등의 이해를 바탕으로 핵심 경쟁 요소를 파악하는 것입니다. 이때 경쟁자의 분석은 현재의 경쟁상황뿐만 아니라, 잠재적인 경쟁자를 포함하여야 합니다.

산업분석은 일반적으로 ① 산업의 일반현황, ② 산업의 구조적 특성, ③ 산업의 수익성, ④ 산업의 경쟁요소, ⑤ 경쟁기업에 대한 분석(생산 효율성, 영업효율성, 사업포트폴리오 등), ⑥ 경쟁 요소별 각 기업의 경쟁력, ⑦ 경쟁기업별 재무분석, ⑧ 산업의 최근 동향, ⑨ 산업의 향후 전망 등에 대한 분석이 필요합니다.

산업분석에 필요한 자료는 금감원 전자공시시스템(dart)상의 사업보고서, 리서치기관의 산업분석보고시, 관련협회 자료, 기사 등을 참고할 수 있습니다.

산업환경을 비롯한 기업의 환경적 요인에 대한 분석을 통해 회사의 경쟁력을 파악하는 분석 방법 중의 하나로는 마이클 포터 교수의 5-forces Model이 종종 활용됩니다. 5-forces Model은 경쟁력에 영향을 미치는 5가지 요인에 대한 분석인데, 이 5가지 요인은 ① 산업 내 경쟁 정도, ② 신규 진입자의 위협, ③ 공급자의 협상력, ④ 구매자의 협상력, ⑤ 대체재의 위협입니다.

5-Forces Model의 기본 구조[14]

구분	내용	분석 결과
산업 내 경쟁 정도	• 독과점 시장인지 혹은 경쟁체제 여부, 산업의 성장성 • 제품이나 서비스의 비차별성 여부, 철수비용 수준 등	경쟁 강도가 낮으면 긍정적 요소가 됨.
구매자의 협상력	• 구매자가 공급기업을 용이하게 바꿀 수 있는지 여부 • 구매자가 가격·공급 등의 협상에서 우위를 차지하는지 여부 • 구매품의 규격화 여부 및 차별화 여부 등	구매자의 협상력이 낮으면 긍정적 요소가 됨.
공급자의 협상력	• 공급자가 구매자보다 소수로 독과점을 형성하고 있는지 여부 • 대체재가 있는지 여부 등	공급자의 협상력이 낮으면 긍정적 요소가 됨.
신규 진입자의 위협	• 규모의 경제 및 필요자본 수준, 제품 차별화 수준 • 브랜드 인지도, 고객관계 등의 무형자산 필요성 • 구매자 타사 제품·서비스로 전환하는 비용 수준 규제 등	신규 진입장벽이 높으면 긍정적 요소가 됨.
대체재의 위협	• 매력적인 대체재의 유무 • 효용이 유사한 제품·서비스의 유무 등	대체재의 매력이 낮으면 긍정적 요소가 됨.

이해를 돕기 위해 유명 커피 전문점인 "㈜스타벅스커피코리아"를 이 5가지 요인으로 간단하게 분석해 보겠습니다. 단, 이 분석은 5-forces Model에 대한 이해를 돕기 위해 가상으로 작성된 것으로, ㈜스타벅스커피코리아의 실제 위협-기회 요인 등과는 차이가 있을 수 있습니다.

---

14) 「기업가치평가와 재무실사」, 삼일인포마인 참고

공급자 협상 능력
(Supplier Power)

- 커피의 원두를 미국법인에서 독점적으로 공급하고 있으므로, 원재료 공급자의 중요성이 크고 대체재 적용 가능성은 낮음.

→ 부정적 요소

신규 진입자 위협
(Threat of New Entry)

- 구매자가 타사 제품·서비스로 전환하는 비용이 크지 않고, 새로운 컨셉의 커피전문점이 지속적으로 출연하여 시장 지위를 약화할 가능성이 있음.

→ 부정적 요소

산업 내 경쟁 정도

- 커피전문점의 경쟁 정도 강함.
- 기존 경쟁자의 수도 많으며, 비슷한 컨셉의 커피전문점이 다수 있고, 다양한 가격·다양한 장소에서 다양한 메뉴로 경쟁이 점차 심화되고 있음.
- 산업의 성장률도 최근 둔화되고 있음.

→ 부정적 요소

대체재 위협
(Threat of Substitution)

- 비대면(Untact) 수요 증가와 다양한 종류 및 다양한 방식의 커피·음료 믹스 시장의 성장
- 과일음료나 전통차와 같은 헬스케어 음료매장 및 시장의 성장

→ 부정적 요소

구매자 협상 능력
(Buyer Power)

- 고객 관점에서 타매장으로 전환하는 비용은 낮으나, 대중적이지만 비교적 고급스러운 이미지와 좋은 위치 선정 등으로 고객은 스타벅스에 대해 다른 커피전문점과 비교하여 제품·서비스에 대한 차별화를 느끼며, 고객 충성도가 비교적 높은 편임.

→ 긍정적 요소

위의 예시를 보면 긍정적인 요인보다는 부정적인 요인이 더 많음을 볼 수 있습니다. 그러나 부정적 요인이 많다는 것이 반드시 그 회사의 가치가 낮아질 것이라는 스토리로 전개되지는 않습니다. 부정적인 환경요인에서도 회사는 이를 극복할 전략을 마련할 수 있는 것이고, 이러한 전략이 성공할 경우 다른 업체들이 철수하는 상황에서도 해당 시장에서 점유율을 공고히 가져가 더욱 지속적이고 안정적인 이익을 창출할 수도 있기 때문입니다.

그렇기 때문에 ㈜스타벅스커피코리아가 가치평가 대상일 경우에는, 위에서 예시적으로 분석한 이슈들에 대해 회사가 어떻게 대처해가고 있는지 등을 추가적으로 파악함으로써 이를 고려하여 가치평가를 하게 되면 더욱 의미 있는 평가 결과를 얻을 수 있습니다.

또한 산업분석 단계에서는 산업의 시장 규모, 성장성, 전망, 산업 내 주요 경쟁사의 매출·수익성·재무구조 등을 살펴보게 됩니다. 그리고 이러한 산업과 경쟁회사에 대한 분석 내용을 평가대상회사의 분석에 활용하면 평가대상회사에 대한 이해의 깊이를 더할 수 있습니다.

산업분석에서는 산업의 시장 규모 및 성장성, 경쟁현황을 파악하기 위해서 산업의 구조를 파악하는 것이 필요할 수 있습니다.

예를 들어 자율주행소프트웨어를 만드는 회사를 평가한다고 가정할 경우, 자율주행소프트웨어 관련 산업의 구조를 먼저 파악합니다. 그리고 각 회사들이 어떤 영역에서 어떤 기술력으로 경쟁을 하고 있는지를 파악하는 것입니다.

자율주행차량의 시장 전망과 자율주행소프트웨어의 전체 시장 전망이 모두 긍정적이라고 해도, 산업의 하부 구조를 살펴보면 특정 사업 영역은 진입장벽이 상대적으로 낮거나 제품 차별화가 되지 않아 경쟁이 치열해질 수 있다면 다른 사업영역에 비교하여 성장 전망이 상대적으로 높지 않을 수도 있습니다.

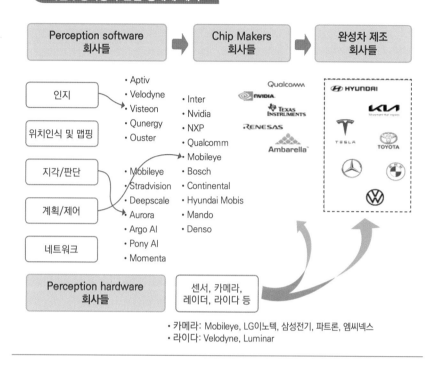

Perception software 회사들 ➡ **Chip Makers 회사들** ➡ **완성차 제조 회사들**

인지

- Aptiv
- Velodyne
- Visteon
- Qunergy
- Ouster

위치인식 및 맵핑

지각/판단

- Mobileye
- Stradvision
- Deepscale
- Aurora
- Argo AI
- Pony AI
- Momenta

계획/제어

네트워크

- Inter
- Nvidia
- NXP
- Qualcomm
- Mobileye
- Bosch
- Continental
- Hyundai Mobis
- Mando
- Denso

Qualcomm
NVIDIA.
TEXAS INSTRUMENTS
RENESAS
Ambarella

HYUNDAI, KIA, TESLA, TOYOTA, VW, BMW, Mercedes

Perception hardware 회사들

센서, 카메라, 레이더, 라이다 등

- 카메라: Mobileye, LG이노텍, 삼성전기, 파트론, 엠씨넥스
- 라이다: Velodyne, Luminar

참고로 다음은 자율주행생태계 내의 다양한 사업영역에서 자율주행 차량과 관련된 사업을 하는 회사들의 PER 배수입니다.

자율주행 관련 업체 PER 배수[15]

	LG이노텍	삼화콘덴서	파트론	Tesla	Intel	Nvidia	GM	Alphabet
12M forward PER	9.2	17.3	9.3	102.4	13.8	45.6	6.1	22.5

15) KB증권 산업분석보고서, 2022. 4. 7. 참고

회사의 자율주행 관련 산업에서도 어떤 영역에서 어떤 핵심 자원을 가지고 경쟁을 하고 있는가에 따라서 예상 PER은 차이가 있음을 볼 수 있습니다. 즉, 큰 틀에서 동일한 산업군이라고 해도 사업영역에 따라 그리고 회사의 특성에 따라 기대성장성과 이익률, 위험의 정도는 다르기 때문에 평가되는 PER 배수도 차이가 나게 됩니다.

그러므로 산업분석에서는 산업의 구조를 파악하고 해당 영역의 시장 전망과 더불어 해당 영역에서의 경쟁현황을 파악하는 것이 중요합니다.

대상회사를 알아야 한다

가치평가는 대상회사 및 대상회사의 경영환경에 대한 충분한 이해를 바탕으로 이루어지는 것이 바람직합니다. 대상회사에 대한 분석은 재무적인 분석뿐만 아니라 비재무적인 분석도 함께 이루어져야 하는데, 재무적 분석은 경영활동 결과 및 추정에 대한 분석이고, 비재무적 분석은 경영활동 과정에 대한 분석이기 때문입니다.

재무적·비재무적 분석을 통해 파악하고자 하는 것 중 중요한 것은 대상회사의 **핵심 역량과 위험**에 대한 분석입니다.

비재무분석: 숫자말고도 중요한 것은 많다

비재무적 분석의 항목으로는 **주요 제품 및 서비스, 지배구조 및 경영진, 사업구조, 밸류체인(value chain), 조직구조, 생산설비현황, 주요 계약내용, 기술력, 원재료 현황, 주요 거래처 현황** 등이 있습니다.

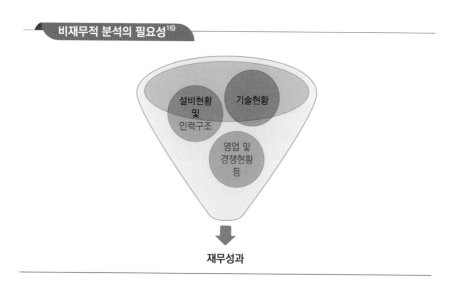

특히, **재무적 자료가 충분하지 않은 신생 벤처기업의 경우에는 비재무적 분석이 더욱 중요해집니다.** 성숙한 회사의 경우에는 회사의 역량이 재무실적으로 나타나기 때문에 재무분석은 회사의 역량을 파악하는 데 중요한 자료가 되지만, 신생 벤처기업의 경우는 회사의 역량이 재무실적으로 실현되기 전이므로 비재무적 요소에 대한 분석이 회사의 평가에 중요한 부분을 차지하게 됩니다.

---

16) 「기업가치평가와 재무실사」, 삼일인포마인 참조

이러한 비재무적 요소로는 **경영진의 평판 및 능력, 핵심 인력의 현황 및 역량, 연구개발 현황 및 보유 기술 수준, 보유 콘텐츠 현황 및 콘텐츠의 질적 수준(Quality), 보유 고객 현황** 등의 분석이 해당될 수 있습니다.

최근에는 ESG(Environmental, Social, Governance)의 중요성이 부각되고 있는데, 이 역시 기업의 좋은 경영성과는 좋은 ESG 활동에서 나온다는 것이 그 배경에 있는 것입니다.

ESG는 기업들에게는 그 기업이 속한 사회 속에서 함께 공존하면서 나아갈 수 있는 경영을 해야 할 책임이 있으며, 그러한 기업들이 지속가능한 성장을 이룰 가능성이 높다는 점을 강조합니다. ESG와 관련된 기업의 활동을 파악하는 기준으로는 환경과 관련된 이슈(온실가스, 재활용, 유해물질 통제 등)에서의 기업의 활동 및 대응, 사회적 책임(사회공헌, 인적자원 만족도 제고 등)과 관련한 이슈의 기업 활동 및 대응, 지배구조와 관련하여 경영 투명성 및 이사와 감사의 전문성 및 독립성 등을 중요하게 봅니다.

재무분석: 그래도 숫자를 아는 것은 기본

재무분석은 회사의 재무제표를 분석하는 것입니다. 과거 일정 기간의 이익률 및 성장률 등과 관련 항목들의 검토를 통해 회사의 가치에 영향을 미칠 수 있는 요소를 검토합니다. 가능한 경우 미래 일정 기간의 추정 재무제표를 확보하여 살펴보거나, 직접 과거 재무제표 분석과 시장 분석 등을 기초로 미래 기간의 현금흐름을 예측해 보는 것도 필요합니다.

재무제표를 분석할 때에는 매출액 성장률, 이익성장률과 같은 **성장성** 검토와 매출총이익률, 영업이익률, 당기순이익률 및 자기자본순이익률과 같은 **이익률** 지표, 그리고 운전자본투자와 유무형자산과 같은 자본적지출(Capex)의 **필요자금 규모** 등을 분석해 보는 것이 필요합니다. 이러한 항목들은 "Chapter 1.의 3. 가치, 주가에 영향을 미치는 중요한 요인은 무엇일까?"에서 살펴본 바와 같이 가치에 중요한 영향을 미치는 항목들이기 때문입니다.

이러한 항목들은 **일정 기간 동안의 추세를 분석**해보거나, 연관되는 항목 간의 비교 분석, **경제지표와 비교 분석, 유사회사와 비교 분석**을 하게 되면 더욱 효과적일 수 있습니다.

아래의 사례[17]를 살펴보면, 이 회사는 과거 높은 성장성과 수익성을 달성해 오다 최근에는 성장성과 수익성이 다소 하락하고 있지만 여전히 안정적인 이익률을 달성하고 있는 것을 볼 수 있습니다. 스타트업 단계에서 고속성장을 하다가 안정적 성장기로 접어든 상황이므로 향후에는 이와 같은 성장률과 이익률이 당분간 지속된 후 하락하거나, 점차 단계적으로 하락할 가능성을 예측해 볼 수 있습니다.

---

17) 「기업가치평가와 재무실사」, 삼일인포마인 참조

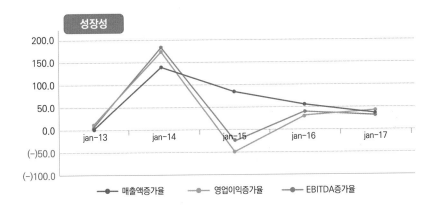

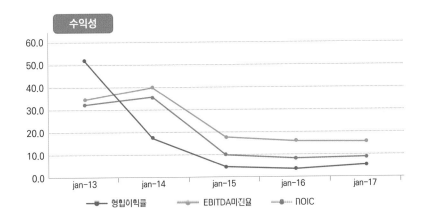

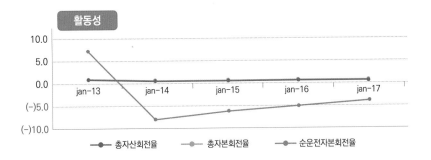

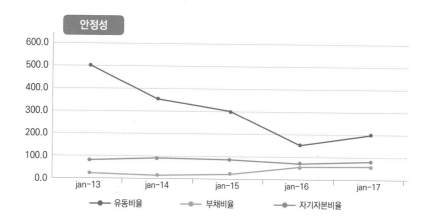

 수익성 및 **성장성**과 더불어 회사를 분석할 때에는 **안정성**과 **활동성**의 항목도 함께 분석하는 것이 필요합니다.

 안정성은 회사가 재무적으로 얼마나 안정적인가를 보는 것인데, 이를 위해 부채비율이나 유동비율 등을 분석합니다. 부채비율은 "총부채÷총자본"으로, 자기자본 대비하여 얼마나 많은 부채를 사용하고 있는지를 보는 것으로서 부채비율이 높으면 회사의 재무적 안정성은 낮아집니다. 주식가치를 분석할 때에는 현재 부채비율이 높은지 낮은지를 보는 것도 중요하지만 산업의 특성상 부채비율이 높을 수밖에 없는 것인지, 향후 부채비율을 안정적으로 유지하게 될 가능성이 있는지 없는지를 보는 것도 필요합니다. 유동비율은 "유동자산÷유동부채"[18]로서 단기적인 재무적 안정성을 살펴보는 지표입니다. 유동비율이 높으면 단기적으로는 재무적으로 안정적이라고 볼 수 있습니다.

---

18) 유동자산과 유동부채는 1년 이내에 현금화할 수 있는 자산과 1년 이내에 지급해야 할 부채를 의미합니다.

활동성은 영업활동에 투입된 자산·자본이 얼마나 효율적이고 효과적으로 운용되었는지를 보는 지표입니다. 예를 들어 총자산회전율은 "매출액÷총자산"으로 계산하는데, 투입된 자산 대비 매출액이 클수록 자산을 효과적이고 효율적으로 활용한 것이므로 활동성이 높은 것입니다. 이는 회사의 수익창출활동이 활발하게 이루어지고 있다고 볼 수 있습니다.

이러한 재무분석은 개별회사의 연도별 추세를 분석하는 것과 더불어 동업종회사 및 다른 벤치마크회사들과 비교를 함으로써 회사의 현재 상태가 어떠한지를 더 잘 파악할 수 있습니다.

다음의 사례는 A회사를 동업종 유사회사와 비교한 것입니다. 사업 초기 동업종에서 사업을 영위하는 4개 회사는 유사한 규모로 사업을 영위하였으나, 해당 산업의 시장 규모가 성장하면서 전반적으로 매출은 증가하였으나 점차 A회사의 매출 규모가 타회사의 성장속도보다 빠르다는 것을 볼 수 있습니다. 향후 A회사는 시장지배적 사업자로 성장할 가능성이 있고, 이 시장이 당분간 지속적으로 성장한다면 미래 이익 혹은 현금 창출능력도 더 높아질 것으로 추정해 볼 수 있을 것입니다.

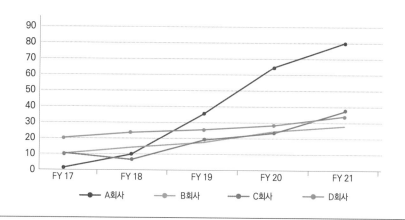

재무분석을 위해서는 재무제표에 대한 이해가 필요한데 "Chapter 7. 재무제표의 이해"에서 재무제표에 대한 설명을 이어가도록 하겠습니다. 또한 대상회사를 분석할 때 사용하는 주요 재무비율의 예시와 계산식에 대해서도 "Chapter 7. 재무제표의 이해"에서 추가적으로 설명하도록 하겠습니다.

CHAPTER

가치평가의 종류

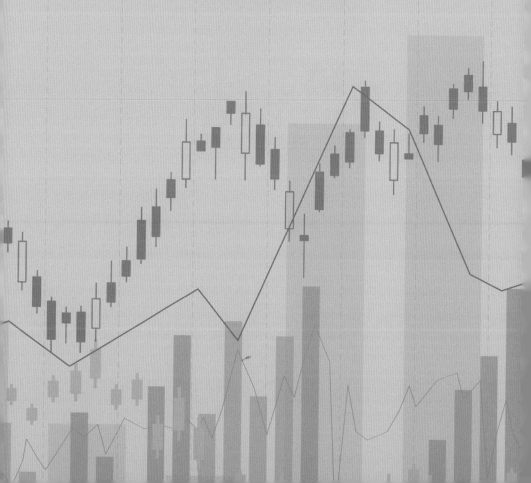

어떤 방법으로 주식가치를 평가할 수 있을까?

자율주행 전기차를 만드는 것으로 유명한 "테슬라"라는 회사가 있습니다. 이 회사의 가치는 어떻게 평가해야 할까요?

[출처: Tesla 홈페이지]

2021년 영업이익은 6,496백만 달러입니다. 여기에 성장률을 고려하여 향후 예상 이익을 추정하고, 추정이익의 합을 회사의 가치로 평가하면 될까요?

2021년 완성차 자동차업종인 GM, 포드, 토요타, 현대차의 이익 대비 주가비율인 PER은 약 4~10배 정도입니다.

그렇다면 테슬라의 21년 당기순이익은 5,519백만 달러이니까 테슬라의 당기순이익에 4~10배 정도 곱한 금액을 테슬라의 가치로 평가하면 될까요?

아니면 테슬라를 자동차업종이 아닌 IT 기업 혹은 빅데이터 기업과 같은 빅테크 기업으로 보고 구글, 마이크로소프트, 애플, 아마존의 PER인 30~50배 정도를 비교 대상으로 가정하여 테슬라의 당기순이익에 30~50배 정도 곱한 금액을 테슬라의 가치로 평가하면 될까요?

또는 테슬라의 2021년 순자산인 31,015백만 달러를 테슬라의 가치로 보면 될까요?

2022년 초 테슬라의 시가총액은 약 1조 달러입니다.

1조 달러는 수익가치로 보면 2021년 영업이익[19]에서 출발하여 향후 10년 동안 매년 영업이익이 43%씩 계속해서 성장하고, 10년 후에도 10년 차의 이익 수준이 물가상승률 수준으로 수십 년간 계속 성장한다고 가정하면 할인율(요구수익률)을 10% 정도 가정했을 때의 가치입니다.

PER은 2021년 이익 대비 약 200배로, 다른 완성차회사 PER이나 다른 빅데이터 기업의 PER을 적용했을 때 550억~2,800억 달러보다 시장에서 형성된 시가총액이 훨씬 큽니다.

그리고 시가총액 1조 달러는 순자산 310억 달러의 약 30배 이상입니다.

---

19) 영업이익이 영업현금흐름과 동일하다고 가정할 경우의 예시이며, 영업이익은 투자지출 등으로 영업현금흐름과 차이가 발생할 수도 있습니다.

그렇다면 어떤 방법을 적용하여 테슬라의 주식가치를 평가할 수 있을까요?

첫 번째, 향후 예상되는 영업이익 혹은 예상 현금흐름을 기초로 평가하는 방법인 수익가치접근법(Income approach)이 있습니다.

두 번째, 유사회사의 시장에서 형성된 이익 대비 시가 배수, 매출 대비 배수를 평가대상회사에 적용하여 평가하는 방법인 시장가치접근법(Market approach) 혹은 상대가치접근법(Relative valuation)이 있습니다.

세 번째, 보유하고 있는 순자산의 크기로 가치를 평가하는 방법인 자산가치접근법(Asset-based approach)이 있습니다.

이렇게 가치평가의 접근법은 크게 수익가치접근법, 시장가치접근법, 자산가치접근법으로 구분되고, 여기에 추가적으로 법규상 평가방법이 있습니다.

수익가치접근법은 내재가치를 찾는 접근법이고, 시장가치접근법은 상대적 비교를 통해 가치를 찾는 방법입니다. 자산가치접근법은 자산 구성 요소에 따라 내재적 접근방법이 될 수도 있고, 상대적 접근이 될 수도 있으며, 원가접근법(cost approach)이 될 수도 있습니다. 실무와 이론상으로 다양한 가치평가방법들이 존재하지만, 궁극적으로 이 3가지 접근방법으로 귀결된다고 볼 수 있습니다.

기본 개념		주요 평가방법 예시
Income Approach (수익가치접근법)	미래에 예상되는 이익(또는 현금흐름)의 현재가치를 합산하여 평가대상기업의 가치를 측정하는 방법	• 현금흐름할인모형(DCF법) • 배당할인모형 등
Market Approach or Relative method (시장가치접근법 또는 상대가치접근법)	비교대상이 되는 유사기업의 가치로부터 평가대상기업의 가치를 추정하는 방법	• EV/EBITDA, EV/Sales 등 • PER, PBR, PSR, PCR 등
Asset-based Approach (자산가치접근법)	개별 자산 및 부채를 공정가액 등 적정한 가치를 나타낼 수 있도록 수정한 후 이를 합산하여 가치를 측정하는 방법	• 장부가액법, 공정가액법, 대체원가법, 청산가치법 등

다양한 가치평가방법에 공통적으로 내재된 기본 개념은 투자한 비용보다 이익이 더 크게 발생하는지 여부를 평가하는 것입니다. 투자한 비용과 이익을 어떻게 분석하고 산출하는지만 다를 뿐입니다. 즉, **투자한 금액보다 이익이 더 크게 발생하면 가치가 있는 것이고, 그 차이가 크면 클수록 가치의 크기도 커지는 것입니다.**

수익가치접근법 혹은 이익기준접근법은 미래 예상되는 이익수준 혹은 현재의 이익수준으로 대상회사의 가치를 평가하는 것입니다. DCF법(Discount cashflow method)으로 알려진 현금흐름할인법이 대표적이며, 배당할인모형 등도 수익가치접근법에 해당됩니다.

시장가치접근법은 비교대상 유사회사의 가치를 이익의 몇 배, 매출의 몇 배로 나타내어, 이러한 배수를 기초로 하여 대상회사의 가치를 평가하는 방법입니다. 대표적인 방법으로는 기업가치 대비 영업이익 배수(EV/EBIT, EV/EBITDA), 기업가치 대비 매출 배수(EV/

Revenue, PSR), 주가 대비 이익배수(PER) 등이 있습니다. 유사회사의 가치와 비교를 통해 가치를 구하기 때문에 상대가치라고도 합니다.

어떤 요소를 비교할 것인가에 따라 평가방법은 다양해지며, 기업의 성장단계별로 혹은 산업별로도 평가 요소에 차이가 날 수 있습니다. 그러나 어떤 상황에서도 평가요소는 회사의 현재 가치 혹은 잠재적 가치와 직·간접적으로 연관되어 있어야 제대로 된 가치평가가 가능합니다.

자산가치접근법은 보유하고 있는 개별자산가치의 합으로 가치를 구하는 것입니다. 개별 자산 및 부채를 어떤 방법으로 측정하는가에 따라 장부가액법, 공정가액법, 재생산원가법, 대체원가법, 중고가액법 등 다양한 방법이 나올 수 있습니다.

법규상 방법은 세법이나 자본시장법과 같이 해당 법률에 따른 평가가 필요할 경우 해당 법률에서 정하는 방법에 따라 평가할 필요가 있습니다. 세법이나 자본시장법에서 정하는 방법도 위의 3가지 방법인 수익가치접근법, 시장가치접근법, 자산가치접근법을 모두 고려하도록 하고 있습니다.

이 3가지 평가방법의 장·단점을 비교하면 다음과 같습니다.

수익가치접근법은 '가치창출'이라는 기업의 목적을 고려할 때 이론적으로 가장 합리적이며, 내재가치 측정에 상대적으로 적합하다고 볼 수 있습니다. 그러나 평가과정에서 고려해야 될 변수가 많고 복잡하며 추정에 주관이 개입될 여지가 많다는 단점이 있습니다. 또한 회계 및 재무에 관한 이론적 이해가 바탕이 되어야 한다는 점에서 이용자의 범위가 제한될 수 있습니다. 그러나 논리적인 장점으로 인해 다양한 상황에서 많이 활용되는 방법 중의 하나입니다.

시장가치접근법 또는 상대가치접근법은 직관적이고 이해 가능성이 높으며, 시장상황의 변동을 평가에 반영하기가 용이하고, 재무적인 요인 이외에 비재무적인 요인도 평가에 활용할 수 있다는 장점이 있어 많이 활용되며, 특히 분석가능한 재무적 요소가 충분하지 않은 신생 벤처기업 평가에 많이 활용됩니다. 그러나 비교가능 유사회사가 적거나 없을 경우 평가가 어려울 수 있고, 평가 시점별로 변동 가능성이 클 수 있으며, 평가대상기업의 개별 특성이 충분하게 고려되지 않는다면 기업의 본질가치와 일치하지 않을 수 있다는 단점이 있습니다.

자산가치접근법은 평가방법이 간단하고 객관적이며, 검증 가능성이 높아 신뢰성이 높다는 장점이 있으나, 미래 수익창출능력에 대한 고려가 용이하지 않아 계속기업의 가정에 적합하지 않을 수 있습니다. 실무적으로는 청산가치 또는 DCF의 비영업자산 평가 시 사용되거나, 부동산회사나 지주회사와 같은 개별 자산의 활용으로 가치를 창출할 수 있는 법인의 평가에 활용됩니다.

어떠한 가치평가방법이 적정한지는 대상회사의 수익창출방식, 주요 수익창출자산, 그리고 평가를 위해 활용 가능한 정보가 무엇인지 등을 파악한 후 결정해야 할 것입니다.

② 기업가치와 주식가치

가치평가를 할 때 우리는 기업가치와 주식가치의 차이를 알아둘 필요가 있습니다. 이 두 가지의 가치는 비슷하지만 조금 차이가 있기 때문입니다. 우선 다음의 재무상태표 그림을 먼저 살펴보도록 하겠습니다.

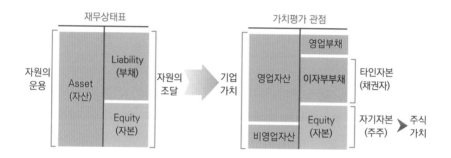

재무상태표는 간단하게 보면 [자산=부채+주주지분]으로 이루어집니다. 채권자로부터의 차입과 주주들의 출자를 통해 확보된 자금으로 자원을 운용하게 되는데, 채권자로부터의 차입 등이 부채이고, 주주들이 출자한 몫이 자본이며, 자원의 운용으로 보유하게 되는 것이 자산입니다.

여기서 기업의 가치는 회사가 영업활동 등 기업활동을 통해 얻게 되는 총가치로서 자산의 개념과 비교될 수 있습니다. 기업활동은 채권자가 투자한 자금(차입, 부채)과 주주가 투자한 자금(자기자본)으로 이루어집니다. 그러므로 주주가치를 구하기 위해서는 기업가치에서 채권자의 가치를 차감해 주어야 주주지분가치[20]가 됩니다. 그리고 주주지분은 일정한 단위로 쪼개어 주식 혹은 주권으로 구분되고, 이 개별 주권의 가치가 주식가치가 됩니다.

가치평가를 할 때에는 기업가치를 평가하는 경우도 있고, 주주지분의 가치를 평가할 때도 있으며, 개별 주식가치를 평가하는 경우도 있습니다. 그리고 이 가치들은 서로 연결되어 있으므로 하나의 가치를 평가하게 되면 다른 가치도 유추해 볼 수 있습니다. 그러나 가치를 비교할 때에는 어떤 가치를 비교하는가에 따라 평가결과가 달라질 수 있기 때문에 주의하여야 합니다.

예를 들어 아래의 예시와 같이 일동컴퍼니의 PER 10을 사용하여 이동컴퍼니의 지분가치를 평가할 때 만약 기업가치와 주주가치의 구분이 잘못된다면 이동컴퍼니의 주주지분 가치는 [일동컴퍼니 PER×이동컴퍼니 당기순이익=이동컴퍼니 추정 주주가치][21] 산식에 따라 [10×8=80]으로 평가될 수 있습니다. 그러나 실제적으로 이동컴퍼니는 차입가

---

20) 자본 혹은 자기자본은 재무제표상 개념이고, 자기자본가치, 주주가치 혹은 주식가치는 가치평가의 개념으로 볼 수 있습니다.
21) PER을 적용한 상대가치평가는 "Chapter 4. 시장가치접근법"에서 자세히 설명하도록 하겠습니다.

치 40이 있고 이러한 재무구조는 일동컴퍼니와 차이가 있기 때문에 일동컴퍼니의 주주가치 비율인 PER을 이동컴퍼니에 직접 적용하면 적정하지 않은 평가결과가 나올 수 있는 것입니다.

회사 구분	기업가치	차입가치	주주가치	당기순이익	PER
일동컴퍼니	100	0	100	10	10
이동컴퍼니	100	40	60	8	7.5

일동컴퍼니의 평가결과를 기초로 이동컴퍼니를 평가하기 위해서는 일관성 있게 동일한 기준으로 평가가 가능한 기업가치를 우선적으로 평가한 후 기업가치에서 차입금의 가치를 차감하여 주주가치를 추정하여야 합니다.

회사 구분	기업가치(EV)	차입가치	주주가치	영업이익 (EBIT)	EV/EBIT
일동컴퍼니	100	0	100	10	10
이동컴퍼니	100	40	60	10	10

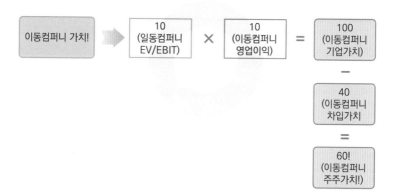

위의 예시에서 적용한 주식가치평가 방법은 "Chapter 4. 시장가치 접근법"에서 자세히 다룰 것입니다. 여기서는 위의 예시에서 보는 것처럼 가치평가를 할 때에는 기업가치와 주주지분가치, 그리고 주식가치를 구분할 수 있어야 적정한 가치평가가 가능하다는 것을 기억해 두면 좋을 것 같습니다.

CHAPTER

시장가치접근법
(Market Approach)

① 🔍 시장가치접근법은 무엇인가?

시장가치접근법은 상대가치접근법이라고도 합니다. 시장가치접근법은 주식시장이나 M&A시장과 같은 자본거래시장에서 많이 활용되는 방법 중의 하나입니다. 심지어 우리 생활 속에서도 시장가치접근법의 활용은 쉽게 접할 수 있습니다.

이익가치접근법이나 자산가치접근법이 회사의 이익활동 또는 보유 자산에 대한 분석을 바탕으로 평가를 하는 내재가치에 기초한 평가방법이라면, 시장가치접근법은 시장의 상황에 따라 상대적으로 평가되는 방법이라고 할 수 있습니다. 직접적으로 본질적인 가치 혹은 내재가치를 평가한다고 보기보다는 시장에서 형성된 가액을 기초로 내재가치를 간접적으로 추정하는 방법이라고 보면 됩니다.

주식시장이나 M&A와 같은 자본거래시장에서 시장가치접근법을 많이 활용하는 이유는, 미래 예상 이익 등을 기초로 하는 내재가치 접근법은 미래 예상 이익을 추정하는 것 자체가 기본적으로 쉽지 않고 추정에 많은 가정을 포함하기 때문에 시장에서 형성된 다른 유사회사들의 거래가액을 많이 참고하게 되는 것입니다.

우리가 아파트를 매매할 때를 생각하면 쉬울 것입니다. 같은 아파트 단지에서 동일한 평형은 유사한 가격을 가질 것으로 매도자나 매수자는 기대합니다. 똑같은 평수인 1동 505호가 1억 원에 최근 거래되었다면, 같은 단지의 동일한 평수인 2동 303호를 거래할 때도 매도자나 매수자 모두 거래가격은 1억 원이 될 것으로 기본적으로 기대하게 되는 것입니다. 이것이 시장가치접근법(상대가치접근법)입니다. 유사회사가 매출이 50억 원인데, 100억 원의 가치로 최근 거래가 이루어졌다면 매출 대비 가치의 비율은 2배[22]가 되는 것이고, 평가를 하려는 회사의 매출도 50억 원이면 매출 대비 가치배수 2배를 똑같이 적용하여 가치가 100억 원이 될 것으로 추정하는 것입니다.

물론 1동 505호와 2동 303호는 같은 단지의 동일한 평수라고 하여도 완전히 똑같은 물건은 아닐 것입니다. 남향이냐 동향이냐의 차이, 창밖으로 보이는 조망, 햇볕이 얼마나 잘 들어오는지, 내부수리의 정도에도 차이가 있을 것입니다. 그리고 유사한 물건이라고 해도 거래가격에는 그러한 차이가 조정이 되어 거래가 됩니다.

기업을 시장가치접근법으로 평가를 할 때에도, 유사한 회사이지만 이러한 차이가 있는지를 살펴보아야 합니다. 만약 다양한 차이가 커서 비교하기에 적합하지 않을 경우에는 비교대상회사에서 제외하거나 이러한 차이를 조정할 방법을 생각해 보아야 합니다.

---

22) 가치/매출=100/50=2

다시 시장가치접근법의 개념으로 돌아와서, 시장가치접근법은 평가대상회사와 **영업위험 및 재무위험이 유사한 비교대상회사를 선정**하여 비교대상회사의 정보를 통해 평가대상회사의 가치를 평가하는 방법입니다. 영업위험 및 재무위험이 유사하다는 것은 **기대성장률, 이익률, 위험이 유사**하다는 의미입니다.

시장가치접근법에서 가장 중요한 사항은 **"비교 가능한 자산(유사회사 등)"과 "Value driver(비교 요소)"의 파악** 및 동일한 기준으로 일관성 있게 적용하는 것입니다.

유사회사와 비교를 통해 가치를 평가하기 때문에 "비교대상회사"를 잘 선정하는 것이 무엇보다 중요할 것입니다. 그리고 비교대상회사를 선정하였다면 비교대상회사와 무엇을 비교할 것인지를 살펴보아야 합니다. 매출을 비교할 수도 있고, 이익을 비교할 수도 있습니다. 시장의 특성과 해당 산업의 특성을 고려하여 비교가 더 적합한 요소를 찾아야 합니다. 이 비교 요소가 value driver입니다.

그리고 비교대상회사와의 차이점이 있으면 이를 조정해 주는 **"차이 조정"**이 필요할 수 있습니다. 차이를 조정해 줄 필요가 없는 비교대상을 찾으면 가장 좋겠지만, 완전하게 동일한 회사는 없을 것이므로 어느 정도 차이는 존재합니다. 일반적으로 어느 정도의 차이는 동일하다고 간주하지만, 중요한 차이는 조정해 줄 필요가 있습니다.

시장가치접근법의 3가지 핵심 사항[23]

비교대상회사 (Guideline company)	→	• 기대성장률, 이익률, 위험이 유사한 비교회사
비교요소 (Value driver)	→	• 비교가능한 요소(경쟁 지표, 재무 지표 등)
비교를 위한 표준화	→	• 비교가 가능하도록 정렬(일관성 있는 자료, 차이나는 부분의 조정, 비교를 위한 일반화 (Normalization) 등)

예를 들어 우주전자와 지구전자 회사가 있으며, 이 두 회사는 유사회사입니다.

그런데 우주전자는 지구전자와는 다르게 우주건설 회사의 지분을 보유하고 있고, 이 지분의 가치는 중요합니다. 이런 경우 우주전자를 평가할 때는 지구전자의 상대가치배수를 통해 산정한 가치에 추가하여 우주건설의 지분가치를 가산하는 조정이 필요합니다. 만약 지구전자를 평가한다면 상대가치배수를 계산할 때 우주전자의 가치에서 우주건설의 지분가치를 차감조정한 상대가치배수를 지구전자 평가 시 사용하여야 할 것입니다.

---

23)「기업가치평가와 재무실사」, 삼일인포마인 참조

시장가치접근법은 무엇을 어떻게 비교하는가에 따라 다양한 평가 방법이 나올 수 있습니다. 시장접근법은 일반적으로 평가하고자 하는 가치, 예를 들어 기업가치나 지분가치를 분자로 놓고, 비교 가능한 재무수치인 EBITDA, 주당순이익 등을 분모로 하여 계산된 배수인 Multiple을 통해 가치가 평가됩니다.

이러한 배수로서 대표적인 것이 PER(주가와 순이익 배수), PBR(주가와 순자산배수), PSR(주가와 매출액 배수), EV/EBITDA(기업가치와 영업현금흐름개념인 EBITDA 배수)가 있습니다. 비교회사와의 상대적인 가치를 평가하기 때문에 상대가치접근법이라고도 하며, 배수를 통해 비교가 이루어지므로 "배수" 혹은 "Multiple"의 개념이 중요합니다.

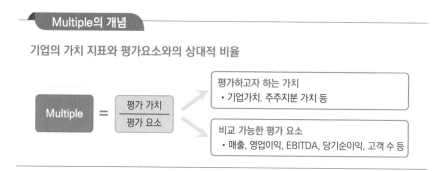

Multiple의 개념

기업의 가치 지표와 평가요소와의 상대적 비율

매출을 기준으로 기업가치를 산정하는 사례를 통해 상대가치로 가치평가를 하는 과정을 살펴보겠습니다.

유사기업을 선정하여 유사기업의 매출과 기업가치를 조사하고, 이를 통해 각각의 유사기업의 기업가치가 매출에 대비하여 몇 배로 형성되어 있는지를 검토합니다.

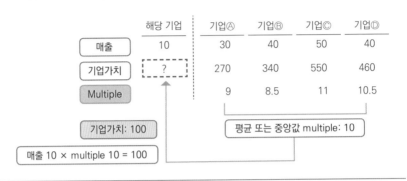

유사기업의 Multiple과 해당 기업 재무수치 비교를 통한 상대적 평가 가치 도출

	해당 기업	기업Ⓐ	기업Ⓑ	기업Ⓒ	기업Ⓓ
매출	10	30	40	50	40
기업가치	?	270	340	550	460
Multiple		9	8.5	11	10.5

기업가치: 100

평균 또는 중앙값 multiple: 10

매출 10 × multiple 10 = 100

그리고 배수(multiple)를 산정할 때에는 유사회사의 평균 또는 중앙 값을 이용합니다.

이 사례에서는 유사회사 매출 대비 기업가치 배수의 중앙값은 10배 로 산정되었습니다.

그리고 나서 동일한 기준으로 평가대상회사의 매출을 확인하고, 유 사회사의 multiple 10을 대상회사의 매출 10에 곱하면 대상회사의 "기 업가치는 100"이라고 추정합니다. 이러한 방법이 바로 상대가치를 통 해 대상회사를 평가하는 방법입니다.

시장가치접근법은 시장상황을 가치평가에 적극적으로 반영할 수 있 다는 점과 그 추정방법의 단순함과 명확함으로 인해 이해가능성이 높 다는 점 때문에 많이 활용됩니다.

---

24) 「기업가치평가와 재무실사」, 삼일인포마인 참조

누구와 비교할 것인가?

시장가치접근법은 상대가치로서 유사회사와의 비교를 통해 주식가치를 평가하는 방법입니다. 그렇다면 어떤 회사와 비교를 해야 할까요?

당연히 가장 비슷한 회사, 즉 동업종의 유사한 제품과 서비스를 제공하는 유사한 규모의 회사와 비교하여야 합니다. 이런 유사한 회사는 주식가치에 중요한 영향을 미치는 **현금흐름창출능력(이익률), 현금흐름 성장의 기대치(성장률), 현금흐름의 불확실성(규모 혹은 할인율)이 유사할 것**이라고 가정하기 때문입니다. 그러나 만약 동업종에 있는 회사라고 하여도 이러한 요소들에 차이가 있다면 비교가 적절하지 않을 수 있습니다.

예를 들어, 삼성전자를 평가하는데 대우건설과 비교를 하지는 않을 것입니다. 그렇다면 LG전자와 비교를 하면 될까요? 간단하게 비교할 경우에는 그럴 수 있을 것 같습니다. 그러나 삼성전자의 사업은 크게 반도체, 디스플레이, 휴대폰, 가전 등으로 구분됩니다. LG전자는 생활가전, TV, 전장사업부문이 주력입니다. 비슷하지만 차이가 나는 부분도 있습니다. 그렇기 때문에 만약 각 사업부문의 성장성과 이익률에 대한 기대치가 다르다면 이를 구분하여 비교하는 것이 필요합니다.

예를 들어 반도체는 SK하이닉스, 마이크론, TSMC, 디스플레이는 LG디스플레이와 BOE, 휴대폰은 애플, 가전은 LG전자 등으로 나누어 비교하는 것입니다.

하지만 이러한 과정이 복잡하니 나는 단순하게 삼성전자 사업부를 여러 가지로 구분하지 않고 다른 회사와 비교하겠다고 한다면, 삼성전자 사업부문 중 성장성과 이익률 등에 있어서 향후 가치가 가장 중요할 것으로 예상되는 사업부문과 유사한 회사를 비교하는 것이 필요할 것입니다.

최근의 경우와 같이 업종의 경계가 허물어지고 있는 상황에서는 단순히 동일 업종이라는 이유만으로 비교대상으로 삼을 것이 아니라 **기대 성장성, 현금흐름 창출능력, 불확실성이라는 가치평가 3요소가 얼마나 유사한지가 비교대상 회사 선정 시 고려되어야** 합니다.

다음은 여러 사업을 영위하고 있는 네이버의 주식가치를 평가하기 위해 주요 사업부문을 구분하고 각 사업부문별로 비교대상회사를 별도로 선정하여 평가한 사례입니다. 각 사업부문별로 기대 성장성, 이익률, 사업 위험의 정도가 다르기 때문에 각 사업부문을 구분하여 별도로 평가한 것입니다.

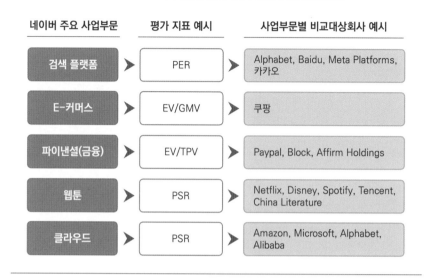

네이버의 각 사업부문별 평가 지표 및 비교대상회사 선정 예시

네이버 주요 사업부문	평가 지표 예시	사업부문별 비교대상회사 예시
검색 플랫폼	PER	Alphabet, Baidu, Meta Platforms, 카카오
E-커머스	EV/GMV	쿠팡
파이낸셜(금융)	EV/TPV	Paypal, Block, Affirm Holdings
웹툰	PSR	Netflix, Disney, Spotify, Tencent, China Literature
클라우드	PSR	Amazon, Microsoft, Alphabet, Alibaba

　사업부문별로 사업부문의 성격에 맞는 비교 지표인 PER, EV/GMV,[25] EV/TPV,[26] PSR을 각각 선정하고, 각 사업부문별 비교대상 회사로부터 도출된 적용 배수로 사업부문별 가치를 산정한 후 이를 합산하여 기업가치를 평가합니다. 순차입금이 없기 때문에 기업가치와 주주지분의 가치가 동일하며, 1주당 가치는 주주지분의 가치를 주식수로 나누어 산정합니다.

---

25) EV/GMV는 기업가치(EV; Entity Value)와 총거래액(GMV; Gross Merchandise Volume)의 비율을 비교하여 가치를 평가하는 것입니다.
26) EV/TPV는 기업가치(EV; Entity Value)와 총결제대금(TPV; Total Payment Volume)의 비율을 비교하여 가치를 평가하는 것입니다.

사업부문	평가내역	금액, 배수	단위	배수 적용 기준
검색 플랫폼	부문가치	18,648	십억 원	
	22년 예상순이익	1,036	십억 원	
	PER	18.0	배	Alphabet, Baidu, Meta Platforms, 카카오 평균 P/E 30% 할인
커머스	부문가치	25,167	십억 원	
	22년 예상거래액	44152	십억 원	
	EV/GMV	0.57	배	쿠팡 2022년 EV/GMV 30% 할인
파이낸셜 (금융)	부문가치	7,044	십억 원	
	22년 예상거래대금	51,042	십억 원	
	EV/TPV	0.2	배	Paypal, Block, Affirm Holdings 평균 EV/TPV 30% 할인
	보유지분율	69%		
웹툰	부문가치	3,629	십억 원	
	22년 예상매출액	1,512	십억 원	
	PSR	2.4	배	Netflix, Disney, Spotify, Tencent, China Literature 평균 P/S 30% 할인
클라우드	부문가치	1,783	십억 원	
	22년 예상매출액	482	십억 원	
	PSR	3.7	배	Amazon, Microsoft, Alphabet, Alibaba P/S 30% 할인
기타보유지분가치		10,400	십억 원	
순현금		200	십억 원	
기업가치		66,871	십억 원	

---

27) 2022년 4월 K증권사 네이버 분석보고서 참고하여 재작성

③ 무엇을 비교할 것인가?

비교대상회사가 선정되었다면 비교할 지표를 정해야 합니다. 이 비교 지표를 흔히 "Value Driver"라고 합니다. 즉, 비교 지표는 **산업의 경쟁 지표이면서 회사에 가치를 가져다줄 수 있는 항목**이어야 합니다. 매출, 영업이익, 영업현금흐름, 순이익 등이 그 예가 될 수 있습니다.

예를 들어 테슬라의 가치를 평가하는데, 비교항목을 순이익으로 정했다고 한다면 유사회사의 주가/주당순이익 또는 시가총액/당기순이익 배수(Multiple)를 테슬라의 당기순이익 또는 주당순이익에 곱하여 테슬라의 상대가치를 산정하는 것입니다.

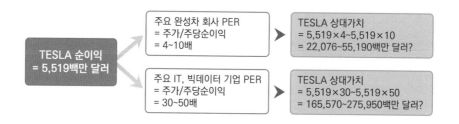

그러나 상황에 따라서는 순이익이 아닌 매출이 비교에 좀 더 적합한 항목이 될 수도 있습니다.

예를 들어 사업 초기 단계 연구개발을 위한 투자가 필요하거나 인력에 대한 투자, 규모 확대를 위한 투자 등이 필요한 경우에 매출은 성장하는데 이익은 창출하지 못하는 경우가 있습니다. 즉, 단기적인 이익 창출보다는 성장을 통해 시장 점유율을 안정적으로 가져가는 전략이 필요한 성장단계가 있고 그러한 경우에는 매출을 비교 지표로 삼거나 미래 어느 시점의 추정이익을 비교 지표로 삼을 수 있습니다.

또한 재무적 지표가 아닌 비재무적 지표가 비교대상이 될 수 있습니다. 인터넷이나 모바일 스타트업 기업들의 경우 가입자 수, 활동사용자 수, 페이지 뷰 등으로 가치를 비교하는 경우가 있습니다. 지금 당장은 이익이나 매출을 많이 창출하지 못하지만 활동사용자 수나 페이지 뷰 등이 많으면 **시장을 선점하거나 시장지배적 사업자가 되고, 그렇게 성장한 이후에는 매출의 성장으로 이어져 높은 이익창출능력을 발휘할 수 있을 것이라는 기대가 반영**된 것입니다. 비재무적 지표가 비교 지표로 활용되는 예시는 "Chapter 6. 스타트업의 평가"에서 추가로 설명하도록 하겠습니다.

추가적으로 앞의 사례를 다시 살펴보면, 비교회사를 통해 평가한 테슬라의 가치는 시장에서 형성된 시가총액과 큰 차이를 보이고 있습니다.

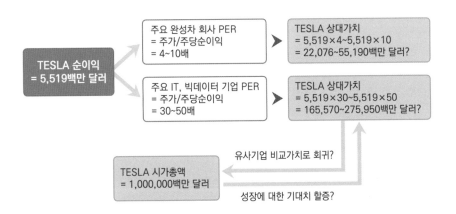

만약 비교대상회사와 향후 성장성과 이익률에 차이가 없다면, 테슬라의 가치는 비교대상회사 수준의 가치로 회귀할 것입니다. 그러나 테슬라의 향후 성장성과 이익률이 비교대상회사에 비해 더 높다면, 테슬라의 가치는 비교대상회사보다는 프리미엄이 반영된 더 높은 배수가 적용되어 평가되어야 할 것입니다. 여러분들이 보기에 테슬라의 시장가치는 높은 성장률에 대한 시장의 기대치가 반영된 것으로 보이나요? 아니면, 비교대상회사의 기대성장률이나 이익률과 크게 다르지 않을 것으로 보고 비교회사 상대가치 평가액 수준으로 회귀할 것으로 보이나요?

어느 경우로 판단을 하든 그것은 예상되는 테슬라의 **"현금흐름(이익) 창출능력"**과 **"현금흐름(이익)의 성장에 대한 기대치"**, 그리고 **"미래 예상되는 현금흐름에 대한 불확실성**에 대한 전망의 차이에서 오는 것입니다.

 비교하고자 하는 가치는 무엇인가?

유사회사와 비교를 하는 가치가 무엇인지를 정의하는 것도 중요합니다. 비교하는 가치가 무엇인가에 따라 비교 요소가 달라질 수 있기 때문입니다.

주로 비교되는 가치는 주주지분의 가치, 기업가치, 영업가치입니다.

주주지분의 가치는 회사의 총자산에서 부채를 차감한 순자산에 해당하는 주주에게 귀속되는 몫에 해당하는 가치입니다. 발행되어 유통되고 있는 주식수에 주당가액를 곱한 금액으로, 시가총액과 유사한 개념입니다.[28]

기업가치는 회사 전체 가치입니다. 주주지분의 가치와 부채가치(차입금 등 채권자의 가치)의 합계입니다.

영업가치는 회사가 본업인 영업활동을 하면서 얻게 되는 가치입니다. 만약 회사가 영업활동을 하여 획득한 자금으로 다른 주식이나 부동산 등을 투자목적으로 보유하고 있다면, 이러한 자산은 회사의 비영업가치가 됩니다.

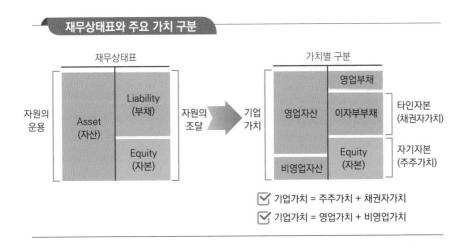

재무상태표와 주요 가치 구분

☑ 기업가치 = 주주가치 + 채권자가치
☑ 기업가치 = 영업가치 + 비영업가치

---

28) 유사하다고 표현한 이유는 주주지분에는 보통주 이외에 우선주도 있고, 연결회사라면 자회사의 외부주주인 비지배지분도 포함될 수 있기 때문입니다.

주주가치를 비교하기 위해서는 비교 요소도 주주가치와 관련된 지표이어야 합니다. 예를 들어 당기순이익(혹은 주당순이익) 또는 순자산(혹은 주당순자산) 등이 있습니다. 당기순이익은 채권자의 몫인 이자비용이 차감된 후의 금액이기 때문에 모두 주주 몫입니다. 그래서 주당순이익은 주주가치인 주가와 비교합니다.

기업가치를 비교하기 위해서는 비교 요소도 주주가치와 채권자가치를 모두 포함한 지표이어야 합니다. 예를 들어 매출, 영업이익, 영업현금흐름, EBITDA 등이 있습니다. 영업이익 같은 지표는 채권자 몫인 이자비용이 차감되기 전 금액이므로, 채권자와 주주의 몫이 모두 포함된 지표이기 때문입니다. 그래서 매출, 영업이익(EBIT), EBITDA 등을 적용하여 평가할 때에는 기업가치인 EV(Enterprise Value 또는 Entity Value)와 비교합니다.

그러나 기업가치에 영업가치 이외의 투자주식이나 투자부동산과 같은 중요한 비영업가치가 포함되어 있을 경우에는 영업가치만으로 평가된 유사회사의 비교지표 배수를 통해 산정된 가치에 비영업가치를 추가로 가산하여야 합니다.

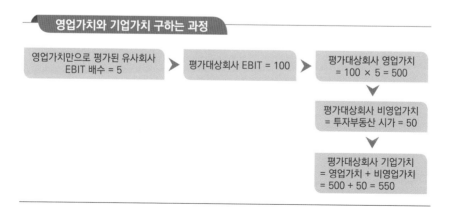

영업가치와 기업가치 구하는 과정

영업가치만으로 평가된 유사회사 EBIT 배수 = 5 ▶ 평가대상회사 EBIT = 100 ▶ 평가대상회사 영업가치 = 100 × 5 = 500

▼

평가대상회사 비영업가치 = 투자부동산 시가 = 50

▼

평가대상회사 기업가치 = 영업가치 + 비영업가치 = 500 + 50 = 550

위의 내용을 정리하면 다음의 그림과 같습니다.

주주가치를 직접 비교하여 평가하는 경우에는 PER, PSR, PBR과 같은 자기자본기준 배수를 적용하여 주주지분의 가치를 직접 평가하게 되고, 영업가치를 비교하여 평가하는 경우에는 기업가치기준(혹은 영업가치기준) 배수를 적용하여 영업가치를 비교하여 평가하고 여기에 비영업가치를 가산하여 기업가치를 산정한 후 채권자 등 타인자본가치를 차감하여 주주지분의 가치를 평가하게 됩니다.

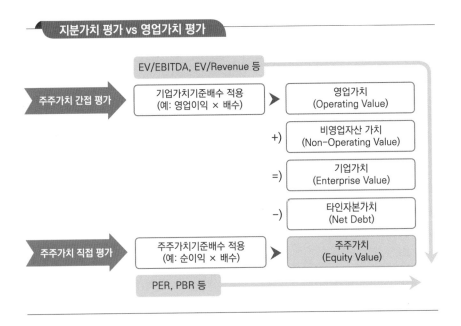

⑤ PER이란 무엇인가?

$$\text{PER} = \frac{\text{시가총액}}{\text{당기순이익}} = \frac{\text{1주당 가격(Price)}}{\text{주당순이익(EPS)}}$$

PER(Price Earnings Ratio, 주가순이익 비율)은 주가와 주당순이익 배수(Multiple)를 통해 대상회사의 주가(자기자본 가치)를 추정하는 방법으로, 대표적인 상대가치방법 중의 하나입니다.

순이익을 가치와 연결시켜 평가하는 PER은 기업 전체의 당기순이익과 비교할 때에는 시가총액으로 비교하여야 하고, 1주당 가격과 비교할 때에는 주당순이익(Earning Per Share, EPS)[29]과 비교하여야 합니다.

회사의 가치가 당기순이익의 몇 배, 주당가격이 주당순이익의 몇 배, 이렇게 얘기하기 때문에 쉽고 직관적으로 받아들여집니다. 즉, 기업이 벌어들이고 있는 이익에 대해 시장에서 투자자들이 몇 배의 대가를 주고 있는가를 뜻합니다.

---

29) 주당순이익은 회사의 당기순이익을 주식수로 나누어 계산합니다. 평가기준일(예를 들어, 기말시점)의 유동주식수가 분모의 주식수로 사용되기도 하지만, 주식수는 시간에 따라 변할 수 있기 때문에 회계기간 동안의 가중평균 유동주식수를 사용하는 것이 필요할 수도 있습니다. 또한 당기순이익의 경우도 보통주 지분의 주당순이익을 산정할 목적이라면 당기순이익에서 우선주 배당금을 차감한 금액을 분자로 놓고 계산합니다.

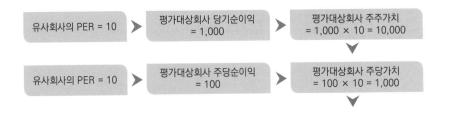

| 유사회사의 PER = 10 | ▶ | 평가대상회사 당기순이익
= 1,000 | ▶ | 평가대상회사 주주가치
= 1,000 × 10 = 10,000 |
| 유사회사의 PER = 10 | ▶ | 평가대상회사 주당순이익
= 100 | ▶ | 평가대상회사 주당가치
= 100 × 10 = 1,000 |

유사회사의 PER이 10배인데 평가대상회사의 PER이 5배라면 저가 평가된 것으로 보고 15배라면 고평가된 것으로 보는 것처럼, 직관적으로 가치를 따져볼 수 있다는 것이 가장 큰 장점입니다.

물론 유사한 회사라 하더라도 PER이 차이가 날 수 있습니다. 유사회사라고 하여도 시장의 기대치가 다른 회사에 비해 더 높은 경우에는 유사회사보다 PER이 더 높게 나타날 수 있는 것입니다. 즉, 미래 기대되는 성장성이 높아 향후 높은 이익을 창출할 것으로 예상되는 기업의 PER은 그렇지 못한 기업의 PER보다 더 높게 나타날 수 있는 것입니다.

보통 유사회사 간에 PER이 차이가 나는 이유는 기대성장률의 차이나 영업위험 또는 재무위험의 차이, 이익의 질(Quality)[30] 차이 때문입니다. 그러므로 PER을 통해 가치를 평가하기 위해서는 비교되는 회사와 평가하는 회사의 차이를 제대로 파악하는 것도 중요하며, 비교회사를 성장성과 위험의 성격이 유사한 회사로 선정하는 것이 필요합니다. 그래야 적절한 비교가 가능하며, 만약 불가피하게 비교가 되는 회사이지만 성장성과 위험이 차이가 있을 경우에는 동일한 PER로 평가할 것인지, 아니면 PER이 차이가 날 수 있음을 감안하여 평가할 것인지를

---

30) 이익의 창출이 지속될 수 있는지 아니면 일시적인지를 파악하여 이익의 질(Quality of Earning)을 판단합니다.

판단할 필요가 있습니다.

PER을 비교할 때는 지속가능한 이익을 기준으로 비교가 이루어져야 합니다. 일시적인 손익[31]의 영향으로 왜곡되어 있는 PER을 평가에 적용할 경우에는 적절한 평가가 이루어질 수 없기 때문입니다.

PER이 가져다주는 또 다른 의미로는 투자액을 회수하는데 몇 년 정도 소요될 것인지에 대한 간접적인 정보를 제공해 준다는 것입니다.

$$\text{PER} = \frac{\text{시가총액}}{\text{당기순이익}} = \frac{1\text{주당 가격(Price)}}{\text{주당순이익(EPS)}} \doteqdot \frac{\text{투자액}}{\text{회수액}}$$

주당순이익 10원이고 1주당 가격이 100원인 경우, 10년이면 투자한 100원을 회수할 수 있다는 의미로도 해석할 수 있기 때문입니다. 그러나 이 해석은 하나의 가정이 전제되어야 성립될 수 있습니다. 바로 '향후 주당순이익은 변하지 않고 지금과 그대로이다'라는 가정입니다. 즉, 주당순이익이 향후에도 동일할 것이라는 가정에 기초하기 때문에, 현재기준 순이익보다 더 높은 이익이 기대되는 성장성이 높은 기업의 경우에는 PER을 회수기간으로 보기는 어려울 것입니다. 이러한 기업은 기대수준에 따라 주가가 올라가기 때문에 PER이 커져서 반드시 회수기간을 의미한다고 볼 수는 없는 것입니다.

그러므로 성장성에 따라서 PER은 달리 해석될 필요가 있습니다.

---

31) 만약 회사가 보유한 투자주식을 당해연도 처분하여서 투자주식처분이익이 크게 발생하였을 때 당기순이익이 커져서 PER이 낮아질 수 있습니다. 이 처분손익이 당해연도만 발생하는 일시적인 사건이라면 비교할 PER을 계산할 때 해당 이익을 제외하고 산정하는 것입니다.

기업의 순이익이 줄어드는 상황이라면 현재 기준의 PER이 5배라고
하여도 주가 혹은 시장가액이 유지된다고 가정할 때 향후에는 이익감
소로 PER이 10배가 될 수 있으며, 기업의 순이익이 증가하는 상황이라
면 현재 기준 PER이 10배라고 하여도 주가 혹은 시장가액이 유지된다
고 가정할 때 향후에는 이익 증가로 PER이 5배가 될 수도 있습니다.

예를 들어, 다음의 사례를 살펴보겠습니다.

주식	주가(P)	주당순이익 (EPS)	주가순이익 비율(PER)	예상주당 배당액(d_1)	기대수익률 (r)	기대성장률 (g)
A	100	10	10	5	10%	5%
B	100	5	20	2	12%	10%

주당순이익은 A주식이 10으로 B의 2배나 됨에도 불구하고 주가는
100으로 동일합니다. 그래서 B의 PER이 20으로 A의 PER 10보다 2
배 더 높습니다. B의 PER이 A보다 더 높은 이유는 기대성장률이 높기
때문입니다. **기대성장률이 높으면 그렇지 못한 기업에 비해 상대적으
로 더 높은 PER을 보일 수 있습니다.**

참고로 적정가격을 $P_0=d_1/(r-g)$로 정의한다면 A의 가격은 100=5/
(10%−5%)가 되고, B의 가격은 100=2/(12%−10%)가 됩니다.

또한 위의 사례에서 B의 재무구조가 안정적이거나 향후 예상현금흐
름의 불확실성이 A에 비해 낮아 요구수익률이 7%이고 성장률이 A와
동일하게 5%라고 가정한다면, 적정가격을 $P_0=d_1/(r-g)$로 정의할 경우
A의 가격은 100=5/(10%−5%)가 되고, B의 가격은 100=2/(7%−5%)
가 됩니다. 즉, **자기자본비용(요구수익률)이 낮으면 그렇지 못한 기업**

에 비해 상대적으로 더 높은 PER을 보일 수 있습니다.

다음의 예시도 살펴보겠습니다.

현시점에서 테슬라의 당기순이익이 매년 다음과 같이 증가하고,[32] 시가총액은 현재와 동일하다고 가정한다면 테슬라의 PER은 현재 약 200배 수준에서 언젠가는 성숙단계의 산업 PER 수준인 10배 전후로 낮아질 수 있습니다. 물론 매년 성장에 대한 기대치는 달라질 것이고 시가총액도 변할 것이므로 평가할 시점을 기준으로 매기에 다시 살펴볼 필요는 있겠지만, 현시점의 시가총액은 현재 시점의 기대치가 반영된 것이기 때문에 현재 시점을 기준으로 아래의 표와 같은 가정을 해보는 것입니다.

여기서 확인할 수 있는 것은 **고성장이 기대되는 기업은 PER이 높을 수 있다는 점**이고, 다른 하나는 지금 당장의 PER이 높은 기대성장률로 인해 높게 나타난다고 하여도 **성숙단계에 접어들 것으로 예상되는 시점에 있어서의 PER은 아래의 예시에서 보는 바와 같이 성숙단계의 기업에 맞는 PER 수준을 보여야 한다는 점**입니다. 만약 성숙단계를 가정한 시점에서도 여전히 높은 PER을 보인다면 현재 시장에서 그 기업의 가치는 과대평가되었을 가능성을 고려해보아야 합니다.[33]

---

32) 연도별로 매출성장률을 50~30%, 영업이익률을 27~15%로 가정하여 추정한 테슬라의 향후 세후영업이익을 단순히 당기순이익과 동일한 것으로 가정한 금액입니다("Chapter 5.의 4. 현금흐름할인법 적용의 예" 참고).
33) 과대평가의 절대적 기준을 의미하는 것은 아닙니다. 최소한 성숙단계에 접어들 것으로 가정한 시점에서도 PER이 성숙단계에 맞는 수준이 되지 않으면 과대평가의 가능성을 고려해볼 필요가 있다는 의미입니다. 또한 성장기 기업의 경우에는 미래현금흐름에 대한 불확실성이 클 수 있다는 점도 고려되어야 할 것입니다. 예를 들어 예상현금흐름에 불확실성을 고려하여 일정 디스카운트를 반영한 후 계산을 해보거나, 당기순이익 등을 추정할 때에도 다양한 시나리오 가정으로 검토를 하는 방법 등을 고려해 볼 수 있습니다.

연도	Base Year	year 1	year 2	year 3	year 4	year 5	year 6	year 7	year 8	year 9	year 10
당기 순이익 가정	5,519	9,427	17,031	29,228	48,109	76,395	105,043	125,022	143,414	157,526	163,982
연도별 PER	184.6	108.1	59.8	34.9	21.2	13.3	9.7	8.2	7.1	6.5	6.2

현재 시가총액이 유지된다고 가정할 경우, 추정 당기순이익으로 계산한 PER은 이익의 증가에 따라 5년 후 13.3배 수준이 되며, 그 이후에도 이익이 예상대로 계속 증가한다면 10년 후 PER은 6.2배가 됩니다. 만약, 향후 예상되는 성장성과 이익 규모가 이 정도 금액 수준에 미치지 못한다면 현재의 테슬라 시가총액은 내재가치로 설명되기 어려울 것입니다. 그러나 향후 예상되는 성장성과 이익 규모가 이 정도 금액 수준 이상으로 예상된다면, 현재의 PER이 높다고 하여도 내재가치로 설명될 가능성이 있는 것입니다.

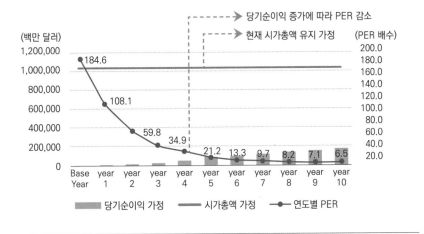

앞서 기대성장률이 높으면 상대적으로 더 높은 PER을 보일 수 있다고 설명했습니다. 즉, PER에는 성장률에 대한 기대치가 녹아들어가 있다는 의미입니다. 그래서 PER의 단순비교로는 성장성에 대한 고려가 구분되지 않아 적절한 비교가 되지 못하는 경우들이 있습니다. PER이 성장률의 고려수준을 구분하지 못한다는 단점을 보완하여 PER에 성장률을 감안하여 평가하는 방법으로 PEG(Price to Earning Growth)를 활용할 수 있습니다.

PER은 가장 많이 활용되는 상대가치평가 방법 중 하나이지만, 업종(유사기업) 전체가 과대평가되거나 혹은 과소평가되어 있는 경우에는 평가 지표로서 불안정할 수 있으며, 주당순이익이 0보다 적을 경우 사용이 불가능하다는 단점이 있습니다.

> **참고** **PER을 구하는 다양한 방법**
>
> ① 유사회사 혹은 동업종 평균 PER을 이용
> ② 기대성장률과 위험이 유사한 회사의 PER을 이용
> ③ 이론상 적정 PER을 이용[34]

참고로 과거 10여 년간 코스피의 PER 추이는 다음과 같습니다. PER 배수가 시간이 지남에 따라 시장상황이 변화하면 달라질 수 있음을 보여주고 있습니다.

---

34) 적정 PER = [1/(자기자본비용-성장률)]×(1-내부유보율)×(1+성장률)

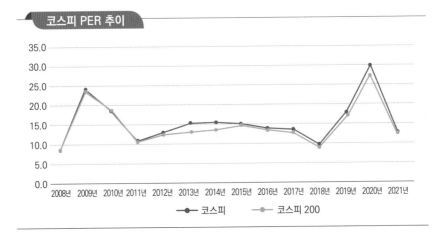

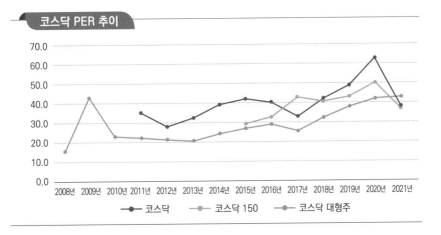

다음의 그래프는 코스피와 코스닥 업종별 PER을 비교한 것입니다. 업종별로 PER에 큰 차이가 있음을 볼 수 있습니다. 업종별 차이는 향후 성장성과 이익수준의 기대치에 차이가 있기 때문일 것입니다. 그리고 연도별 차이는 연도별 기대되는 성장성의 차이도 있을 것이며, 기대성장의 차이는 유사하지만 계산에 반영된 순이익의 차이가 연도별로 나기 때문일 수도 있습니다.

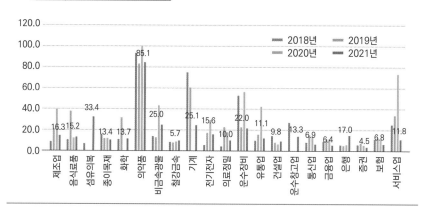

코스피 업종별 PER 평균

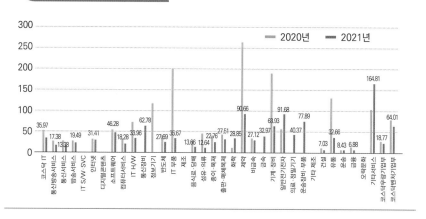

코스닥 업종별 PER 평균

동업종 내 회사별 PER과 기대성장률 비교

다음의 그림은 주요 완성차 회사들의 22년 예상 주당순이익을 기준으로 계산한 PER과 '21~'23년 당기순이익 예상 성장률입니다.[35] 전반

---

35) D증권 애널리스트 리포트 2022년 4월 13일 자료 참조하여 재작성

적으로 보면 예상성장률이 높을수록 PER이 높은 경향이 있다고 볼 수 있지만, 회사별로 비교하면 기대성장률이 상대적으로 낮음에도 불구하고 PER은 상대적으로 더 높게 나오는 경우들을 확인할 수 있습니다.

즉, 가치를 결정하는 것은 기대 성장률만 영향을 미치는 것이 아니라 이익률과 같은 현금흐름 창출능력, 불확실성과 같은 위험 요소들이 종합적으로 영향을 미치기 때문입니다.

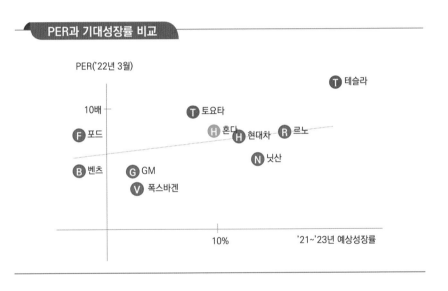

PER 적용 사례: Analyst report

다음은 D증권사 애널리스트 분석 보고서에서 A사에 대한 목표주가를 추정하는 과정에서 PER을 활용한 사례입니다.

구분	산출내역	설명
① '22년 예상 EPS(주당순이익)	12,454원	
② 적용 PER	7.0 배	글로벌 유사 기업 평균
③ 목표주가	87,000원	① × ②

위의 사례는 최근 실적이 아닌 예상 주당순이익을 적용하였고, 적용 PER은 글로벌 유사기업의 PER을 적용하여 A사의 목표주가를 추정하였습니다.

예상 주당순이익은 주요 포털사이트의 금융페이지에서 각 증권사들이 예상한 금액의 평균을 제공하는 경우가 있으며, Bloomberg나 Capital IQ와 같은 금융정보 제공 단말기를 통해서도 확인할 수 있습니다. 단, 모든 회사의 예상 자료가 제공되지는 않습니다.

그리고 유사기업을 국내기업으로 한정하지 않고 글로벌 유사기업 평균 PER을 적용하였는데, 위 사례의 경우 국내 유사회사가 많지 않고 경쟁구도가 글로벌 공급망을 통해 글로벌 경쟁을 하고 있는 산업이기 때문일 것입니다.

PER 적용 사례: ㈜툴젠

다음은 2021년 ㈜툴젠이 상장할 때 PER 배수를 적용하여 공모가격을 산정한 사례입니다.[36]

---

36) 금융감독원 전자공시시스템(dart) 참조: https://dart.fss.or.kr/dsaf001/main.do?rcpNo=20211130000664

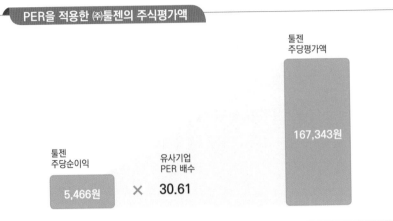

PER을 적용한 ㈜툴젠의 주식평가액

툴젠
주당평가액

167,343원

툴젠
주당순이익

5,466원

유사기업
PER 배수

× 30.61

㈜툴젠의 가치를 평가하기 위한 유사회사로 유한양행, 녹십자, 종근당, 유나이티드, 삼진제약, 비씨월드제약 6개 회사를 선정하였습니다. 그리고 비교대상 지표로 PER을 선정하였습니다.

주간사와 회사가 PER을 평가 지표로 선정한 이유는 PER이 가장 보편적이고 소속 업종 및 해당 기업의 성장성, 수익성, 위험을 반영하여 비교가 용이한 모형이기 때문이라고 기술하고 있습니다.

PER 적용 사유 1: 가장 보편적이고 성장성 및 수익성을 반영한 지표로서 비교가 용이

PER(Price Earning Ratio)은 해당 기업의 주가와 주당순이익(EPS)의 관계를 규명하는 비율로서 기업의 영업활동을 통한 수익력에 대한 시장의 평가, 성장성, 영업활동의 위험성 등이 총체적으로 반영된 지표입니다. 또한 개념이 명확하고 계산의 용이성으로 인해 가장 널리 사용되는 투자 지표이기도 합니다.

PER은 순이익을 기준으로 비교가치를 산정하므로 개별 기업의 수익성을 잘 반영하고 있을 뿐만 아니라, 산업에 대한 향후 미래의 성장성이 반영되어 개별 기업의 PER이 형성되므로, PER을 적용할 경우 특정 산업에 속한 기업의 성장성과 수익성을 동시에 고려할 수 있고 산업 고유위험에 대한 Risk 요인도 주가를 통해 반영될 수 있습니다.

유사기업을 선정하는 기준으로는 업종의 유사성, 사업의 유사성, 재무적 유사성, 비재무적 사항의 유사성을 적용하였습니다.

유사기업 선정 기준

구분 기준	세부 검토 기준	선정 회사
업종 관련성	한국표준산업분류상 다음 중 하나에 속하는 유가증권시장 또는 코스닥시장 상장회사일 것 – (C21000) 의료용 물질 및 의약품 제조업 – (M70100) 자연과학 및 공학 연구개발업 – (M70113) 의학 및 약학 연구개발업 – (C73909) 그 외 기타 분류 안 된 전문, 과학 및 기술 서비스업	– (C21000) 의료용 물질 및 의약품 제조업: 159개사 – (M70100) 자연과학 및 공학 연구개발업: 없음 – (M70113) 의학 및 약학 연구개발업: 38개사 – (C73909) 그 외 기타 분류 안 된 전문, 과학 및 기술 서비스업: 6개사 → 총 203개사
재무 유사성	– 2020년 및 2021년 반기 영업이익, (지배)당기순이익을 시현하였을 것 – 12월 결산법인일 것	→ 총 79개사
사업 유사성	– 최근 사업연도(2020년) 매출액 대비 연구개발비 비중이 10% 이상인 회사 – 핵심기술 또는 이를 기반으로 한 파이프라인의 License-out을 주요 사업모델로 하여 실적을 보유한 회사	→ 총 11개사
일반사항 유사성	분석기준일 현재를 기준으로, – 상장 후 1년 이상 경과하였을 것 – 최근 사업연도 감사의견이 적정일 것 – 최근 1년간 한국거래소로부터 투자위험종목, 관리종목 등으로 지정 또는 회계처리기준을 위반한 사실이 없을 것 – 최근 1년간 합병, 기업분할, 영업양수도, 매출액 대비 10% 이상의 영업정지 등 중요한 경영상의 변동이 없을 것 – 비경상적인 PER 제외(50배 이상)	→ 총 6개사: 유한양행, 녹십자, 종근당, 유나이티드, 삼진제약, 비씨월드제약

위에서 제시한 기준을 충족한 유한양행, 녹십자, 종근당, 유나이티드, 삼진제약, 비씨월드제약 6개 회사를 ㈜툴젠의 가치를 평가하기 위한 유사회사로 선정하였습니다.

구분	유한양행	녹십자	종근당	유나이티드	삼진제약	비씨월드제약
① 적용 순이익 (천 원)	97,832,994	93,472,117	85,115,639	26,340,494	19,577,164	3,321,325
② 적용 주식수 (주식수)	69,972,959	11,686,538	11,426,099	16,244,822	13,900,000	8,892,384
③ 주당순이익 (원): ①÷②	1,398	7,998	7,449	1,621	1,408	374
④ 기준주가(원)	60,600	255,000	118,500	47,809	25,650	16,750
⑤ PER: ④÷③	43.34	31.88	15.91	29.49	18.21	44.85
⑥ 적용 PER (유사기업 평균)	30.61					

유사기업의 PER 30.61배를 ㈜툴젠의 주당순이익 5,466원에 곱하여 ㈜툴젠의 주당 가치를 167,343원으로 추정하였습니다.

PER 적용에 의한 ㈜툴젠의 주식가치 평가

구분	산출내역	비고
2024년 추정 당기순이익	88,065백만 원	A
연 할인율	21.2%	
2024년 추정 당기순이익의 2021년 반기 말 현가	44,931백만 원	$B = A \div (1+0.212)^{3.5}$
적용 주식수	8,219,358주	C
2021년 반기 말 기준 환산 주당순이익	5,466원	$D = B \div C$
적용 PER	30.61배	E
주당 평가가액	167,343원	$F = D \times E$

㈜툴젠의 PER 적용 가치평가에서 특이한 점은 ㈜툴젠의 주당순이익을 평가시점의 최근 주당순이익이나 평가기준일로부터의 단기 예상 주

당순이익이 아닌 약 3.5년 후 예상 주당순이익을 기준으로 평가하였다는 점입니다.

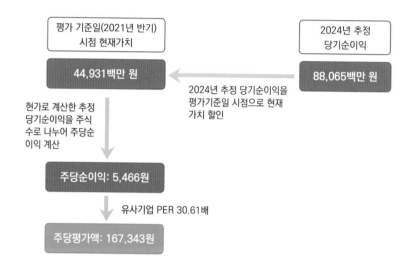

㈜툴젠은 평가시점에 당기순이익이 (-)이기 때문에 과거 실적 기준으로는 PER이 산출되지 않습니다.

이렇게 가까운 미래 어느 시점의 당기순이익을 예측하고, 예측된 미래 당기순이익에 할인율을 적용하여 현재가치로 할인한 금액에 PER을 적용하는 경우는 스타트업이나 본격적으로 정상적인 수준의 이익창출이 되고 있지 않은 성장기 기업에 활용되는 방법입니다.

㈜툴젠의 경우도 주요 원천기술의 특허수익화 시점과 차세대 치료제의 기술이전이 예상되어 본격적인 매출이 가시화되는 시점인 2024년의 추정 당기순이익에 PER을 적용하는 것이 ㈜툴젠의 가치를 평가하는데 합리적이라고 판단한 것입니다.

⑥ PEG란 무엇인가?

$$\boxed{\text{PEG} \quad = \quad \frac{\text{PER}}{\text{기대성장률} \times 100}}$$

PER은 동업종 회사 간에도 차이가 발생할 수 있으며, 차이의 가장 큰 원인 중의 하나는 회사 간 기대성장률의 차이입니다. 회사 간 성장률의 차이를 PER 배수에 조정 반영하여 활용하는 것이 PEG(Price to Earnings Growth)입니다.

다음과 같이 두 회사의 PER만을 보면 ㈜계속의 PER이 ㈜올라보다 낮기 때문에 두 회사가 유사회사라면 ㈜올라가 과대평가되었다고 판단할 수도 있습니다. 그러나 ㈜계속과 ㈜올라의 주당순이익 기대성장률을 고려한 PEG를 비교하면 ㈜올라의 PEG는 1.5로 ㈜계속에 비해 낮아 오히려 기대성장률을 고려하면 상대적으로 과소평가되었다고 판단할 수 있습니다.

구분	① PER	② 기대성장률	③ PEG(①÷(②×100))
㈜계속	20	10%	2
㈜올라	30	20%	1.5

아래의 표는 몇 개 회사의 PEG를 비교한 것입니다.[37]

---

37) 비교시점의 시장상황에 유효한 것으로 시간의 흐름에 따라 시장상황이 달라지면 위의 비교 지표도 달라지게 됩니다. 그러므로 실제 평가를 할 때에는 평가시점의 정보를 기초로 평가가 이루어져야 합니다(fianace.yahoo.com과 finance.naver.com 데이터 참고).

구분	① PER[38]	② 기대성장률 가정	③ PEG(①÷(②×100))
테슬라	200	57%	3.5
		37%	5.4
애플	28	10%	2.8
구글(알파벳)	23	4%	5.7
마이크로소프트	30	15%	2.0
삼성전자	12	15%	0.8
현대차	10	14%	0.7
카카오	34	25%	1.4
네이버	30	20%	1.5

주어진 PER과 기대성장률 가정하에서 테슬라의 PEG는 애플이나 마이크로소프트의 PEG보다는 높게 형성되어 있습니다. 그러나 테슬라의 단기 기대성장률을 57%로 가정하였을 때 구글과 비교해보면 PEG가 상대적으로 높다고 볼 수 없을 것 같습니다. 테슬라의 PER은 구글에 비해 많이 높은 편이지만, 기대성장률 또한 더 높기 때문에 PEG는 오히려 더 낮게 나타나고 있습니다. PEG가 상대적으로 낮게 나타난다는 것은 단순히 PER이 높다는 이유만으로 상대적으로 고평가되었다고 보기 어려울 수 있다는 것입니다.[39] 하지만 중장기 기대성장률 37%를 가정할 경우에는 테슬라의 PEG는 구글의 PEG와 유사하게 나타나며, 이 경우에는 다른 회사의 PEG보다 상대적으로 높게 나타납니다.

이처럼, PEG는 어떤 기대성장률을 적용하는가에 따라 다른 결론에 도달할 수 있습니다. 즉, 각자가 예상하는 기대성장률도 다를 뿐만 아니라, 시장 예측의 평균을 적용한다고 하여도 향후 1년 기대성장률을

---

38) 2021년 PER을 가정(단, 네이버는 2022년 예상 PER 가정. Yahoo finance, Naver finance, Nasdaq data 참고)

39) 과거 피터 린치(Peter Lynch)는 PEG가 1.0 미만인 0.5 수준의 주식을 투자에 긍정적으로, PEG가 2.0 수준의 주식은 투자에 부정적으로 받아들였는데, 최근 글로벌 빅테크 기업들의 PEG는 2.0 이상인 경우도 나타나고 있습니다.

적용할 것인지, 중장기 기대성장률을 적용할 것인지에 따라 PEG의 값이 달라질 수 있는 것입니다. [40]

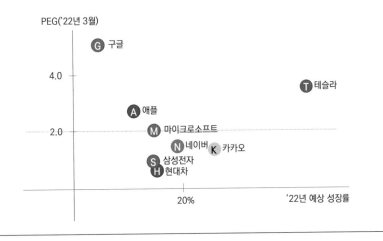

단기 예상 성장률을 적용한 회사별 PEG 분포

PEG('22년 3월)

G 구글

4.0

T 테슬라

A 애플

2.0   M 마이크로소프트

N 네이버 K 카카오

S 삼성전자
H 현대차

20%   '22년 예상 성장률

---

40) 위의 예시에서는 단기 기대성장률로 가정하였습니다. 합리적으로 예측될 수 있다면 중장기 기대성장률의 적용이 더 적합할 수 있으나, 중장기 기대성장률의 합리적인 예측이 쉽지 않고, 예측 자료를 확보하는 것도 용이하지 않은 경우가 있습니다. 단, 해외상장기업의 경우 finance.yahoo 등 해외 포털사이트에서는 주요 기업에 대한 중장기 예상 성장률 정보를 제공하고 있습니다.

⑦ PSR이란 무엇인가?

$$
\text{PSR} = \frac{\text{시가총액}}{\text{매출액}} = \frac{\text{1주당 가격(Price)}}{\text{주당매출액(SPS)}}
$$

PSR[41]은 주가와 매출액 배수를 통해 대상회사의 주가(자기자본 가치)를 추정하는 방법으로 PER이나 PBR과는 달리 순이익, 순자산이 (−)가 되어도 사용할 수 있고, **매출확대가 중요한 성장기 기업에 많이 활용**될 수 있습니다.

스타트업과 같은 성장기 기업은 이익의 변동성이 크거나 평가대상에 대한 재무정보가 충분하지 않을 수 있으며, 상대적으로 가장 신뢰 가능한 숫자가 매출일 가능성이 높습니다. 그리고 이 단계에서는 차입보다는 자본투자의 비중의 높기 때문에 매출과 시가총액의 직접비교가 가능합니다. 그러나 유사회사나 평가대상회사에 있어서 차입과 같은 채권자가치가 중요할 경우에는 매출과 주가를 비교하는 PSR 대신 기업가치와 매출이 비교되는 EV/Sales가 더 적절할 수 있습니다.

---

41) PSR은 시가총액과 매출액의 비율로 계산할 수도 있고 1주당 가격과 주당매출액(SPS: Sales Per Share)의 비율로 계산할 수도 있습니다. 주당매출액은 기업의 1년 동안의 매출액을 유통주식수로 나누어 계산합니다.

PSR 적용 사례: analyst report

다음은 M증권사 애널리스트 분석 보고서에서 K사에 대한 목표주가를 추정하는 과정에서 PSR을 활용한 사례입니다.

구분	산출내역	설명
① 21년 예상 매출	134십억 원	
② 적용 PSR	4.1배	동업종 1위 기업 대비 30% 할인
③ 추정 시가총액	549.4십억 원	① × ②
④ 주식수	3,198만 주	
⑤ 추정 주당평가액	17,200원/주	③ ÷ ④

위의 사례는 최근 실적이 아닌 예상 매출을 적용하였고, 적용 PSR은 동업종 1위 기업 대비 30% 할인한 PSR 배수를 적용하여 시가총액을 추정하였습니다.

추정된 시가총액을 주식수로 나누어 주당평가액을 산정하였습니다.

예상 매출 자료는 주요 포털사이트의 금융페이지에서 각 증권사들이 예상한 금액의 평균을 제공하는 경우가 있으며, Bloomberg나 Capital IQ와 같은 금융정보 제공 단말기를 통해서도 확인할 수 있습니다. 단, 모든 회사의 예상 자료가 제공되지는 않습니다.

PSR 적용 사례: 넷마블

다음은 2017년 넷마블이 상장할 때 PSR 배수를 적용하여 공모가격을 산정한 사례입니다.[42]

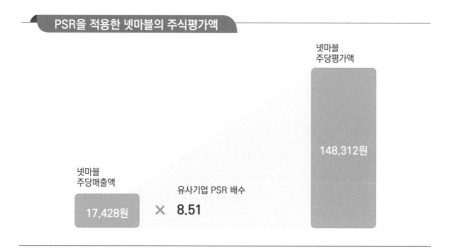

PSR을 적용한 넷마블의 주식평가액

넷마블
주당평가액

148,312원

넷마블
주당매출액

17,428원 × 유사기업 PSR 배수 **8.51**

넷마블의 가치를 평가하기 위한 유사회사로 엔씨소프트, Tencent, Netease 3개 회사를 선정하였습니다. 그리고 비교대상 지표로 PSR을 선정하였습니다.

주간사와 회사가 PSR을 평가 지표로 선정한 첫 번째 이유는, PSR은 성장단계 산업에서 유용하기 때문이라는 이유를 제시하고 있습니다.

---

42) 금융감독원 전자공시시스템(dart) 참조: https://dart.fss.or.kr/dsaf001/main.do?rcpNo=20170424000109

PSR 적용 사유 1: 성장단계 산업에서 적용의 유용성

성장기 단계 산업의 특성상 다수의 경쟁자가 시장에 진입하게 되며, 시장의 경쟁은 치열해지게 됩니다. 따라서 동 시기에는 시장참여자들은 시장 점유율을 확대하여 시장을 선점하기 위해 노력합니다. 따라서 성장기 단계 산업에서는 기업 매출액의 크기가 향후 성장성 및 수익성 등의 회사 실적에 영향을 미치는 중요한 요소입니다.

동사는 최근 3사업연도 동안 연평균 124.08%의 매출액 성장률을 시현하고 있습니다. 이는 동사의 높은 경쟁력 및 모바일 게임 산업의 구조적인 성장성에 기인한 것으로 판단됩니다. 이러한 사항들에 근거하여 금번 넷마블게임즈 주식회사 주식평가에 있어서 회사 및 산업의 성장성을 반영할 수 있는 PSR 평가 방법을 적용하였습니다.

주간사와 회사가 PSR을 평가 지표로 선정한 두 번째 이유는, PSR은 이익의 변동이 큰 시기에는 상대적으로 PER 등에 비해 변동성이 낮은 안정적인 지표라는 것이고, 매출은 회계정책의 차이로 인한 영향을 상대적으로 덜 받는다고 보았기 때문입니다.

PSR 적용 사유 2: 안정적인 비교 가능성

PSR은 다른 상대가치평가 방법보다 변동성이 높지 않아 가치평가에 적용하는데 보다 안정성이 높습니다. PSR의 기준이 되는 매출액은 영업이익 및 당기순이익 대비 연도별 변동성이 크지 않고 안정적이기 때문입니다. 또한 영업이익, 당기순이익 등은 감가상각비, 재고자산 등과 관련하여 회사별로 채택한 회계정책에 의해 영향을 크게 받지만, 매출액은 채택된 회계정책 등의 영향이 상대적으로 낮습니다.

유사기업을 선정하는 기준으로는 업종의 유사성, 사업의 유사성, 재무적 유사성, 비재무적 사항의 유사성을 적용하였습니다.

구분 기준	국내 유사회사	해외 유사회사
업종 관련성	• 한국표준산업분류 세분류상 "(J58210) 게임 소프트웨어 개발 및 공급업"에 속한 유가증권시장 또는 코스닥시장 상장회사	• App annie 2016년 기준 글로벌 Top20 퍼블리셔(IOS+구글플레이) 중 상장회사 • 게임산업 선도시장인 미국, 일본, 중국(홍콩 포함) 시장에 상장된 회사일 것
사업의 유사성	• 전체 매출액 중 게임 관련 매출 비중이 가장 높을 것	• 전체 매출액 중 게임 관련 매출 비중이 가장 높을 것
재무적 기준	• 2015년 및 2016년 영업이익 및 지배주주순이익을 시현하였을 것 • 2016년 매출액, 영업이익 및 지배주주순이익이 전기 대비 증가하였을 것 • 2016년 자산총계가 넷마블게임즈의 50% 이상일 것	• 2015년 및 2016년(연환산) 영업이익 및 지배주주순이익을 시현하였을 것 • 2016년(연환산) 매출액, 영업이익 및 지배주주순이익이 전기 대비 증가하였을 것 • 2016년 자산총계가 넷마블게임즈의 50% 이상일 것 • 최근 3사업연도 매출액 연평균성장률이 30% 이상일 것
비재무적 기준	• 최근 사업연도 감사의견이 적정일 것 • 투자위험종목, 관리종목으로 지정된 사실이 없을 것 • 상장 이후 1년 이상 경과하였을 것 • 12월 말 결산법인일 것	• 최근 사업연도 감사의견이 적정일 것 • 상장 이후 1년 이상 경과하였을 것 • 12월 말 결산법인일 것

위에서 제시한 기준을 충족한 엔씨소프트, Tencent, Netease 3개 회사를 넷마블의 가치를 평가하기 위한 유사회사로 선정하였습니다.

구분	엔씨소프트	Tencent	Netease	비고
상장시장	유가증권시장	HSE	Nasdaq	
(연환산)매출액(백만 원)	983,557	24,050,067	6,372,049	A
상장주식수(주)	21,929,022	9,477,246,742	132,600,808	B
SPS(주당매출액)(원)	44,852	2,538	48,054	C=A÷B
기준주가(원)	280,900	31,239	334,575	D
PSR(배)	6.26	12.31	6.96	E=D÷C
적용 PSR(배)	8.51			

유사기업의 PSR 8.51을 넷마블의 주당 매출 17,428원에 곱하여 넷마블의 주당 가치를 148,312원으로 추정하였습니다.

PSR 적용에 의한 넷마블의 주식가치평가

구분	내용 2016년	비고
매출액(백만 원)	1,500,016	A
적용 주식수(주)	86,068,636	B
SPS(주당매출액)(원)	17,428	C=A÷B
적용 PSR(배)	8.51	D
PSR 비교가치(원)	148,312	E=C×D

⑧ PCR이란 무엇인가?

$$\text{PCR} = \frac{\text{시가총액}}{\text{영업현금흐름}} = \frac{\text{1주당 가격(Price)}}{\text{주당현금흐름(CPS)}}$$

PCR(Price Cashflow Ratio, 주가현금흐름 비율)은 주가와 주당현금흐름 배수(Multiple)를 통해 대상회사의 주가(자기자본 가치)를 추정하는 방법으로 PER과 유사한 개념입니다. PER이 이익을 기준으로 배수를 산정하는데 반해 PCR은 회사가 창출한 현금흐름을 기준으로 배수를 산정합니다.

현금흐름을 가치와 연결시켜 평가하는 PCR은 기업 전체의 현금흐름과 비교할 때에는 시가총액으로 비교하여야 하고, 1주당 가격과 비교할 때에는 주당현금흐름(Cashflow Per Share, CPS)과 비교하여야 합니다.

현금흐름을 적용할 때는 영업현금흐름[43]을 적용하는 방법과 잉여현금흐름을 적용하는 방법이 있습니다. 영업현금흐름은 영업이익에서 영업이익에 대한 세금을 차감하고 감가상각비와 같은 현금이 지출되지 않은 비용을 가산한 후, 운전자본변동으로 인한 현금흐름 증감을 가감하여 산정됩니다. 잉여현금흐름은 영업현금흐름에서 유무형자산에 대한 자본적지출인 CAPEX와 같은 투자지출이 차감된 현금흐름입니다. 또한, 이보다 단순하게 당기순이익에 감가상각비만을 가산한 개념인 [당기순이익−비지배지분순이익+감가상각비+무형자산상각비]의 산식으로 계산한 금액을 현금흐름으로 가정하여 사용하기도 합니다.

기업의 순이익은 회계정책에 따라 차이가 발생할 수 있지만, 현금흐름은 회계정책과 무관하게 영업활동의 결과로서 얻게 되는 결과인 현금흐름을 기초로 평가가 이루어지기 때문에 PCR은 PER의 보완 지표로서 유용할 수 있습니다.

성장기 기업은 지금 당장의 현금창출보다는 시장 지배력 확대와 미래 이익창출 확대를 위한 투자가 활발하게 이루어지는 시기이므로

---

43) 회사의 현금흐름은 영업현금흐름과 투자현금흐름, 재무현금흐름으로 구분되며, 투자자산을 사고파는 투자현금흐름, 차입 또는 상환, 증자 또는 배당과 같은 자본의 증감과 관련된 재무현금흐름을 제외한 기업 본연의 영업활동을 통해 창출된 현금흐름을 영업현금흐름이라고 합니다.

PCR을 적용하기에 적합하지 않을 수 있습니다. 그러므로 PCR의 적용은 안정된 현금흐름 창출이 이루어질 것으로 기대되는 성숙기 산업에 적용하는 것이 평가의 효용성을 더 높일 수 있을 것입니다.

⑨ PBR이란 무엇인가?

$$PBR = \frac{시가총액}{순자산가액} = \frac{1주당\ 가격(Price)}{주당순자산(BPS)}$$

PBR[44](Price Book value Ratio, 주가순자산비율)은 주가와 주당순자산 배수를 통해 대상회사의 주가(자기자본 가치)를 추정하는 방법입니다. PBR은 기업의 순자산 대비 기업가치가 몇 배로 평가되는지를 나타냅니다.

순자산가치는 순이익과 같은 이익 지표보다는 상대적으로 변동성이 적은 안정된 지표이며, 순이익이 음수(−)로 PER을 사용할 수 없는 경우에도 사용 가능합니다.

그러나 PBR은 회계적인 순자산가액을 기준으로 가치배수를 구하는 것이기 때문에 비교되는 기업 간에 회계정책이 일치하거나 대부분의

---

44) PBR은 시가총액과 순자산장부가액의 비교를 통해 이루어질 수도 있으며, 1주당 주가와 주당순자산(BPS: Book value per share)의 비율로 계산할 수도 있습니다. 주당순자산은 [(총자산−총부채)÷유통주식수]로 계산합니다.

장부가액이 시가로 표시되는 산업의 경우에는 과소·과대 평가된 주식을 찾기 위한 평가 지표로 유용할 것이나, 회계정책이 차이가 나고, 장부가액이 시가와 차이가 많이 나는 경우에는 적절한 평가 지표가 될 수 없습니다.

PBR은 미래현금창출능력을 평가에 반영하기 어려운 점, 회계기준의 차이에 따라 평가가 달라질 수 있다는 점 등의 단점에도 불구하고, 특정산업의 경우에는 PBR과 주가가 높은 상관관계를 보이기도 하여 중요한 평가 지표의 하나로 활용되고 있습니다.

일반적으로 지주회사나 금융업과 같이 보유 자산이 대부분 시가로 평가되고 개별자산이 독립적으로 수익을 창출하는 산업의 경우에 활용의 효과성이 높으며, 반대로 인터넷 기업, 기술기업과 같이 회계상 자산보다 무형의 자산가치가 더 크면서 높은 성장이 예상되는 경우에는 적합하지 않을 수 있습니다.

PBR은 "PBR[45]=ROE×PER"로 나타낼 수도 있습니다. 즉, ROE가 PBR에 중요한 영향을 미치기 때문에 ROE가 높음에도 불구하고 PBR이 낮다면 일차적으로는 저평가되었다고 볼 가능성이 있습니다. 그러나 항상 계산상으로 산정되는 숫자의 결과로만 판단할 것이 아니라 자산의 질, 이익의 질을 따져보는 것이 필요합니다. 자산의 질 혹은 이익의 질을 고려할 경우에는 PBR이 낮게 평가될 만한 이유가 있을 수 있기 때문입니다.

---

45) PBR=자기자본 시장가격/자기자본 장부가액=(순이익/자기자본 장부가액)×(자기자본 시장가격/순이익)

참고로 과거 10여 년간 코스피의 PBR 추이는 다음과 같습니다. PBR 배수가 시간이 지남에 따라 시장상황이 변화하면 달라질 수 있음을 보여주고 있습니다. 다만, PBR은 누적적으로 쌓여 있는 stock 개념의 자기자본 장부가액을 기초로 계산하기 때문에 PER에 비해 그 변동성은 상대적으로 작다는 것을 알 수 있습니다.

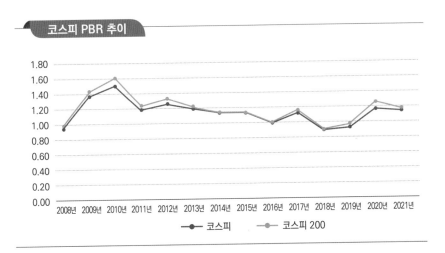

코스피 PBR 추이

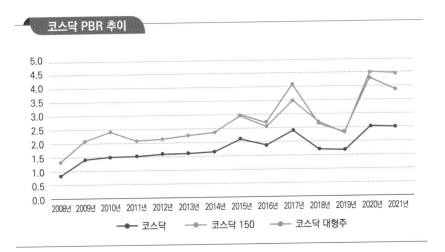

코스닥 PBR 추이

다음의 그래프는 코스피의 업종별 PBR을 비교한 것입니다. PER과 마찬가지로 업종별로 PBR에 큰 차이가 있다는 것을 알 수 있습니다. 다만, 최근의 경우 시장평균적으로는 자기자본가액과 유사한 수준으로 시가총액이 형성되어 있는 것을 볼 수 있습니다.

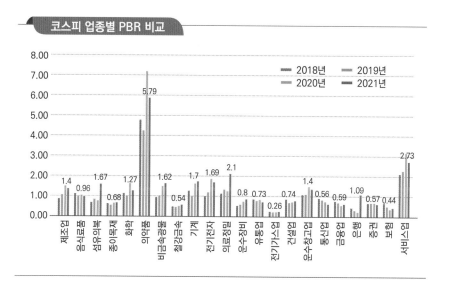

코스피 업종별 PBR 비교

다음은 코스닥의 업종별 PBR을 비교한 것입니다. 업종별 편차도 클 뿐만 아니라 코스피의 평균적 PBR보다 다소 높게 형성되어 있음을 볼 수 있습니다. 성장단계 기업의 경우 순자산장부가액에 반영되지 않은 성장기대가치가 크다면 PBR이 상대적으로 높게 나타날 수 있음을 알 수 있습니다.

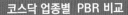

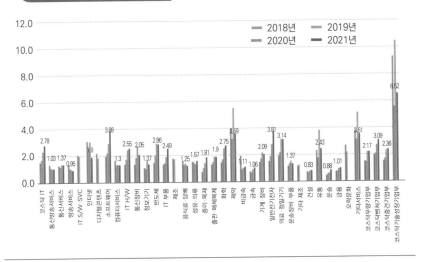

PBR 적용 사례: 카카오뱅크

다음은 2022년 카카오뱅크가 상장할 때 PBR 배수를 적용하여 공모
가격을 산정한 사례입니다.[46]

---

46) 금융감독원 전자공시시스템(dart) 참조: https://dart.fss.or.kr/dsaf001/main.do?rcpNo=20210722000374

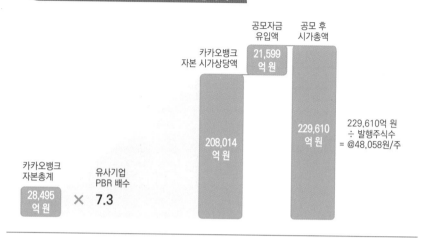

PBR을 적용한 카카오뱅크의 주식평가액

카카오뱅크의 가치를 평가하기 위한 유사회사로 Rocket Companies, Inc., Pagseguro Digital Ltd., TCS Group Holding PLC, Nordnet AB publ 4개 회사를 선정하였습니다. 그리고 비교 대상 지표로 PBR 을 선정하였습니다.

주간사와 회사가 PBR을 평가 지표로 선정한 이유는, PBR은 자본의 적정성을 요구하는 금융회사의 평가에 유용하기 때문이라고 기술하고 있습니다.

PBR 적용 사유 1: 자본의 적정성을 요구하는 금융회사 평가에 유용

PBR(주가순자산비율)은 해당 기업의 주가가 BVPS(주당순자산)의 몇 배수인지 나타내는 지표로 자본적정성이 요구되는 금융회사의 평가나 고정자산의 비중이 큰 장치산업의 가치평가에 주로 사용되는 지표입니다. PBR Valuation은 통상적으로 기업이 자본규모 및 효율성에 따라 기업가치가 결정되고 자본을 기반으로 이익을 창출하는 금융회사에 적용되고 있습니다.

은행업을 영위하는 데 있어 자본이 영업활동의 중요한 재원이라는 점을 감안하면, 동사의 가치를 가장 적절하게 반영할 수 있는 방식으로 판단합니다.

유사기업을 선정하는 기준으로는 산업의 유사성, 규모의 유사성, 재무적 유사성, 사업적 사항의 유사성을 적용하였습니다.

유사기업 선정 기준

구분	세부검토 기준	대상 회사
산업 유사성	- 블룸버그산업분류(BICS) 기준 하기 산업에 속하는 적격시장 상장기업 ① 은행(Banks) ② 재산관리(Wealth Management) ③ 데이터 및 거래 처리장치(Financial Transaction Processors) ④ 모기지 금융(Mortgage Finance)	Rocket Companies, Inc., Pagseguro Digital Ltd., TCS Group Holding PLC, Nordnet AB publ, Axos Financial, Inc., PayPal Holdings, Inc., Charles Schwab Corp, Square Inc. 외 총 870개사 선정 ① 은행 601개사 ② 재산관리 87개사 ③ 데이터 및 거래 처리장치 90개사 ④ 모기지 금융 92개사
규모 유사성	- 2021년 1분기 말 자기자본 5억 USD 이상 (2021년 1분기 말 실적이 공시가 되어있을 것) - 시가총액 10억 USD 이상	Rocket Companies, Inc., Pagseguro Digital Ltd., TCS Group Holding PLC, Nordnet AB publ, Axos Financial, Inc., PayPal Holdings, Inc., Charles Schwab Corp, Square Inc. 외 총 285개사 선정 ① 은행 209개사 ② 재산관리 17개사 ③ 데이터 및 거래 처리장치 25개사 ④ 모기지 금융 34개사
재무 유사성	- FY2020 기준 3개년 영업수익 연평균 성장률 (CAGR) 15% 이상 - FY2020 영업이익 시현	Rocket Companies, Inc., Pagseguro Digital Ltd., TCS Group Holding PLC, Nordnet AB publ, Axos Financial, Inc., PayPal Holdings, Inc. 외 총 56개사 ① 은행 37개 ② 재산관리 6개 ③ 데이터 및 거래 처리장치 8개 ④ 모기지 금융 5개
사업 유사성	- FY2020 기준 아래 비즈니스 영역 각각의 영업수익 비중이 모두 20% 이상 ① 온라인/모바일 기반 여신 비즈니스 ② B2C 금융플랫폼 비즈니스 (전통적 방식의 대면 영업 위주 금융회사, 특정 지역 기반 은행, 지급결제 전문회사, 자산관리 전문 회사, B2B 솔루션 기업 등 제외)	총 4개사 Rocket Companies, Inc. Pagseguro Digital Ltd. TCS Group Holding PLC Nordnet AB publ

위에서 제시한 기준을 충족한 Rocket Companies, Inc., Pagseguro Digital Ltd., TCS Group Holding PLC, Nordnet AB publ 4개 회사를 카카오뱅크의 가치를 평가하기 위한 유사회사로 선정하였습니다.

카카오뱅크 가치평가 시 적용된 유사기업의 PBR 배수

구분	산식	Rocket Companies, Inc.	Pagseguro Digital Ltd.	TCS Group Holding PLC	Nordnet AB publ
기준시가총액(백만 원)	(A)	43,184,655	18,918,666	16,522,978	4,923,031
자본총계(백만 원)	(B)	9,404,053	2,152,996	2,057,841	644,004
PBR(배)	(A)/(B)	4.6	8.8	8.0	7.6
적용 PBR 거래배수		7.3			

유사기업의 PBR 7.3배를 카카오뱅크의 자본총계 28,495억 원에 곱한 금액과 공모자금 유입액 21,599억 원을 합하여 카카오뱅크의 시가총액을 229,610억 원으로 추정하였습니다. 시가총액을 공모 후 주식수로 나누어 주당가액은 48,058원으로 추정되었습니다.

PBR 적용에 의한 카카오뱅크의 주식가치평가

구분	산식	내용
PBR 거래배수	(A)	7.3배
자본총계	(B)	28,495억 원
공모자금유입액	(C)	21,599억 원
평가 시가총액	(D) = (A) × (B) + (C)	229,610억 원
공모 후 발행주식수	(E)	477,773,037주
주당평가액	(F) = ((D)/(E)	48,058원/주

⑩ EV/Sales, EV/Revenue란 무엇인가?

$$\text{EV/Sales} = \frac{\text{시가총액} + \text{이자부부채}}{\text{Sales}}$$

EV는 Enterprise Value 혹은 Entity Value로 기업가치를 의미합니다. 그러므로 기업가치가 매출액의 몇 배로 형성되어 있는지를 파악하여 평가하게 됩니다.

EV/Sales는 PSR과 같은 개념으로 분자에 시가총액 대신 시가총액 +이자부부채(채권자가치)를 이용하여 계산한다는 차이점이 있습니다. 기업이 현금성자산을 보유하고 있을 경우에는 이자부부채를 현금성자산을 차감한 순이자부부채(이자부부채-현금성자산)로 계산하기도 합니다. 매출을 비교 지표로 사용하고자 하는데 비교가 이루어지는 회사 간에 차입 등 채권자의 가치가 중요할 때 PSR 대신 사용하게 됩니다.

EV/Sales는 매출이 핵심 경쟁 요소가 되는 성장기 기업의 평가에 많이 활용되기 때문에 가능하다면 미래 예상 매출을 통해 배수를 산정하여 평가하는 것이 과거 재무실적으로 평가하는 것보다 더 적합할 수 있습니다.

또한 EV/Sales를 활용한 평가는 신생기업, 벤처기업과 같은 성장기 기업 이외에도 원가/비용 구조가 복잡하지 않아 수익이 이익에 직접적 영향을 주는 산업이나, 수수료를 획득하는 서비스업 등의 산업 등에 유용하게 활용할 수 있습니다.

EV/Sales 적용 사례: 콘텐츠 회사

다음은 콘텐츠 제공회사(CP사: Contents Provider)의 주식가치를 추정하는 과정에서 EV/Sales를 활용한 사례입니다.

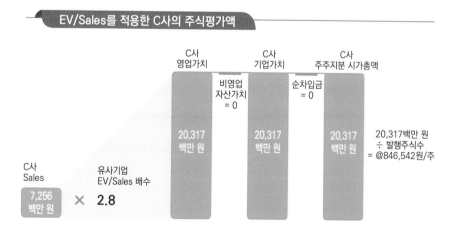

EV/Sales를 적용한 C사의 주식평가액

구분	산출내역	적용 내용
① 2021년 최근 4개 분기 매출	7,256백만 원	
② EV/Sales 배수	2.8배	동업종 상장회사 EV/Sales 배수 중앙값
③ 영업가치	20,317백만 원	① × ②
④ 비영업자산 가치	-	비영업자산을 거래 구조에서 제외
⑤ 기업가치	20,317백만 원	③ + ④
⑥ 순차입금	-	차입금을 거래 구조에서 제외
⑦ 주주지분 가치	20,317백만 원	⑤ - ⑥
⑧ 주식수	24,000주	
⑨ 주당 가액	846,542원	⑦ ÷ ⑧

위의 사례에서 EV/Sales를 적용한 이유는 비교대상 동업종 상장 기업들이 보유한 비영업자산의 효과를 제외한 영업가치만의 비교가 필요하였기 때문에 주주지분의 가치를 직접 구하는 PER 등의 방법을 적용하지 않고 영업가치와 비영업가치를 구분하여 평가할 수 있는 EV multiple 방법을 적용하였습니다. 그리고 회사는 양질의 콘텐츠 확보를 늘려가는 것을 목표로 하고 있으며, 콘텐츠로부터의 향후 매출성장이 기대되고 있는 성장기 산업의 상황이기 때문에 Sales를 평가 지표로 활용하였습니다.

위의 평가에서 특이한 점은 거래구조가 "cash free-debt free"라고 하여 거래시점에 존재하는 현금과 차입금은 최종 거래대금에서 정산할 것이기 때문에 회사의 영업가치만을 추정하고 영업가치에 가산되는 비영업자산(현금 등)과 기업가치에서 차감하는 순차입금(Net debt)은 없는 것으로 가정하였다는 점입니다.

⑪ EV/EBITDA란 무엇인가?

$$\text{EV/EBITDA} = \frac{\text{시가총액} + \text{이자부부채}}{\text{EBITDA}}$$

EV는 Enterprise Value 혹은 Entity Value로 기업가치를 의미합니다. 차입금이 없다면 주주지분의 가치인 시가총액과 EV가 일치하겠지만, 차입금이 있다면 시가총액에 차입금을 가산하여 EV가 됩니다. EBITDA는 영업이익(EBIT)에 감가상각비를 가산한 금액으로, 영업현금흐름과 유사한 지표입니다. EV는 일반적으로 시가총액+이자부부채(채권자가치)로 계산하며, 기업이 현금성자산을 보유하고 있을 경우에는 이자부부채를 현금성자산을 차감한 순이자부부채(이자부부채-현금성자산)로 계산하기도 합니다.

EV/EBITDA는 기업가치와 영업활동을 통해 얻은 이익과의 관계입니다. 즉, 기업의 현금창출 능력을 나타내는 배수로서, 기업가치가 영업현금흐름의 몇 배로 형성되어 있는지를 파악하여 평가하게 됩니다.

PER에서 살펴보았던 것과 같이 기업에 투자한 자금(시가총액+이자부부채)을 영업활동을 통해 몇 년에 걸쳐 회수할 수 있는지에 대한 간접적인 정보를 제공해 줍니다. 그러나 현재 기준 EBITDA보다 더 높은 영업현금흐름이 기대되는 성장성이 높은 기업의 경우에는 기대수준에 따라 주가가 높아지기 때문에 EV가 커져서 반드시 회수기간을 의미한다고 볼 수 없는 경우들이 있습니다.

$$\boxed{\ \text{EV/EBITDA} \quad = \quad \frac{\text{시가총액 + 이자부부채}}{\text{EBITDA}} \quad \doteqdot \quad \frac{\text{투자액}}{\text{회수액}}\ }$$

산업의 특성에 따라 EBITDA를 대신하여 영업현금흐름의 특성을 더 잘 나타낼 수 있는 EBIT나 EBITA[47] 지표 등으로 응용하여 활용할 수 있습니다.

특히 지속적인 재투자가 필요한 산업의 경우에는 EBITDA가 적절한 평가 지표가 아닐 수 있습니다. EBITDA는 영업현금흐름의 대용치로 사용되기는 하지만, 감가상각비를 비현금비용으로 영업이익에 가산함에 따라 투자와 관련하여 지속적으로 발생할 지출은 고려가 되지 않기 때문입니다.

그러므로 지속적인 투자 지출이 필요한 산업에서는 EBITDA보다는 EBIT 혹은 산업의 특성에 맞는 영업현금흐름 대용치를 사용하는 것을 고려해 보아야 합니다.

다음은 최근 4개년간 산업별 EV/EBITDA 추이입니다. 산업별로 EV/EBITDA에 차이가 나는 것을 볼 수 있습니다. 산업별로 성장과 수익성에 대한 기대치에 차이가 나기 때문일 것입니다.

---

47) 영업이익에 무형자산 상각비를 가산한 금액으로 EBITDA와 차이점은 유형자산 감가상각비를 가산하지 않는다는 점입니다. 유형자산은 지속적인 재투자가 필요하고 무형자산의 보유가 중요한 산업의 경우에 활용될 수 있습니다.

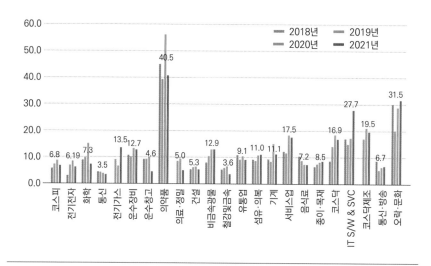

EV/EBITDA 적용 사례: analyst report

다음은 N증권사 애널리스트 분석 보고서에서 B사에 대한 목표주가를 추정하는 과정에서 EV/EBITDA를 활용한 사례입니다.

---

48) Fnguide 참고

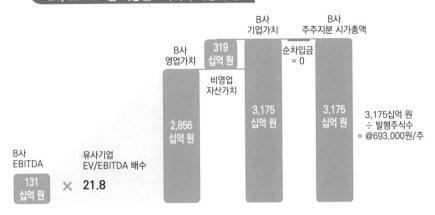

EV/EBITDA를 적용한 B사의 주식평가액

구분	산출내역	적용 내용
① 2018년 예상 EBITDA	131십억 원	
② EV/EBITDA 배수	21.8배	유사제품 생산하는 M사, K사, H사 평균 EV/EBITDA 배수
③ 영업가치	2,856십억 원	③ = ① × ②
④ 비영업자산 가치	319십억 원	
⑤ 기업가치	3,175십억 원	⑤ = ③ + ④
⑥ 순차입금	–	
⑦ 주주지분 가치	3,175십억 원	⑦ = ⑤ – ⑥
⑧ 주식수	4,581,000주	
⑨ 주당 가액	693,000원	⑨ = ⑦ ÷ ⑧

위의 사례에서 PER을 적용하지 않고 EV/EBITDA를 적용한 이유는 비영업자산의 가치가 중요하기 때문에 비영업자산의 가치를 기업가치에 반영하여 주주가치를 산정할 필요가 있었기 때문일 것입니다.

그리고 위의 사례는 최근 실적이 아닌 단기 예상 영업이익을 적용하였고, 적용 EV/EBITDA 배수는 국내 기업 중 유사제품을 생산하는 경쟁회사 3곳으로 계산된 EV/EBITDA 배수의 평균값입니다.

예상 영업이익은 주요 포털사이트의 금융페이지에서 각 증권사들이 예상한 금액의 평균을 제공하는 경우가 있으며, Bloomberg나 Capital IQ와 같은 금융정보 제공 단말기를 통해서도 확인할 수 있습니다. 단, 모든 회사의 예상 자료가 제공되지는 않습니다.

EV/EBITDA 적용 사례: LG에너지솔루션

다음은 2022년 LG에너지솔루션이 상장할 때 EV/EBITDA 배수를 적용하여 공모가격을 산정한 사례입니다.[49]

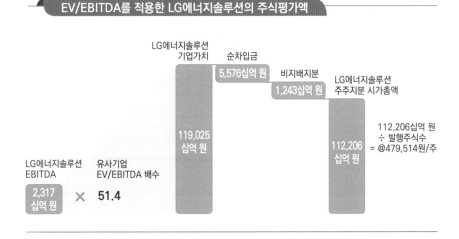

EV/EBITDA를 적용한 LG에너지솔루션의 주식평가액

---

49) 금융감독원 전자공시시스템(dart) 참조: https://dart.fss.or.kr/dsaf001/main.do?rcpNo=20220114000408

LG에너지솔루션의 가치를 평가하기 위한 유사회사로 CATL, 삼성SDI 2개 회사를 선정하였습니다. 그리고 비교대상 지표로 EV/EBITDA를 선정하였습니다.

주간사와 회사가 EV/EBITDA를 평가 지표로 선정한 첫 번째 이유는, EV/EBITDA는 영업현금흐름을 활용한 지표로서 영업활동의 수익성과 기업가치를 연결시키는 지표이기 때문이라는 이유를 제시하고 있습니다.

EV/EBITDA 적용 사유 1: 영업활동의 수익성과 기업가치를 연결시키는 지표

EV/EBITDA는 기업가치(EV)와 영업활동을 통해 얻은 상각 전 영업이익(EBITDA)과의 관계를 나타내는 지표로, 기업이 자기자본과 타인자본을 이용하여 어느 정도의 현금흐름을 창출할 수 있는지를 나타내는 지표입니다.

EV/EBITDA는 EBITDA를 기준으로 비교가치를 산정하므로 기업의 수익성을 잘 반영할 뿐 아니라 영업활동의 수익성과 기업가치를 연결시켜 총체적으로 평가할 수 있는 모델입니다.

주간사와 회사가 EV/EBITDA를 평가 지표로 선정한 두 번째 이유는, EV/EBITDA는 대규모의 설비투자로부터 대규모의 상각비가 발생하기 때문에 비현금성 비용을 적절하게 고려하지 않으면 실질적인 경제적 이익을 왜곡할 수 있기 때문이라는 이유를 제시하고 있습니다.

EBITDA는 감가상각비 등의 회계처리방법, 이자율, 법인세 등의 차이에 의한 가치평가 왜곡을 배제한 상대 지표로, 유형자산이나 기계장비에 대한 감가상각비 및 무형자산상각비 등 비현금성 비용이 많은 산업, 기업에 유용한 지표입니다.

또한, 동사가 속한 2차전지 산업은 대규모의 설비투자를 요하는 장치산업으로서 필연적으로 대규모의 감가상각비가 발생하며 이러한 비현금성 비용으로 인해 실질적·경제적인 이익과의 괴리가 발생합니다. 해외 기업을 비교대상에 포함시킴에 따라 발생하는 국가 간 상이한 회계기준(감가상각방법), 법인세, 이자율 등에서 오는 가치평가 왜곡을 배제하고, 대규모의 감가상각비 발생에 따른 경제적 이익과의 괴리를 보정할 수 있는 EV/EBITDA가 동사의 상대가치를 적절히 나타낼 수 있다고 판단하였습니다.

유사기업을 선정하는 기준으로는 업종의 유사성, 재무적 유사성, 사업의 유사성, 비재무적 일반사항의 유사성을 적용하였습니다.

유사기업 선정 기준

구분	세부검토 기준	대상 회사
모집단 선정 (동업종)	① BNEF가 선정한 2020년도 주요 2차전지 제조업체 7개사 중 상장회사 ② SNE리서치 발간 "Global EVs and Battery Monthly Tracker"상 2021년 연간 글로벌 전기차용 배터리 사용량 상위 10개사 중 상장회사	총 6개사 CATL, BYD, Guoxuan, Panasonic, SK이노베이션, 삼성SDI
재무 유사성	① 분석 기준일 현재 기업가치(Enterprise Value) 100억 달러 이상인 회사인 동시에, ② 최근 사업연도 기준 EBITDA 5억 달러 이상인 회사	총 4개사 CATL, BYD, Panasonic, 삼성SDI
사업 유사성	최근 사업연도 기준 배터리 부문 매출액이 전체 매출액 비중의 50% 이상인 회사	총 2개사 CATL, 삼성SDI
일반기준	최근 6개월간 분할·합병, 신규상장, 중대한 영업 양·수도, 거래정지, 감사의견 거절, 관리종목 지정 등 기업가치에 중대한 영향을 주는 사건이 발생하지 않은 회사	총 2개사 CATL, 삼성SDI

위에서 제시한 기준을 충족한 CATL, 삼성SDI 2개 회사를 LG에너지솔루션의 가치를 평가하기 위한 유사회사로 선정하였습니다.

구분	산식	CATL	삼성SDI
단위	–	백만 원	
기준시가총액	(A)	282,932,883	47,309,997
우선주 시가총액	(B)	–	535,524
이자지급성부채	(C)	16,931,684	4,192,966
현금및현금성자산	(D)	15,408,969	1,927,782
순차입금	(E) = (C) – (D)	1,522,715	2,265,184
비지배지분	(F)	1,398,719	441,926
기업가치(EV)	(G) = (A) + (B) + (E) + (F)	285,854,317	50,552,631
영업이익	(H)	2,557,781	1,069,148
유무형자산상각비	(I)	985,040	1,225,184
EBITDA	(J) = (H) + (I)	3,542,821	2,294,332
EV/EBITDA	(K) = (G) / (J)	80.7	22.0
적용 EV/EBITDA 거래배수		51.4	

유사기업의 EV/EBITDA 51.4를 LG에너지솔루션의 EBITDA 2,317,495백만 원에 곱하여 기업가치 119,025,631백만 원을 추정하고 순차입금과 비지배지분을 차감하여 112,206,292백만 원의 주주지분가치(추정시가총액)를 산정하였습니다.

시가총액을 공모 후 발행주식수 234,000,000원으로 나누어 주당 479,514원의 가치를 추정하였습니다.

EV/EBITDA 적용에 의한 LG에너지솔루션의 주식가치평가

구분	산식	단위	내용
적용 EBITDA	(A)	백만 원	2,317,495
EV/EBITDA 거래배수	(B)	배	51.4
기업가치(EV)	(C) = (A) × (B)	백만 원	119,025,631
이자지급성부채	(D)	백만 원	7,107,263
현금및현금성자산	(E)	백만 원	1,531,311
순차입금	(F) = (D) − (E)	백만 원	5,575,952
비지배지분	(G)	백만 원	1,243,387
평가 시가총액	(H) = (C) − (F) − (G)	백만 원	112,206,292

 # EV/EBIT란 무엇인가?

$$\text{EV/EBIT} = \frac{\text{시가총액 + 이자부부채}}{\text{EBIT}}$$

EV/EBIT는 앞서 설명한 EV/EBITDA와 유사한 개념입니다. EV/EBITDA가 EBIT(영업이익)에 감가상각비를 가산한 단기 현금흐름 개념으로 기업가치인 EV와 비교하여 배수를 산정하는 것이라면, EV/EBIT는 감가상각비 또한 기업의 궁극적인 비용으로 간주하여 영업이익인 EBIT를 기업가치인 EV와 비교하여 배수를 산정하는 것입니다.

EV/EBIT는 EV/EBITDA와 마찬가지로 기업가치와 영업활동을 통해 얻은 이익과의 관계입니다. 즉, 기업의 현금창출 능력을 나타내는 배수로서, 기업가치가 영업이익의 몇 배로 형성되어 있는지를 파악하여 평가하게 됩니다.

즉, EV/EBITDA와 EV/EBIT는 기업가치와 영업활동을 통해 얻은 이익의 관계를 나타내는 상대가치 배수인 것은 동일하지만, 감가상각비를 비용으로 간주할 것인가 혹은 현금유출로 볼 것인가의 차이가 존재합니다.

감가상각비는 투자라는 현금지출이 이미 이루어지고 나서 자산으로 회계처리하였던 유형자산에 대한 비용처리가 현금지출 이후 유형자산을 사용하는 기간 동안 나중에 이루어지는 것입니다. 그러므로 감가상각비가 비용인 것은 맞지만 현금지출은 이미 이루어졌고, 새로운 투자가 발생하기 전까지는 현금지출이 발생하지 않아도 영업활동이 가능하다고 보는 관점에서 EBITDA를 영업현금흐름과 유사한 개념으로 사용합니다.

그러나 이 개념은 항상 적합한 개념은 아닙니다. 어느 한 시점(기간)의 영업이익 혹은 영업현금흐름을 기초로 기업의 가치를 추정한다는 측면에서 본다면 감가상각비는 여러 해에 걸쳐서 투자가 이루어지는 현금지출의 개념으로 볼 수 있기 때문입니다.

그러므로 EV/EBITDA는 대규모 투자 이후 중요한 재투자가 발생하지 않거나, 설비투자가 미래현금흐름의 절감에 중요한 영향을 미칠 수 있는 자본집약적 산업의 단기적 평가에 적용할 수 있습니다. 하지만 그 외의 경우, 예를 들어 중장기적 관점에서의 평가나 유형자산투자가 중요하지 않은 산업 혹은 감가상각비가 중요한 영업비용으로 고려되는 경우, 그리고 영업의 계속성을 위해 재투자가 지속적으로 필요한 경우 등의 평가에서는 EV/EBITDA보다는 EV/EBIT가 보다 적절한 평가방법이라고 볼 수도 있습니다. 영업활동에서 비용이나 원가 이외에 투자도 중요한 현금지출이고, EV/EBIT에서 EBIT는 감가상각비를 비용으로 반영함으로써 투자 지출도 현금지출로 반영하여 평가하기 때문입니다.

EV/EBIT를 이용하여 평가하는 방법은 EV/EBITDA 평가방법과 동일한 구조입니다. 유사기업의 EV/EBIT 배수를 평가대상회사에 곱하여 기업가치인 EV를 구하고, EV에서 순차입금의 가치를 차감하여 주주지분의 가치를 추정하게 됩니다.

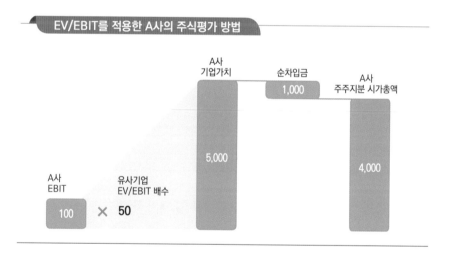

EV/EBIT 적용 사례: 종합미디어기업 인수 시 평가[50]

다음은 엔터테인먼트 회사인 H사가 미국 종합미디어기업 I사 인수 시 EV/EBIT를 적용하여 평가를 한 사례입니다.

종합미디어기업 I사 평가 사례

I사 주주지분 평가 범위

가치평가방법	지분가치 Range(백만USD)
① DCF(미래현금흐름할인법)	894.4~1,150.8
② EV/EBIT Trading Multiple(2020년 실적 기반)	893.5~1,117.8
③ EV/EBIT Trading Multiple(2021년 추정실적 기반)	789.4~1,267.5
④ EV/EBIT Transaction Multiple	642.5~1,370.2

위의 평가 사례를 보면 인수대상회사를 내재가치 평가방법과 상대가치 평가방법을 모두 적용하여 지분가치의 평가범위를 추정하고 있습니다.

내재가치 평가방법으로는 미래현금흐름할인법(DCF, ①)을 사용하여

---

50) DART(금감원 전자공시시스템) 투자설명서 참고

평가하였으며, 상대가치 평가방법으로는 EV/EBIT Multiple(②~④)을 이용한 평가방식을 보여주고 있습니다.

또한 EV/EBIT Multiple을 3가지 방식으로 적용하였는데, 최근 실적기반 EBIT와 시장에서의 주가를 기초로 측정한 평가배수(②)와 차기 연도 추정실적 기반 EBIT와 시장에서의 주가를 기초로 측정한 평가배수(③), 그리고 주식시장에서 형성된 주가가 아닌 경영권이 수반되는 대량의 지분 양수도 거래 사례가액을 기초로 측정한 평가배수(④)를 적용하고 있습니다.

이렇게 다양한 방식으로 대상회사 지분을 평가한 결과를 종합적으로 고려하여 인수가치의 범위를 산정하고, 평가된 인수가치를 기초로 거래대상회사와 협상하여 최종 인수대가가 결정되는 것입니다.

무엇을 비교할 것인가로 구분한 시장가치접근법

시장가치는 비교 지표(Value driver, Indicator)로서 ① 재무적 지표를 사용하는가, 비재무적 지표를 사용하는가, ② 지표를 통해 비교하는 가치가 주주가치인가, 기업가치인가, ③ 과거 실적으로 비교하는가, 미래추정으로 비교하는가, ④ 주식시장에서 거래되는 가액을 기준으로 하는가, 경영권을 포함하여 거래가 이루어지는 M&A 시장에서의 거래가액을 기준으로 하는가 등으로 구분하여 다양하게 접근할 수 있습니다.

다음은 어떤 요소로 비교를 하는가에 따라 시장가치접근법이 다양하게 이루어질 수 있음을 보여줍니다. [51]

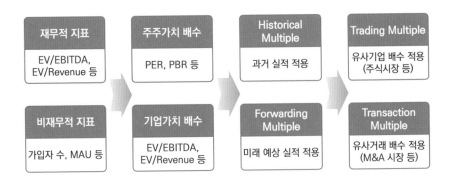

각 방법은 선택적으로 활용될 수도 있지만, 그 이전에 상황에 맞는 가장 적합한 방법이 무엇인지에 대한 고려가 우선되어야 할 것입니다.

비재무적 지표는 재무적 지표의 활용이 제한적일 경우 활용되는 대안적 평가방법입니다. 그렇기 때문에 재무적 지표의 활용가능 여부를 우선 고려하고 재무적 지표의 활용이 적합하지 않을 경우 비재무적 지표를 활용하는 것이 순서일 것입니다. 회사의 영업활동 결과는 궁극적으로 재무적인 결과로 나타나야 하기 때문입니다.

기업의 영업능력에 바탕을 둔 영업가치의 비교가 중요할 경우에는 기업가치 배수를 우선 고려합니다. 비교 기업 간 차입금의 활용 등 재무구조에 차이가 나는 경우에도 기업가치 배수를 우선 고려합니다. 그러나 주주가치 배수와 기업가치 배수는 가능하다면 함께 적용하여 비

---

51) 「기업가치평가와 재무실사」, 삼일인포마인 참조

교하면서 보완적으로 활용할 필요가 있습니다.

과거에 보여준 실적도 중요하지만 기업의 가치는 궁극적으로 미래에 예상되는 실적이 큰 영향을 미칩니다. 그러므로 평가대상회사와 비교회사의 미래 예상 실적을 모두 확보할 수 있다면, 미래 예상 실적을 기준으로 하는 Forwarding multiple을 우선 고려합니다. 그러나 적합한 미래 예상 실적을 확보할 수 있는 경우가 많지 않으므로, 과거 실적을 통한 배수가 현실적인 경우가 많습니다.

경영권이 포함되지 않은 1주의 가치를 산정할 목적으로는 주식시장에서 거래되는 가격 기준인 Trading multiple(유사기업 배수)을 활용합니다. 그러나 경영권이 포함된 대량의 지분가치 산정 목적이라면 M&A와 같은 대량의 지분거래 사례가격인 Transaction multiple(유사거래 배수)을 활용합니다.

다양한 평가방법 중 가장 적합한 방법을 활용하되, 다수의 평가방법이 활용 가능하다면 가능한 방법을 모두 적용하여 보완적으로 사용합니다. 그러면 더욱 적절한 평가결과에 도달할 수 있을 것입니다.

⑭ 투자 지표 간의 비교: 한 가지 지표만 보고 판단할 수 없는 경우

다음은 동업종에 속해 경쟁하는 두 회사의 투자 지표를 비교해 보았습니다.

구분	PER	PBR	PSR	EV/EBITDA
	22년 예상	22년 예상	22년 예상	22년 예상
D사	23.2	2.7	3.8	12.9
S사	18.8	3.0	4.1	14.2

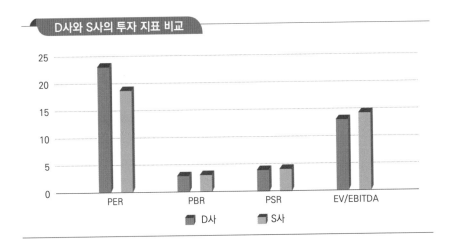

D사와 S사의 투자 지표 비교

PER만을 비교 지표로 보게 된다면 D사는 S사에 비해 PER이 높기 때문에 상대적으로 고평가되었다고 볼 수도 있습니다. 그러나 PBR, PSR, EV/EBITDA와 같은 다른 지표를 함께 비교해 보면 다른 지표는 모두 S사가 조금 더 높은 것을 확인할 수 있습니다.

그렇다면 PER만을 보고 D사의 주가가 고평가되었다고 단정하기는 어려운 것입니다.

두 회사 간 비영업자산 가치의 차이는 없는지, 순차입금의 활용과 같은 재무구조에는 어떤 차이가 있는지, 순자산 장부가액을 계산함에 있어서 적용되는 회계정책의 차이는 없는지, 동업종이지만 매출이나 이익의 질에 대한 차이는 없는지 등을 파악하여 비교 지표를 조정하거나 평가에 적절한 지표가 무엇인지 등을 분석하는 과정이 필요할 수 있습니다.

이처럼 한 기업의 주식가치를 평가할 때에는 어느 한 가지 투자 지표에만 의존하여 평가하기보다는 다양한 평가방법을 활용하여 차이를 비교해 보아야 하는 경우들이 발생할 수 있습니다. 그 차이의 원인을 살펴보는 과정을 통해서 적절한 주식가치평가가 이루어질 수 있습니다.

 # 그 밖에 상대가치평가 적용 시 고려사항

일관성

시장가치접근법(상대가치접근법)을 적용할 때 한 가지 생각해 보아야 하는 것은, 평가에는 일관성이 있어야 한다는 것입니다.

일관성은 여러 가지 의미가 있을 수 있습니다. 주주지분의 평가는 주주지분에 해당하는 지표로, 기업가치의 평가는 기업활동에 해당하는 지표로 평가가 이루어져야 한다는 의미도 이에 해당합니다.

비교대상회사는 과거 실적을 사용하면서, 평가대상회사는 미래 예상 실적을 사용하는 것은 일관된 적용이 아닐 것입니다.

비교대상회사는 1년 전 지표를 활용하고, 평가대상회사는 최근일의 지표를 활용하는 것도 일관된 적용이 아닐 것입니다.

일관성 있는 비교가 적절한 가치평가를 가능하게 합니다.

비교대상회사로 적합하지 않은 경우

시장가치접근법을 적용할 때 주의할 점 중의 하나가 비교대상회사를 적절하게 선정하였는지에 대한 부분입니다. 회사마다 고유의 위험 속성이 다를 수 있으므로, 유사회사의 선정 등이 적절하게 이루어지지 않는다면 적정한 평가가 이루어지지 못할 수도 있기 때문입니다.

다음의 예시에서 보는 바와 같이 3개 회사의 PER과 PBR을 비교해 보면, 포스코와 넷마블은 업종이 다르기 때문에 회사의 고유 위험이 다르고, 그렇기 때문에 시장에서 형성되는 PER(주가 대 이익비율)이나 PBR(주가 대 순자산가액비율)도 다르다는 것을 확인할 수 있습니다.

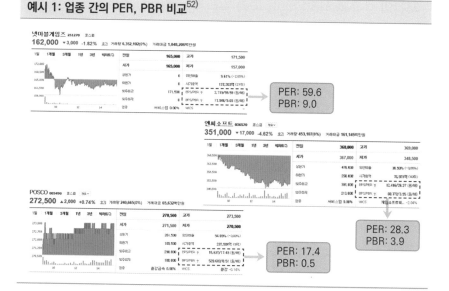

예시 1: 업종 간의 PER, PBR 비교[52]

PER: 59.6
PBR: 9.0

PER: 28.3
PBR: 3.9

PER: 17.4
PBR: 0.5

그런데 여기서 특이한 것은 넷마블과 엔씨소프트는 동일한 산업에 속해 있어 유사한 PER이나 PBR을 보일 것으로 예상할 수 있으나, 결과는 많은 차이가 난다는 것입니다. 왜 그럴까요?

이 PER, PBR의 조사시점은 넷마블 상장 직후입니다. 즉, 동일한 업종에 속해 동일한 시장환경의 영향을 받더라도 경영에 중대한 영향을 미치는 특정 이벤트가 발생한 경우에는 그 회사의 시장가격은 다른 유사기업에 비해 더 많은 변동성을 나타낼 수 있습니다.

즉, 유사기업을 선정할 때에는 업종과 사업의 유사성, 재무적 유사성 이외에도 경영상의 중대한 변동 유무 및 특이성 등의 사항도 고려하여야 합니다.

---

52) Finance.naver.com 조회 자료

시간의 흐름과 시장환경에 따라 달라지는 배수

시장가치접근법과 관련하여 또 한 가지 고려할 사항이 있습니다.

다음의 예시는 바로 앞서 살펴본 회사와 동일한 회사의 PER, PBR 입니다. 동일한 회사임에도 [예시 1]의 배수와 [예시 2]의 배수 간에 차이가 있음을 확인할 수 있습니다.

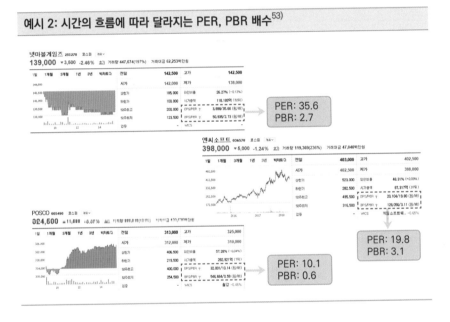

예시 2: 시간의 흐름에 따라 달라지는 PER, PBR 배수[53]

위의 [예시 2]는 [예시 1]에서 제시된 회사와 동일한 회사의 6개월 후의 PER, PBR입니다. 6개월의 기간을 두고 보니 PER, PBR이 이렇게 차이가 나게 된 것입니다.

---

53) Finance.naver.com 조회 자료

즉, 상대가치로 현재 시점의 가치를 평가할 때에는 현재의 시장상황이 반영된 데이터를 기준으로 평가하여야 하는 것입니다. 현재의 시장상황을 반영하지 못하는 과거의 데이터를 기준으로 평가하는 것은 현재 시점의 가치를 평가하는 데 있어서 적절하지 않을 가능성이 높습니다. 즉, 시장환경이 변화하는 상황 속에서는 상대가치에 적용되는 배수(multiple)의 유효기간은 비교적 짧을 수 있다는 점을 기억해야 할 것입니다.

비교대상회사의 시가산정 기준일은?

시장가치접근법(상대가치접근법)을 적용할 때 비교대상회사의 시가는 언제를 기준으로 하여야 할까요?

평가하고자 하는 날(평가기준일)의 시가 혹은 평가기준일로부터 일정 기간의 평균(1주일, 1개월 등)을 적용하여 평가할 수 있습니다. 일정 기간의 평균을 적용하는 이유는 시가의 일시적인 변동으로 인한 영향을 축소하기 위함인데, 만약 과거 기간의 주가가 현재의 시장상황에서는 유효하지 않은 경우라면 그러한 기간의 주가는 현시점의 가치평가 목적으로는 적합하지 않습니다. 예를 들어 일주일 전에 회사는 향후 매출과 이익에 매우 큰 영향을 미칠 것으로 예상되는 제품의 연구개발에 성공하였다는 사실을 발표하였다면, 발표 이전의 주가는 현시점에 있어서 중요한 정보가 반영되지 않은 주가이기 때문에 현시점에서의 평가 목적으로는 발표 이후의 주가가 평가에 적절할 것입니다.

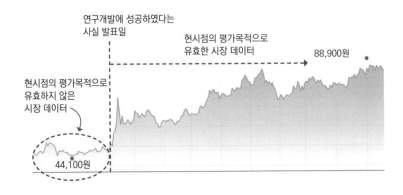

연구개발에 성공하였다는
사실 발표일

현시점의 평가목적으로
유효한 시장 데이터

88,900원

현시점의 평가목적으로
유효하지 않은
시장 데이터

44,100원

재무자료 측정 기간은?

당기순이익이나 영업이익과 같은 재무자료를 사용할 때 어떤 기간의
재무자료를 사용할 것인가에 대한 고려가 필요할 수 있습니다.

당해 연도 혹은 다음 연도와 같은 일정 기간의 예측되는 재무자료
를 이용할 수 있다면 좋을 것입니다. 주가나 가치평가는 기업이 창출
할 것으로 예상되는 이익을 반영하여 이루어지기 때문입니다. 그러나
이 경우에는 비교대상회사와 평가대상회사 모두 동일한 기준의 예측
된 재무자료를 적용하여야 하기 때문에 예측자료의 획득이 어려울 경
우에는 적용할 수가 없습니다. 예측자료의 확보가 어려울 경우에는 최
근 12개월의 이익 혹은 최근 4개 분기의 이익 등을 적용하여 평가할
수 있습니다.

평균과 중앙값

상대가치를 계산할 때에는 다수의 유사회사를 선정하여 이들의 평균 값이나 중앙값을 기초로 평가를 하게 됩니다. 그러나 간혹 유사회사라 고 하여도 일시적으로 상대가치배수가 유사회사들과 많은 차이를 보이는 경우들이 발생합니다. 그렇기 때문에 이러한 특이값들의 영향을 최소화하기 위해서는 중앙값을 사용하는 것이 합리적인 경우들이 있 습니다.

평균값 vs 중앙값

회사명	PER	PBR	PSR	EV/EBITDA
A	9.0	2.9	0.7	5.1
B	20.0	2.7	0.8	6.2
C	13.2	9.0	1.0	6.6
D	9.2	1.7	0.7	5.7
E	9.3	13.7	0.6	6.0
F	9.5	1.6	0.7	4.7
G	8.9	2.1	0.8	5.7
Average(평균)	11.3	4.8	0.8	5.7
Median(중앙값)	9.3	2.7	0.7	5.7

위의 사례에서 보는 바와 같이 PER의 평균값과 중앙값은 다른 회사 와는 다소 차이를 보이는 B회사의 값으로 인해 차이를 보이게 됩니다. 이 경우 B를 유사회사로 포함시키는 것이 적절한지에 대해 판단하는 것도 필요할 것이나, 포함하는 것이 적절한 경우라면 중앙값을 적용함 으로써 이런 특이값으로 인한 영향을 많이 줄일 수 있는 것입니다.

시장가치접근법으로 직접 평가해 보기

　다음의 예시를 가지고 직접 시장가치접근법을 적용하여 "㈜몽"의 가치를 평가해 보도록 하겠습니다. 다음의 예시를 엑셀(Excel) 등을 활용하여 직접 평가해 보면 시장가치접근법이 보다 쉽게 이해될 수 있을 것입니다.

　1) "㈜몽"의 비교대상회사로부터 다음의 정보를 확인하였습니다.

회사명	PER	PBR	PSR	EV/EBITDA
A사	9.0	2.9	0.7	5.1
B사	13.8	2.7	0.4	4.9
C사	N/A	0.5	0.1	25.7
D사	13.2	9.0	0.7	6.6
E사	9.2	1.7	0.7	5.7
F사	9.3	13.7	0.6	6.0
G사	9.5	1.6	0.7	4.7
H사	8.9	2.1	0.8	5.7
I사	26.3	2.2	1.2	19.9

　2) "㈜몽"의 주요 재무사항은 다음과 같습니다.

구분	백만 원
순이익	98,570
EBITDA	186,664
순자산장부가액	887,777
순이자부부채(Net Debt)	372,427
매출	1,353,932
투자부동산	200,000

위와 같은 경우 "㈜몽"의 가치를 시장가치접근법으로 평가해 보겠습니다.

3) 비교대상회사로부터 평가에 적용할 PER, PBR, PSR, EV/EBITDA 값을 계산합니다.

회사명	PER	PBR	PSR	EV/EBITDA
A사	9.0	2.9	0.7	5.1
B사	13.8	2.7	0.4	4.9
C사	N/A	0.5	0.1	25.7
D사	13.2	9.0	0.7	6.6
E사	9.2	1.7	0.7	5.7
F사	9.3	13.7	0.6	6.0
G사	9.5	1.6	0.7	4.7
H사	8.9	2.1	0.8	5.7
I사	26.3	2.2	1.2	19.9
Average(평균)	12.4	4.1	0.65	9.4
Median(중앙값)	9.4	2.2	0.68	5.7

비교대상회사의 정보로부터 PER, PBR, PSR, EV/EBITDA의 평균과 중앙값을 계산하였습니다. 평균과 중앙값이 유사한 경우도 있지만 차이가 나는 경우도 있습니다. 비교대상회사들의 정보들 중 특이값들의 영향을 최소화하기 위해서는 중앙값을 사용하는 것이 합리적인 경우들이 있습니다. 그러나 "㈜몽"의 평가에서는 평균과 중앙값을 모두 적용하여 평가해 보도록 하겠습니다.

4) 비교대상회사로부터 도출된 PER, PBR, PSR, EV/EBITDA의 평균값과 중앙값을 "㈜몽"의 재무정보에 반영하여 "㈜몽"의 주주가치 지분을 계산합니다.

위의 평가 결과를 요약하면 다음과 같습니다.

구분	PER	PBR	PSR	EV/EBITDA
Average	1,222,884	3,598,456	884,569	1,578,067
Median	927,544	1,935,354	920,674	899,024

위의 표를 보면 어떤 비교 지표를 적용하는가에 따라 평가결과가 조금씩 차이가 나는 것을 알 수 있습니다.

그렇기 때문에 어떤 평가 지표가 가장 적절하고, 어떤 평가 지표가 평가에 적절하지 않은지를 판단하여야 합니다.

적절한 평가 지표의 선정은 각 산업의 성장단계, 그리고 각 산업에서의 경쟁요소, 경쟁을 통해 획득한 성과물 등이 고려되어야 합니다.

흔히 이익 지표가 우선적으로 고려되고, 이익 지표 중에서는 순이익보다 영업이익이 비교에 더 적합할 수 있습니다. 단, 영업이익 지표는 비교대상회사 및 평가대상회사의 주주지분의 가치를 구하기 위해서는 조정해야 할 항목이 순이익 지표보다 많다는 점이 고려되어야 합니다.

성장기 산업의 경우에는 이익 지표보다는 매출 지표가 우선 고려될 수도 있습니다.

자산이 대부분 시가로 평가되고 개별자산이 독립적으로 수익을 창출하는 산업의 경우에는 PBR이 우선 고려될 수도 있습니다.

어떤 평가 지표가 가장 적합한지는 상황에 맞게 판단하여야 하며, 애널리스트 리포트, 산업분석보고서, 산업관련 기사 등을 참고할 수 있을 것입니다.

위의 사례를 그래프로 나타내면 다음과 같습니다.

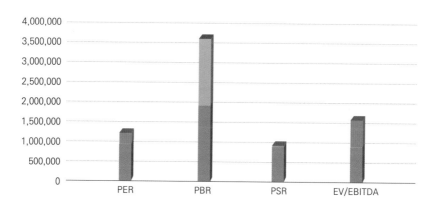

위의 사례에서는 PBR은 비교에 적합한 배수가 아니라고 가정하고, PER, PSR, EV/EBITDA 배수 모두를 적용합니다. 그리고 평가는 중앙값으로 평가된 결과를 기준으로 합니다. 그렇다면 평가범위는 899,024백만 원~927,544백만 원이며, 이 평가범위값의 중앙값은 913,284백만 원입니다.

시장가치접근법(상대가치접근법) 적용의 팁

- 시장, 산업, 회사를 충분히 이해한 후 가치평가를 한다. 즉, 잘 모르는 회사에 투자하는 것은 최대한 지양한다.

- 시장에서 경쟁하고 있는 회사를 파악해야 한다. 그 회사가 비교대상회사일 가능성이 높다. 참고로 비교대상회사는 기대 성장성(성장률), 현금흐름 창출능력(이익률), 불확실성(위험)이 유사한 회사를 선정하는 것이 좋다.

- 시장에서 경쟁요소(예: 고객 수)가 무엇이고, 경쟁의 과실(예: 매출, 이익)이 무엇인지 파악해야한다. 경쟁요소와 경쟁의 과실이 비교대상 지표가 될 가능성이 높다.

- 비교대상회사 간의 차이는 조정한 후 비교하는 것이 필요할 수 있다(예: 투자자산 같은 비영업자산이 있거나 일시적 손익이 발생한 경우 등).

- 분자-분모 간에, 비교대상회사 간에 일관성 있고 논리적인 기준을 적용한 비교가 필요하다.

- 유사회사의 평균(혹은 중앙값)보다 PER이 높다면 고평가된 것으로 볼 수도 있다. 그러나 기대성장률이 높으면 높을수록 PER이 더 높아질 수 있음을 기억해야 한다. PER을 기대성장률로 나누어 비교해 보는 것도 필요하다.

- 고성장이 기대되는 기업은 현재 시점의 PER은 높을 수 있다. 그러나 성숙단계에 접어들 것으로 예상되는 시점의 PER은 성숙단계의 기업에 맞는 PER 수준을 보여야 한다.

- 과거 이익보다는 미래예상이익이 더 중요하다. 그러므로 지속가능한 이익에 포커스를 두어야한다. 그러나 과거실적은 미래실적 예측의 바로미터가 되기도 한다. 단, 미래예상이익 정보의 활용이 어려울 경우에는 가장 최근의 데이터를 이용한다(예: 최근 12개월 혹은 최근 4개 분기).

- 평가시점에 유효한 정보를 이용한다. 현재 시장상황에서 유효하지 않은 정보를 가지고 평가를하면 적절한 평가가 이루어지지 않을 수 있다.

- 시장가치접근법은 상대적인 가치일 뿐이다. 시장이 안정적일 때에는 매우 유용하다. 그러나 시장이 불안정하고 변동이 심할 때는 상대가치의 신뢰도는 낮아질 수 있다. 과거 금융위기 때의 경우처럼… 그러므로 항상 이익가치접근법과 같은 내재가치접근법과의 비교를 통해 상대가치의 적정성 여부를 검토해 보는 것이 좋다.

CHAPTER

5

이익가치접근법
(Income Approach)

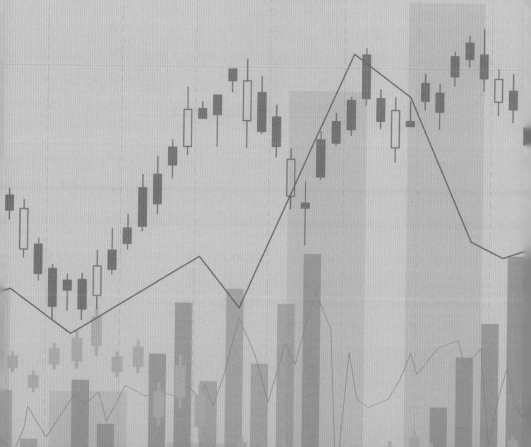

① 현금흐름과 할인율

기업이 보유한 유형·무형의 자산으로 향후 얼마만큼의 이익(또는 현금흐름)을 실현시킬 수 있는가라는 관점, 즉 미래의 이익(현금)창출 능력을 바탕으로 기업가치를 평가하는 것이 이익가치접근법입니다.

이는 기업의 가치는 그 기업이 향후 창출할 것으로 기대되는 미래이익 혹은 미래현금흐름의 현재가치로 평가된다는 논리를 기초로 합니다.

여기서 가장 중요한 두 가지 개념이 나옵니다. 바로 **"현금흐름"**과 **"할인율"**입니다. 할인율을 이해하기 위해서는 먼저 **"현재가치(혹은 시간가치)"** 개념을 이해하여야 합니다.

만약 어떤 회사의 예상되는 이익이 1년 후 100원, 2년 후 100원, 3년 후 100원이라면 이 회사의 가치는 300원의 가치가 있는 것입니다. 그러나 1년 후, 2년 후, 3년 후 이익 100원이 현재 시점에서 확실하지 않기 때문에 어느 정도 위험을 고려하게 됩니다. 즉, 지금의 확실한 100원과 1년 후의 불확실한 100원은 다르다는 것이고, 불확실의 정도와 위험의 크기를 고려하여 1년 후 100원이 현재 시점의 가치로 얼마인지를 계산하여 나타내는 것이 "현재가치"[54]입니다.

---

54) 즉, 현재가치는 미래의 현금흐름을 이자율 등으로 할인하여 현재 시점에서의 가치로 환산한 크기를 말하며, Present Value(PV)라고 합니다.

여기서 불확실의 정도를 할인율이라고 하며, 할인율은 우리가 자금을 빌리거나 빌려줄 때 주고받는 이자율의 개념과 유사합니다. 다만, 회사에 지분으로 투자하는 것은 자금을 빌려주는 것보다 위험도가 더 높기 때문에 일반적인 이자율보다는 지분가치(주식)의 할인율이 더 높을 수 있습니다.

이익가치접근법의 핵심 개념인 "(미래)현금흐름"과 "할인율"은 "기회"와 "위험"을 나타내는 개념이기도 합니다.

미래현금흐름 혹은 미래이익은 기업의 예상되는 이익창출능력을 대표하고, 할인율은 현금흐름이 예상대로 창출될 가능성, 즉 위험을 대표하는 의미입니다.

참고로 이익가치접근법 중에서 가장 많이 활용되는 현금흐름할인법(DCF; Discounted Cash Flow method)의 핵심적인 요소를 말할 때는 현금흐름, 성장률, 할인율 이렇게 3가지 요소를 언급합니다.

이렇게 미래 예상되는 현금흐름에 이자율과 같은 할인율을 적용하여 현재가치를 적용하는 이유는 무엇일까요?

첫 번째는 지금 당장의 100원은 확실하지만 1년 후의 100원이라는 현금흐름은 불확실하기 때문입니다. 불확실하기 때문에 그 가치를 100% 모두 인정하지 못하는 것입니다.

두 번째는 인플레이션 등의 이유로 지금 100원으로 살 수 있는 것을 1년 후에는 100원이 아닌 110원으로 사야 할 수도 있습니다. 시간이 지날수록 물가상승으로 인한 구매력 감소가 발생할 수 있는 것입니다.

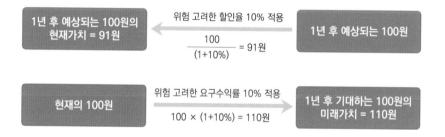

다음은 미래예상현금흐름을 현재가치로 할인하여 합산한 예시입니다.

시장이자율이 10%라고 할 때, 1~3년 동안 100만 원, 4~5년 동안 200만 원을 받는다면,
현재 시점에 얼마의 가치를 가지고 있을까?

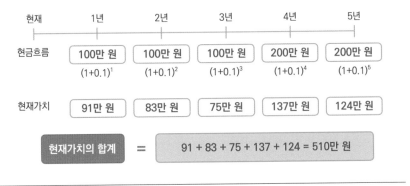

위의 예시는 할인 시 분모에 계산되는 $(1+0.1)^1$에서의 할인 승수가 1, 2, 3, 4, 5년입니다. 현재가 기초시점이라면 기말시점, 즉 현금흐름이 1년 후에 발생한다는 가정입니다.

이익가치접근법은 위의 예시와 같이 각 기간의 현금흐름을 추정하여 이를 현금흐름의 불확실성을 고려한 할인율로 할인한 합계액으로 계산하게 됩니다. 물론 회사는 5년 이후에도 영업을 계속할 것으로 가정할 것이므로, 5년 이후의 현금흐름도 추정하여 합산하거나 혹은 일정 산식을 통해 간략히 계산하여 합산하는 방식으로 구하게 됩니다.

현금흐름할인법(DCF; Discounted Cash Flow method)의 기본 구조

앞에서 일반적으로 가치에 영향을 주는 핵심적인 요인 3가지에 대해 알아보았습니다.

이 3가지 요인이 현금흐름할인법에서는 어떻게 반영되는지 살펴보겠습니다.

① 현금흐름 창출능력은 현금흐름 추정으로 고려됩니다.

② 성장에 대한 기대치는 현금흐름 성장률로 고려됩니다.

③ 현금흐름의 불확실성은 할인율로 반영됩니다.

현금흐름, 성장률, 할인율은 DCF를 적용할 때 핵심적인 요소입니다.

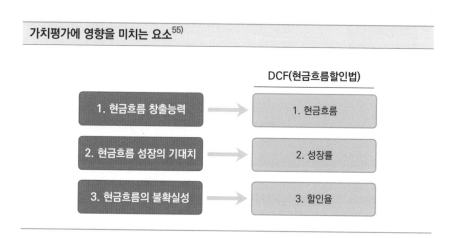

가치평가에 영향을 미치는 요소[55]

DCF(현금흐름할인법)

1. 현금흐름 창출능력	→	1. 현금흐름
2. 현금흐름 성장의 기대치	→	2. 성장률
3. 현금흐름의 불확실성	→	3. 할인율

---

55) 「기업가치평가와 재무실사」, 삼일인포마인 참조

- DCF의 핵심적인 요소는 **현금흐름과 할인율**, 그리고 **성장률**입니다.
- 그렇기 때문에 DCF는 이 3요소를 어떻게 추정하는지가 중요한 과제가 되고, 평가의 구조도 이 3요소를 중심으로 설계되어 있습니다.
- DCF의 기본구조는 기업이 창출 가능한 예상 현금흐름을 추정하고, 추정된 현금흐름의 성장률을 예측하여, 이를 현금흐름의 위험이 반영된 기대수익률(할인율)로 할인하여 가치를 평가하게 됩니다.

현금흐름할인법(DCF)의 기본 개념도[56]

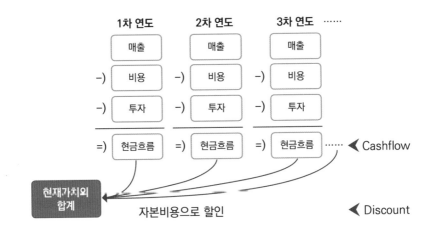

56) 「기업가치평가와 재무실사」, 삼일인포마인 참조

현금흐름할인법(DCF) 적용 구조, 기본 구조

- DCF에서 Free cash flow라고 하는 현금흐름은 영업손익과 영업자산의 분석을 통해 추정하게 됩니다.
- 우선 거시경제분석, 산업분석, 과거 실적분석(재무분석, 비재무분석) 등을 통하여 매출을 추정합니다.
- 원가구조 분석 등을 통하여 매출원가를 추정합니다.
- 비용구조 분석 등을 통하여 판매비와관리비를 추정합니다.
- 이렇게 영업이익을 추정합니다.
- 영업이익은 손익분석[57]을 통한 지속가능한 이익이어야 합니다.
- 법인세는 영업이익에 대한 법인세를 추정합니다.

한 가지 주의할 부분은 영업가치 산정을 위한 잉여현금흐름(FCF) 추정 시 영업외손익과 관련된 부분은 포함되지 않는다는 점입니다. 이자비용이나 배당과 같은 재무활동은 현금흐름이 아닌 할인율로서 고려되고, 그 외 영업외자산에서 발생하는 수익은 일반적으로 비경상적인 경우로 간주하여 추정에서 배제되는 것입니다. 그러나 회계적 분류상 영업 외 항목이라 하더라도 비영업자산과 관련이 없고 경상적으로 발생하는 경우에는 현금흐름에 반영하는 것을 고려해 보아야 합니다.

그리고 자산부채분석을 통한 순운전자본증감, capex투자, 상각비를 가감하여 잉여현금흐름(Free cash flow)을 산출하게 됩니다.

---

57) 지속가능한 이익을 파악하기 위한 손익분석을 QoE(Quality of Earnings, 이익의 질) 분석이라고 합니다.

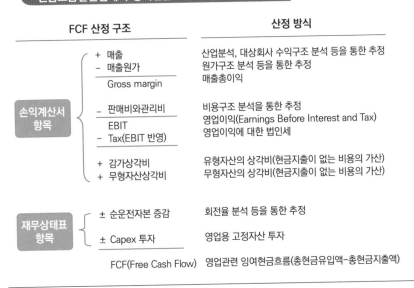

현금흐름할인법에서 잉여현금흐름 산정 기본 구조[58]

FCF 산정 구조		산정 방식
손익계산서 항목	+ 매출	산업분석, 대상회사 수익구조 분석 등을 통한 추정
	– 매출원가	원가구조 분석 등을 통한 추정
	Gross margin	매출총이익
	– 판매비와관리비	비용구조 분석을 통한 추정
	EBIT	영업이익(Earnings Before Interest and Tax)
	– Tax(EBIT 반영)	영업이익에 대한 법인세
	+ 감가상각비	유형자산의 상각비(현금지출이 없는 비용의 가산)
	+ 무형자산상각비	무형자산의 상각비(현금지출이 없는 비용의 가산)
재무상태표 항목	± 순운전자본 증감	회전율 분석 등을 통한 추정
	± Capex 투자	영업용 고정자산 투자
	FCF(Free Cash Flow)	영업관련 잉여현금흐름(총현금유입액–총현금지출액)

DCF의 기본 구조를 재무제표와 연계하여 살펴보면 다음과 같습니다.

기업이 보유한 자산은 영업활동에 사용되고, 기업은 영업활동을 통해 현금흐름을 창출합니다. 영업활동을 통해 창출된 영업현금흐름의 합이 영업가치입니다. 단, 영업가치는 현재의 가치로 계산되어야 하는데, 이때 필요한 것이 할인율(자본비용)입니다.

할인율은 기업에 투자된 자본의 속성을 고려하여 산정합니다. 즉, 이자비용을 발생시키는 차입금, 배당 등을 발생시키는 자기자본의 요구수익률을 반영하여 할인율을 결정하는 것입니다.

---

58) 「기업가치평가와 재무실사」, 삼일인포마인 참조

만약 영업활동에 직접 활용되지 않은 자산이 있다면 비영업가치로써 별도로 평가하여 가산합니다. 영업가치와 비영업가치를 합하여 기업가치를 산출하고, 차입 등 타인자본을 차감하면 자기자본가치(주주가치)가 산정됩니다.

다음의 그림을 보면 DCF는 회사가 보유한 다양한 성격의 자산과 부채를 그 성격에 맞게 추정에 반영할 수 있도록 짜여져 있기 때문에 이론상으로 가정 안정적이고 대부분의 회사 평가에 활용될 수 있다는 장점이 있습니다. 그러나 현금흐름이나 할인율의 추정에 주관이 개입될 여지가 있다는 단점 또한 존재하기 때문에 주관이 지나치게 개입된다면 가치의 왜곡을 가져올 수 있다는 점을 알고 있어야 합니다. 그러므로 주식평가를 하고자 한다면 시장과 산업전문가들의 의견에 귀를 기울여서 주관의 개입을 최소화할 필요가 있습니다.

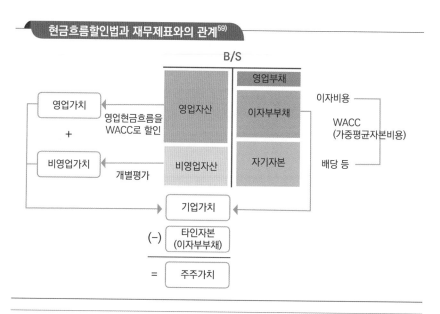

현금흐름할인법과 재무제표와의 관계[59]

---

59) 「기업가치평가와 재무실사」, 삼일인포마인 참조

④ 🔍 현금흐름할인법(DCF) 적용의 예: Tesla의 주식가치를 평가해 보자

현금흐름할인법으로 테슬라의 가치를 추정해 보도록 하겠습니다. 우선 가치평가는 현시점의 시장환경을 기초로 평가가 이루어지기 때문에 시장상황이 바뀌면 바뀐 상황을 고려하여 평가 가정은 달라져야 하며, 가정이 달라지면 평가 결과 또한 달라질 수 있음을 유념해야 합니다.

현금흐름할인법을 이용하여 Tesla의 가치를 평가하는 기본 구조는 다음과 같습니다.

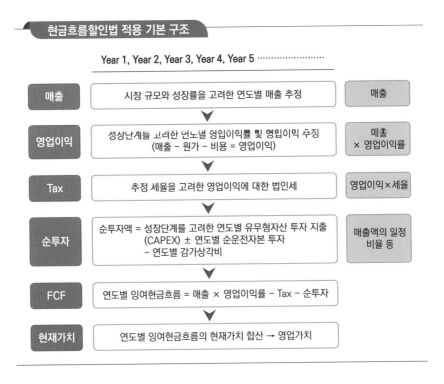

현금흐름할인법 적용 기본 구조

Year 1, Year 2, Year 3, Year 4, Year 5 ·····················

매출	시장 규모와 성장률을 고려한 연도별 매출 추정	매출
영업이익	성장단계를 고려한 연도별 영업이익률 및 영업이익 추정 (매출 − 원가 − 비용 = 영업이익)	매출 × 영업이익률
Tax	추정 세율을 고려한 영업이익에 대한 법인세	영업이익×세율
순투자	순투자액 = 성장단계를 고려한 연도별 유무형자산 투자 지출 (CAPEX) ± 연도별 순운전자본 투자 − 연도별 감가상각비	매출액의 일정 비율 등
FCF	연도별 잉여현금흐름 = 매출 × 영업이익률 − Tax − 순투자	
현재가치	연도별 잉여현금흐름의 현재가치 합산 → 영업가치	

현금흐름할인법을 적용하는 기본 구조는 추정기간 동안의 매출액과 영업이익을 추정하고, 영업이익에 대한 법인세를 차감하여 세후영업이익을 추정합니다. 그리고 세후영업이익에서 순투자액을 차감하여 FCF(Free Cash Flow)라고 하는 잉여현금흐름을 추정합니다. 순투자액은 유무형자산 투자지출(CAPEX)과 순운전자본투자액의 합계에서 감가상각비를 차감한 금액입니다. 연도별 잉여현금흐름의 현재가치를 합산하면 영업가치가 됩니다.

예시: 현금흐름할인법을 적용한 테슬라의 가치평가[60]

(백만 달러)	Base Year	year 1	year 2	year 3	year 4	year 5	year 6	year 7	year 8	year 9	year 10	after 10 year
① 매출	53,823	80,735	119,083	172,671	246,056	344,478	473,658	639,438	847,256	1,101,432	1,404,326	1,425,391
매출성장률		50.0%	47.5%	45.0%	42.5%	40.0%	37.5%	35.0%	32.5%	30.0%	27.5%	1.5%
② 영업이익	6,496	12,570	22,708	38,970	64,145	101,859	140,057	166,696	191,219	210,034	218,642	221,922
영업이익률	12.1%	15.6%	19.1%	22.6%	26.1%	29.6%	29.6%	26.1%	22.6%	19.1%	15.6%	15.6%
③ tax	1,624	3,142	5,677	9,743	16,036	25,465	35,014	41,674	47,805	52,509	54,661	55,480
④ 세후영업이익		9,427	17,031	29,228	48,109	76,395	105,043	125,022	143,414	157,526	163,982	166,441
⑤ 상각비		2,911	3,760	4,945	6,538	8,609	11,212	14,371	18,059	22,181	26,545	39,242
⑥ capex		(11,214)	(15,349)	(20,530)	(26,794)	(34,067)	(42,106)	(50,449)	(58,372)	(64,869)	(68,665)	(39,242)
⑦ 운전자본투자		(1,076)	(1,534)	(2,144)	(2,935)	(3,937)	(5,167)	(6,631)	(8,313)	(10,167)	(12,116)	(843)
⑧ FCF(잉여현금흐름) (④+⑤+⑥+⑦)		48	3,908	11,499	24,917	47,000	68,981	82,313	94,789	104,670	109,746	165,599
⑨ 할인율	10%											
⑩ 현재가치		44	3,230	8,640	17,019	29,183	38,938	42,240	44,220	44,390	42,312	-

구분	(백만 달러)
⑪ 현재가치 합계(Year 1~Year 10)	270,214
⑫ 10년 이후의 가치	751,123
⑬ 영업가치 합계	1,021,338
⑭ net debt & 비지배지분	826
⑮ 주주지분가치	1,020,512

60) 2022년 3월 기준으로 약식 평가

먼저 추정기간은 10년으로 정했습니다. 성숙기 산업의 경우에는 보통 5년 정도를 상세 추정하고 이후의 기간은 영구성장률을 적용하여 추정하는 경우가 많지만, 성장기 산업의 경우에는 5년 차 이후에도 성장이 지속되어 5년 차의 현금흐름이 그 이후의 현금흐름을 대표한다고 보기 어렵기 때문에 5년 이상의 기간에 대한 추정이 이루어지기도 합니다. 테슬라도 성장기 회사로서 5년 차 이후에도 지속적으로 성장할 것을 가정하여 추정기간을 10년으로 하였습니다.

매출은 시장분석 및 평가대상회사의 실적, 그리고 평가대상회사의 경쟁력 등의 분석을 기초로 추정을 하게 됩니다. 여기서는 간략한 추정이므로 전기차와 자율주행 자동차에 대한 수요 증가와 테슬라가 이 분야 초기 선도기업임을 고려하여 추정 1차 연도는 기초 연도와 유사하게 매출증가율을 50%로 가정하고 이후 기간은 매년 성장률이 2.5%씩 둔화된다고 가정합니다. 그리고 10년 이후의 기간은 전기차와 자율주행 자동차의 수요가 중장기적으로도 꾸준할 것으로 예상하여 OECD 주요 국가의 물가상승률을 고려한 1.5% 성장률[61]을 가정해 보았습니다.

(백만 달러)	Base Year	year 1	year 2	year 3	year 4	year 5	year 6	year 7	year 8	year 9	year 10	after 10 year
① 매출	53,823	80,735	119,083	172,671	246,056	344,478	473,658	639,438	847,256	1,101,432	1,404,326	1,425,391
매출성장률		50.0%	47.5%	45.0%	42.5%	40.0%	37.5%	35.0%	32.5%	30.0%	27.5%	1.5%

원가 및 비용 분석은 각 항목별 변동요인을 파악하여 추정하게 됩니다. 그리고 매출에서 원가 및 비용을 차감하여 영업이익을 추정합니

---

61) 10년 이후에 적용할 성장률을 영구성장률이라고 하는데, 보통 0~1% 수준의 성장률 적용 사례가 많으며, 성장기 산업의 경우에는 1% 이상의 성장률을 적용하기도 합니다. 그러나 영구성장률은 장기추정의 경제성장률이나 물가상승률을 고려해 그 보다 낮은 수준에서 적용하는 것이 일반적입니다.

다. 여기서는 간략히 영업이익률을 추정하는 것으로 대신합니다. 매출에 영업이익률을 곱하여 영업이익을 추정하는 방식입니다. 영업이익률은 기초시점 12.1%에서 향후 5년 차까지는 테슬라의 선도기업으로서의 지위가 유지되고, 원가혁신과 자율주행 소프트웨어 판매 등 마진 증가로 영업이익률이 3.5%씩 증가하는 것으로 가정하고, 이후 5개년은 성장기에서 단계적으로 성숙기에 진입을 가정하여 매년 3.5%씩 감소하는 것으로 가정합니다. 그리고 추정 최종기간은 기존 완성차 회사 평균 영업이익률과 빅테크 기업의 영업이익률을 종합적으로 고려하여 추정 1차 연도 영업이익률과 동일한 15.6% 수준이 될 것으로 가정합니다.

(백만 달러)	Base Year	year 1	year 2	year 3	year 4	year 5	year 6	year 7	year 8	year 9	year 10	after 10 year
② 영업이익	6,496	12,570	22,708	38,970	64,145	101,859	140,057	166,696	191,219	210,034	218,642	221,922
영업이익률	12.1%	15.6%	19.1%	22.6%	26.1%	29.6%	29.6%	26.1%	22.6%	19.1%	15.6%	15.6%

영업이익에 대한 법인세율은 미국과 글로벌 법인세율로 25%를 가정합니다.

(백만 달러)	Base Year	year 1	year 2	year 3	year 4	year 5	year 6	year 7	year 8	year 9	year 10	after 10 year
② 영업이익	6,496	12,570	22,708	38,970	64,145	101,859	140,057	166,696	191,219	210,034	218,642	221,922
③ tax	1,624	3,142	5,677	9,743	16,036	25,465	35,014	41,674	47,805	52,509	54,661	55,480
④ 세후영업이익		9,427	17,031	29,228	48,109	76,395	105,043	125,022	143,414	157,526	163,982	166,441

운전자본은 각 운전자본(매출채권, 재고자산, 매입채무 등)이 매출과 원가의 변동에 따라 어떻게 변동할 것인지에 대한 분석을 토대로 추정합니다. 운전자본투자는 영업활동을 위해 필요한 단기투자의 개념입니다. 여기서는 간략히 순운전자본투자 규모는 기존 자동차업계 글로벌 기업의 매출액 대비 순운전자본비율을 고려하여 매출액 대비 4%의 순

운전자본투자가 필요하다고 가정하고, 전기와 당기의 순운전자본변동액을 순운전자본투자액으로 가정하였습니다.

(백만 달러)	Base Year	year 1	year 2	year 3	year 4	year 5	year 6	year 7	year 8	year 9	year 10	after 10 year
순운전자본	2,153	3,229	4,763	6,907	9,842	13,779	18,946	25,578	33,890	44,057	56,173	57,016
⑦ 순운전자본 투자		(1,076)	(1,534)	(2,144)	(2,935)	(3,937)	(5,167)	(6,631)	(8,313)	(10,167)	(12,116)	(843)

CAPEX라고 불리는 유무형자산에 대한 자본적지출(투자)은 시설 확장과 지속적인 매출 창출을 위해 필요한 투자를 말합니다. 성장을 뒷받침하기 위해 필요한 투자와 현 수준의 유지를 위한 투자 규모 등의 분석을 기초로 CAPEX를 추정합니다. 최근 테슬라는 시설투자를 활발히 진행하고 있었고 최근 연도 매출액 대비 CAPEX투자(유무형자산투자)비율이 14.9%입니다. 이후 기간은 매출액 증가를 고려하여 유무형자산투자가 지속적으로 발생하되 매출액 대비 투자비율은 매년 1%씩 감소하는 것으로 가정하였습니다. 어느 정도 설비투자가 이루어진 후에는 매출액의 정비례로 투자가 발생하지는 않을 것이며, 매출액 성장률도 점차 감소하는 것으로 가정하였기 때문입니다. 그러나 투자비율 감소를 가정한 경우에도 매출액 대비 최소 투자비율은 5% 수준을 유지하는 것으로 가정하였습니다.

영구현금흐름으로 가정할 10년 이후 기간의 CAPEX는 추정 10개년 평균 CAPEX(평균 유무형자산투자액) 수준으로 발생한다고 가정하고, 감가상각비 또한 CAPEX(유형자산투자, 자본적지출)와 동일하게 발생한다고 가정합니다.

(백만 달러)	Base Year	year 1	year 2	year 3	year 4	year 5	year 6	year 7	year 8	year 9	year 10	after 10 year
유형자산	28,472	36,775	48,364	63,949	84,205	109,663	140,557	176,635	216,948	259,637	301,756	301,756
⑥ capex		(11,214)	(15,349)	(20,530)	(26,794)	(34,067)	(42,106)	(50,449)	(58,372)	(64,869)	(68,665)	(39,242)
⑤ 상각비		2,911	3,760	4,945	6,538	8,609	11,212	14,371	18,059	22,181	26,545	39,242

현금흐름 관점에서 현금이 지출되지 않은 회계상 비용은 가산합니다. 그러한 대표적인 항목이 감가상각비입니다. 감가상각비는 회사가 보유한 자산의 상각스케줄을 고려하여 추정합니다. 여기서는 간략히 감가상각비는 투자한 유형자산가액 대비 상각비 비율이 10% 수준으로 유지된다고 가정합니다.[62]

위와 같은 가정을 통해 잉여현금흐름(Free cash flow)을 산정합니다. 잉여현금흐름은 영업활동을 통한 매출에서 지출할 비용과 투자액을 모두 차감하고 남은 현금으로, 최종적으로 회사에 남게 되는 현금흐름입니다. 이 현금흐름의 현재가치 합계가 이 회사의 영업가치인 것입니다.

(백만 달러)	Base Year	year 1	year 2	year 3	year 4	year 5	year 6	year 7	year 8	year 9	year 10	after 10 year
⑧ FCF(잉여현금흐름) (④+⑤+⑥+⑦)		48	3,908	11,499	24,917	47,000	68,981	82,313	94,789	104,670	109,746	165,599

현재가치를 계산하기 위해 자본비용을 추정합니다. 자본비용은 투자자의 요구수익률입니다. 평가대상회사의 추정현금흐름에 적합한 위험의 수준을 고려하여 자본비용을 추정합니다. 여기서는 간략히 현재가

---

62) 기초 연도의 유형자산가액을 28,472백만 달러로 가정하고 매년 기초유형자산+CAPEX−상각비 가액을 기말유형자산가액으로 가정합니다. 상각비 비율을 약 10%로 가정하여, 기초유형자산가액×10%를 상각비로 가정해 보았습니다.

치를 적용하기 위한 자본비용은 전통적인 글로벌 자동차기업보다는 테슬라의 변동성이 더 크다고 보고 10%로 가정합니다.

(백만 달러)	Base Year	year 1	year 2	year 3	year 4	year 5	year 6	year 7	year 8	year 9	year 10	after 10 year
⑧ FCF(잉여현금흐름) (④+⑤+⑥+⑦)		48	3,908	11,499	24,917	47,000	68,981	82,313	94,789	104,670	109,746	165,599
⑨ 할인율	10%											
⑩ 현재가치		44	3,230	8,640	17,019	29,183	38,938	42,240	44,220	44,390	42,312	

이제 잉여현금흐름의 현재가치를 합산하여 영업가치를 산정합니다. 이를 위해 1~10년간의 현금흐름 현재가치를 우선 합산하고(⑪), 10년 이후의 기간은 일정 산식을 통해 가산하는데 위에서는 고든의 성장모형(Gordon growth model)을 적용하였습니다. "영구현금흐름÷(자본비용−성장률)"의 산식[63)]에 의해 165,599÷(10%−1.5%)=1,948,221로 10년 이후 시점의 가치를 추정하고 이를 10년 기간의 현재가치로 계산하여 751,123백만 달러를 10년 이후의 현금흐름 합계 현재가치(⑫)로 가산하였습니다.

즉, 잉여현금흐름(FCF)의 현재가치는 다음과 같이 두 단계로 계산합니다. 먼저 예측기간인 1년 차부터 10년 차 현금흐름을 현재가치로 합산하고, 10년 차 이후 현금흐름은 각 연도별로 추정하지 않고 10년 차 현금흐름에 이후 기간에 적용할 성장률을 곱하여 향후 계속적으로 들어오게 될 연금의 현재가치를 구하는 산식에 따라 계산합니다.

---

63) 연금이 일정한 기간 동안 영구적으로 발생할 경우, 그 현금흐름의 현재가치를 영구현금흐름의 현재가치라고 하여 "영구연금 현재가치=연금/할인율"로 구합니다. 그리고 만약 연금이 일정비율로 증가한다면 "영구연금 현재가치=연금×(1+증가율)/(할인율−증가율)"로 구합니다.

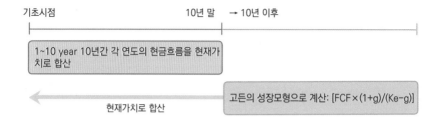

이렇게 영업가치는 예측기간인 10년 동안의 현금흐름 현재가치와 10년 이후의 영구현금흐름의 현재가치를 합산하여 산정합니다. 만약 영업가치 이외에 투자자산과 같은 비영업자산이 있다면 영업가치에 비영업자산을 가산한 값이 기업가치가 되고, 비영업자산이 없다면 영업가치가 기업가치가 됩니다.

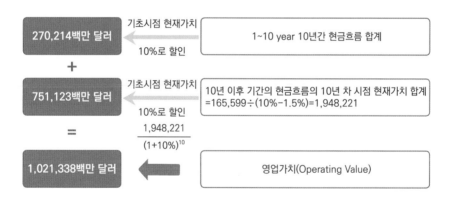

여기서 차입금과 같은 채권자의 몫인 타인자본(net debt)과 비지배지분의 가치를 차감하면 테슬라의 주주가치가 됩니다. 어떤 가치를 구하는가에 따라 차감하는 항목이 달라집니다. 여기서는 테슬라의 주주지분가치를 구하고자 하기 때문에 채권자가치와 비지배주주지분가치를 차감하였습니다.

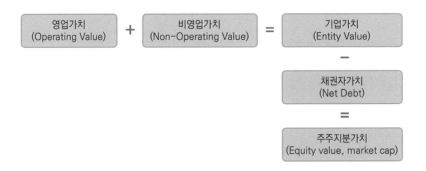

위의 주식가치평가는 간단한 가정에 의해 약식으로 추정한 결과입니다. 회사에 대한 보다 많은 자료 확보가 가능하고 분석을 상세하게 하는 경우에는 각 항목들을 세부적으로 구분하여 보다 구체적인 논거를 가지고 추정이 이루어집니다.

DCF의 개념을 기초로 약식으로 평가한 테슬라의 주주지분가치는 약 1조 달러입니다. 이는 평가시점인 2022년 초 테슬라의 시가총액과 유사한 수준입니다.

만약 현시점 이후에 전기차+자율주행 시장에서의 선도적 지위를 공고히 하고 여기에 AI 모빌리티 플랫폼으로서의 혁신까지 보여줌으로써 테슬라의 **성장이 더 높게 더 장기적으로 지속될 것으로 예측되는 상황으로 변동된다면** 테슬라의 주주지분가치는 이러한 가정이 반영되어 현시점에서 평가한 가치보다 더 높게 평가될 것입니다. 그러나 향후 전기차+자율주행 시장에서의 선도적 지위를 확고히 하지 못하고, AI 모빌리티 플랫폼에 대한 기대감이 낮아져 테슬라의 성장이 현시점의 가정보다는 성장성이 더 낮고 성장의 지속기간이 더 짧게 예측되는 상황으로 변동된다면 테슬라의 주주지분가치는 이러한 가정이 반영되어 현시점에서 평가한 가치보다 더 낮게 평가될 것입니다.

또한 빅데이터 및 공정혁신에 기반한 원가절감 또는 자율주행소프트웨어(FSD) 등의 판매 증가로 이익률이 크게 증가될 것으로 예측되는 상황이라면 테슬라의 가치는 현시점에서의 평가액보다 더 높게 평가될 것이고, 경쟁 심화 및 원가구조 악화 등으로 **이익률의 증가가 제한될 것으로 예측되는 상황**이라면 테슬라의 가치는 현시점에서의 평가액보다 더 높게 평가되기는 어려울 수 있습니다.

또한 테슬라의 향후 성장과 이익창출 능력에 대한 불확실성이 커진다면 테슬라의 가치는 낮아질 것이며, **성장과 이익창출 능력에 대한 불확실성이 낮아진다면** 테슬라의 가치는 더 높아질 것입니다. 불확실성에는 관련산업과 시장환경의 불확실성도 영향을 미칠 수 있습니다. 즉, 개별기업의 내재적인 불확실성 이외에도 기업이 속한 산업과 시장환경의 불확실성이 커질 경우에도 테슬라의 가치는 낮아질 가능성이 있으며, **시장환경의 불확실성이 낮아질 경우**에는 테슬라의 가치평가 결과도 높아질 가능성이 있는 것입니다.

독자 여러분들도 위의 평가모델을 참고하여 **평가시점의 시장상황을 고려한 각자가 생각하는 변수들로 가정을 바꿔가면서 평가를 해보기 바랍니다. 그렇게 하여 나온 값이 바로 독자분들이 생각하는 테슬라의 내재가치가 되는 것입니다.**

⑤ 🔍 쉽고 간단하게 적용하는 DCF 간편법 예시: 간편법을 적용한 Tesla의 주식가치평가

앞서 Tesla의 가치평가를 예시로 설명한 현금흐름할인법은 설명과 이해를 위해 간단한 가정에 의해 약식으로 추정한 것입니다. 그러나 현금흐름할인법을 처음 접한 독자들은 앞의 사례도 조금 복잡하게 느껴질 수 있습니다.

내재가치접근법으로 가치평가를 하기 위해서는 내재가치접근법을 이해하고 자신만의 모델을 만들어 보는 것이 필요합니다. 그러므로 현금흐름할인법을 적용한 자신만의 내재가치접근법 모델을 처음 만들어 보게 될 독자들을 위해 조금 더 간단하게 적용할 수 있는 모델의 예시를 소개합니다.

기본적으로 현금흐름할인법에는 영업과 관련된 모든 현금유입과 현금유출이 고려되어야 합니다. 그리고 현금흐름할인법으로 내재가치를 평가할 때 핵심 요소는 성장률, 이익률 그리고 할인율이라고 하였습니다.

그렇다면 **성장률, 이익률, 재투자비율과 할인율의 가정만 가지고 간단한 모델을 만들어 볼 수 있을 것입니다.**

기본 방식은 다음과 같습니다.

쉽고 간단하게 적용하는 현금흐름할인법(DCF) 간편법 평가의 기본 로직

추정 기간(Year 1, Year 2, Year 3 ……)

매출	"직전 연도 추정 매출 × 매출 성장률"	매출
영업이익	성장단계를 고려한 추정 연도별 영업이익률 이용	매출 ×영업이익률
Tax	추정 세율을 고려한 영업이익에 대한 법인세	영업이익×세율
재투자	성장단계를 고려한 추정 연도별 재투자율 이용	세후영업이익 ×재투자율
FCF	연도별 잉여현금흐름 = 매출 × 영업이익률 − Tax − 재투자액	

앞의 예시에서 현금흐름할인법을 적용하여 평가해 본 Tesla의 내재 가치 평가를 성장률, 이익률, 재투자비율과 할인율의 가정만 가지고 위의 그림과 같이 현금흐름할인법을 응용한 약식 내재가치 평가방법으로 평가해 보도록 하겠습니다.

(백만 달러)	Base Year	year 1	year 2	year 3	year 4	year 5	year 6	year 7	year 8	year 9	year 10	after 10 year
매출	53,823	80,735	119,083	172,671	246,056	344,478	473,658	639,438	847,256	1,101,432	1,404,326	1,425,391
매출성장률		50.0%	47.5%	45.0%	42.5%	40.0%	37.5%	35.0%	32.5%	30.0%	27.5%	1.5%
영업이익	6,496	12,570	22,708	38,970	64,145	101,859	140,057	166,696	191,219	210,034	218,642	221,922
영업이익률	12.1%	15.6%	19.1%	22.6%	26.1%	29.6%	29.6%	26.1%	22.6%	19.1%	15.6%	15.6%
tax	1,624	3,142	5,677	9,743	16,036	25,465	35,014	41,674	47,805	52,509	54,661	55,480
세후영업이익		9,427	17,031	29,228	48,109	76,395	105,043	125,022	143,414	157,526	163,982	166,441
재투자비율		100.0%	85.0%	70.0%	55.0%	40.0%	30.0%	30.0%	30.0%	30.0%	30.0%	1.5%
재투자		(9,427)	(14,477)	(20,459)	(26,460)	(30,558)	(31,513)	(37,507)	(43,024)	(47,258)	(49,194)	(2,497)
FCF (잉여현금흐름)		0	2,555	8,768	21,649	45,837	73,530	87,516	100,390	110,268	114,787	163,945
할인율	10%											
현재가치		0	2,111	6,588	14,786	28,461	41,506	44,909	46,833	46,764	44,255	–

구분	(백만 달러)
현재가치 합계	276,214
10년 이후의 가치	743,621
영업가치 합계	1,019,835
net debt & 비지배지분	826
주주지분가치	1,019,009

　　매출액 성장률 가정, 영업이익률 가정, 할인율 가정은 앞에서 설명한 현금흐름할인법 적용의 예시와 동일합니다. 재투자비율만 앞의 사례와 차이가 있습니다.

　　매출은 앞의 예시와 동일하게 전기차와 자율주행 자동차에 대한 수요 증가와 테슬라가 이 분야 초기 선도기업임을 고려하여 추정 1차 연도는 기초 연도와 유사하게 매출증가율을 50%로 가정하고 이후 기간은 매년 성장률이 2.5%씩 둔화된다고 가정합니다. 그리고 10년 이후의 기간은 전기차와 자율주행 자동차의 수요가 중장기적으로도 꾸준할 것으로 예상하여 OECD 주요 국가의 물가상승률을 고려한 1.5% 성장률을 가정합니다.

영업이익률도 앞의 예시와 동일하게 기초시점 12.1%에서 향후 5년 차까지는 테슬라의 선도기업으로서의 지위가 유지되고, 원가혁신과 자율주행소프트웨어 판매 등 마진 증가로 영업이익률이 3.5%씩 증가하는 것으로 가정하고, 이후 5개년은 성장기에서 단계적으로 성숙기에 진입을 가정하여 매년 3.5%씩 감소하는 것으로 가정합니다. 그리고 추정 최종기간은 기존 완성차 회사 평균 영업이익률과 빅테크 기업의 영업이익률을 종합적으로 고려하여 추정 1차 연도 영업이익률과 동일한 15.6% 수준이 될 것으로 가정합니다

영업이익에 대한 법인세율은 미국과 글로벌 법인세율로 25%를 가정합니다. 재투자비율은 [(운전자본투자+유무형자산투자−감가상각비)÷세후영업이익]으로 정의합니다.

$$\text{재투자비율} = \frac{\text{순운전자본투자} + \text{유무형자산투자} - \text{감가상각비}}{\text{세후영업이익}}$$

재투자비율은 최근 연도의 운전자본투자액, 유무형자산투자액, 감가상각비가 세후영업이익에서 차지하는 비율을 고려하고, 성장을 위한 투자가 추가적으로 더 필요할 수 있음을 고려하여 추정 1차 연도에는 세후영업이익의 100% 수준으로 재투자가 발생한다고 가정합니다. 그

리고 이후 기간은 매출 및 이익 증가로 재투자비율이 15%씩 감소하되, 적어도 세후영업이익의 30%[64] 이상은 재투자한다고 가정합니다.

재투자비율은 성장률 추정과도 관련이 있습니다. 만약 재투자비율을 더 높게 가정하면 성장률은 더 높게 추정될 수 있을 것이며, 재투자비율을 더 낮게 가정하면 성장률은 더 낮게 추정되어야 할 것입니다.

위의 예시에서 예측기간 후반기에도 세후영업이익 대비 30% 이상의 재투자가 발생한다는 가정은 감가상각비 수준보다 더 많은 재투자가 꾸준히 발생한다는 가정이므로, 일반적으로 성장이 둔화된 성숙단계의 재투자 가정보다는 재투자비율이 비교적 높은 가정일 수 있습니다. 그러나 위의 예시에서 테슬라의 성장률은 예측기간 후반기에도 30% 수준으로 가정하였기 때문에 성장을 위한 일정 수준의 재투자는 계속 발생한다고 가정하였습니다.

그리고 예측기간 이후인 10년 이후 재투자비율은 유무형자산투자액은 감가상각비와 동일하게 발생한다고 가정하였기 때문에 10년 이후 기간의 성장률에 따른 운전자본투자만 발생한다고 가정하여 재투자비율은 1.5%로 가정하였습니다. 이렇게 세후영업이익에서 재투자액을 차감하면 잉여현금흐름(FCF; Free Cash Flow)을 계산할 수 있습니다.

그리고 잉여현금흐름을 앞선 사례와 같이 할인율 10%로 할인하여 현재가치를 합산하면 영업가치가 되는 것입니다.

---

64) 10년의 예측기간 동안 30% 재투자비율 하한은 앞의 평가 사례를 참고하여 매출액 대비 capex비율과 장부가 대비 상각비비율, 그리고 운전자본투자 규모를 고려할 때 예측기간 후반기 30% 이상의 재투자비율이 나오는 점을 고려하였습니다.

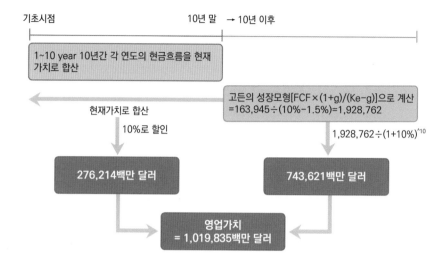

영업가치에서 채권자가치인 net debt과 비지배지분가치를 차감하면 주주지분의 가치를 추정할 수 있는 것입니다. 영업가치에서 주주지분의 가치를 구하는 방식은 앞의 사례와 동일합니다.

가격은 결국 내재가치에 수렴한다는 것이 가치투자자들의 오랜 믿음입니다. 그러므로 자신이 생각하는 가치 혹은 목표주가는 내재가치접근법으로 설명될 수 있어야 합니다.

위의 예시를 기반으로 주식가치평가를 하는 시점의 시장상황에 가장 적합하다고 생각하는 성장률, 이익률, 재투자비율, 할인율을 직접 조정 반영해 봅니다. 그 과정이 바로 독자 여러분들이 생각하는 테슬라의 내재가치를 평가하는 것입니다. 그리고 같은 방식으로 다른 회사의 내재가치도 평가해 볼 수 있을 것입니다.

처음부터 완벽한 모델로 내재가치접근법인 현금흐름할인법(DCF)을 적용하기보다는 위의 예시와 같이 **성장률, 이익률, 재투자비율과 할인율만 가지고 간단한 모델로 자신만의 모델을 만들다 보면 가치투자에 훨씬 가까이 다가갈 수 있을 것입니다.**

⑥ 현금흐름의 추정

이제 앞의 현금흐름할인법(DCF) 적용의 예시에서 살펴본 현금흐름 할인법 적용 시 각 단계별 주요 내용 및 고려사항을 하나씩 되짚어 보도록 하겠습니다.

현금흐름의 추정은 평가대상 기업의 과거 재무성과와 산업분석, 경영환경분석을 토대로 이루어집니다. 즉, 대상회사의 핵심 역량은 무엇이고, 이러한 핵심 역량이 미래 이익에 어떻게 기여하는지, 그리고 핵심 역량이 계속 유지될 수 있는지, 대상회사의 과거 재무성과가 미래에도 계속 유지될 수 있는지, 시장 및 산업환경에서 대상회사의 미래 이익에 영향을 미치는 사항은 무엇이며, 이러한 특성은 향후 어떻게 전망되는지 등에 대한 분석을 토대로 현금흐름 추정이 이루어집니다.

앞선 예시에서처럼 매출을 추정하고 매출을 창출하기 위해 필요한 지출(원가, 비용, 투자, 세금 등)을 추정하여 잔여 현금흐름을 추정하는 것입니다.

매출 추정은 시장의 성장과 시장 규모 추정을 토대로 회사의 예상 점유율을 추정하는 Top-down approach가 있고, 대상회사의 예상 판매량, 예상 판매가, 예상 매출 등의 성장률을 직접 추정하는 Bottom-up approach가 있습니다. 어느 경우이든 경제환경분석, 산업분석, 과거 실적분석(재무분석, 비재무분석)이 필요합니다.

발생할 원가와 비용 항목을 파악하고 원가와 비용 항목별 변동요인을 분석하여 매출원가와 판매관리비를 추정합니다. 특별한 경우가 아니라면 매출이 증가할수록 원가와 비용은 증가하는 방향으로 추정이 이루어집니다.

매출에서 원가 및 비용을 차감하여 영업이익을 추정합니다. 여기서 영업이익은 손익분석[65]을 통한 지속가능한 이익이어야 합니다.

일반적으로 성장단계의 기업은 매출성장률이 높을 수 있습니다. 성장과정에서 선도기업으로서 시장의 지배적 지위를 확보한다면 이익률도 높을 수 있습니다. 그러나 성숙단계에 접어들수록 성장률은 낮아질 것입니다. 성숙단계에서의 이익률은 경쟁 정도, 진입장벽, 규제 등에 따라 달라질 것입니다. 성숙단계에서도 성장률은 낮을 수 있지만, 이익률이 높게 발생하는 기업들의 출현도 가능한 것입니다.

법인세는 영업이익에 대한 법인세를 추정합니다.

---

65) 지속가능한 이익을 파악하기 위한 손익분석을 QoE(Quality of Earnings, 이익의 질) 분석이라고 합니다.

한 가지 주의할 부분은 영업가치 산정을 위한 잉여현금흐름(FCF) 추정 시 영업외손익과 관련된 부분은 포함되지 않는다는 점입니다. 이자비용이나 배당과 같은 재무활동은 현금흐름이 아닌 할인율로서 고려되고, 그 외 영업외자산에서 발생하는 수익은 일반적으로 비경상적인 경우로 간주하여 추정에서 배제되는 것입니다. 그러나 회계적 분류상 영업 외 항목이라 하더라도 비영업자산과 관련이 없고 경상적으로 발생하는 경우에는 현금흐름에 반영하는 것을 고려해 보아야 합니다.

그리고 순운전자본의 항목별 변동 요인 분석을 통해 필요한 운전자본 투자액을 추정합니다. 운전자본은 매출채권, 재고자산, 매입채무와 같은 영업활동을 위한 단기투자입니다. 순운전자본은 '매출채권+재고자산−매입채무'와 같은 순액의 개념이고, 영업활동을 위해 필요한 순운전자본 규모를 추정하는 것입니다. 일반적으로 사업의 규모가 확대되면 필요한 순운전자본의 규모도 증가할 가능성이 높습니다. 그러나 사업의 성장과 무관하게 순운전자본 규모가 증가하면 현금흐름에 좋지 않은 영향을 주게 됩니다. 그리고 이러한 상황이 지속되면 유동성 위기에 빠질 수 있으므로 운전자본의 관리는 중요합니다. 순운전자본 투자를 현금흐름에 반영하는 방법은 전기와 당기 순운전자본액의 차이를 이용합니다.

기업의 성장을 뒷받침하거나 지속적인 매출 창출을 위해서는 일정 수준의 투자가 필요합니다. 예상되는 매출을 달성하기 위해 필요한 자본적지출(capex투자)을 추정해야 하는 이유입니다. 그리고 투자한 자산의 상각연수(내용연수)를 고려한 상각비를 가산하여 잉여현금흐름

(Free cash flow)을 산출하게 됩니다. 상각비를 가산하는 이유는 자본
적지출로 인해 투자액이 현금흐름의 (−)로 이미 반영이 되었는데, 원
가나 비용 항목으로 상각비가 다시 반영되기 때문입니다. 즉, 상각비
는 현금이 지출되는 비용이 아니기 때문에 현금흐름 산정에서 가산하
여 비용이 아닌 것처럼 반영해 주는 것입니다.

⑦ 영업가치, 비영업가치, 기업가치

영업가치는 영업활동을 통해 창출된 현금흐름의 현재가치 합계입
니다. 일반적으로 5년이나 10년과 같은 일정 기간 동안의 현금흐름을
추정하고 이후 기간은 앞선 테슬라 주식평가 예시와 같이 고든의 성
장모형과 같은 일정 산식을 통한 방식으로 추정하여 현재가치를 합산
합니다.

5년을 추정할지 10년을 추정할지는 평가대상회사의 예상되는 현금
흐름 특성이 고려되어야 합니다. 고려되는 요소 중의 하나는 추정 기
간 이후 계속적으로 지속될 것으로 가정하는 현금흐름의 대표값을 무
엇으로 할 것인지와도 관련이 있습니다. 만약 5년 추정 후, 그 후의 기
간은 성장률과 이익률이 안정적으로 유지된다고 가정할 수 있다면 5년
정도의 추정도 충분할 것입니다. 그러나 5년 이후의 기간에서도 성장
성과 이익률의 증감이 예상된다면, 성장률과 이익률이 안정될 것으로
예상되는 시점까지 추정 기간을 늘려 볼 수도 있습니다.

그리고 이렇게 계산한 영업가치에 반영되지 않은 회사의 중요한 자산이 있다면 이를 가산해 주어야 합니다. 예를 들어 투자주식이나 투자부동산은 영업가치 산정 시 고려되지 않았을 것이므로, 영업가치에 이러한 자산의 가치를 시가로서 가산해 주어야 대상회사의 기업가치가 산정되는 것입니다.

기업가치를 구할 때 추가적으로 가감해야 할 사항들이 있는지도 살펴볼 필요가 있습니다. 소송 등 우발부채가 있다면 예상되는 손실액을 차감하여야 할 것입니다.

🔍⑧ 주주가치, 자기자본가치 구하기

어떤 가치를 구하는가에 따라 기업가치에서 차감하는 항목이 달라집니다. 주주지분의 가치를 구한다면 기업가치에서 차입금이나 사채와 같은 채권자의 가치를 차감하여 주주지분의 가치를 산정합니다.

우선주가 있는 경우 주주지분에서 우선주의 가치를 제외한 보통주주의 지분가치만을 구하고자 한다면 우선주의 가치도 추가적으로 차감해 주어야 보통주주의 지분가치가 됩니다. 기업가치에 대한 우선적인 청구권이 일반적으로 '채권자 〉 우선주 〉 보통주' 순서이기 때문입니다.

앞의 예시와 같이 연결회사인 경우 연결회사의 가치에 자회사의 비지배주주지분 가치가 포함되어 있다면 비지배주주지분을 차감하여 모회사의 주주지분가치를 구할 수 있습니다.

만약 스톡옵션이 있다면 어떻게 해야 할까요?

스톡옵션의 가치는 행사로 인해 잠재적으로 늘어날 수 있는 주식수를 발행주식수에 반영하는 방법을 사용하는 경우도 있으며, 스톡옵션의 가치를 차감하여 현재 거래되는 보통주 지분의 가치를 구하는 방법을 적용하는 경우도 있습니다.

⑨ 할인율

현금흐름할인법(DCF)의 중요한 3가지 요소 중 하나는 위험에 대한 고려가 반영된 할인율이며, 할인율이 바로 자본비용입니다.

자본비용은 투자자가 요구하는 혹은 기대하는 수익률입니다. 어떤 대상자산에 투자하고 기대하는 수익이 무엇이냐에 따라 투자자의 요구수익률이 달라집니다. 이는 투자대상이 무엇이냐에 따라 투자자가 받아들이고자 하는 위험의 정도가 다르다고 느끼기 때문입니다.

그러므로 평가 대상 현금흐름에 적합한 위험이 고려되어야 합니다.

다음의 예시를 보면 자산별로 투자자가 요구하는 수익률이 어떻게 달라질 수 있는지 확인할 수 있습니다.

대상자산	수익	요구수익률
국공채	이자, 시가 상승	1~2%
아파트	월세, 시가 상승	3~5%
상가	월세, 시가 상승	4~7%
발전소	배당	5~8%
제조/판매 상장사	배당, 주가 상승	8~13%
스타트업 비상장사	배당, 주가 상승	12~20%

국공채와 같이 이자수익이 정해진 금액대로 발생하고 투자한 금액의 회수가능성이 아주 높다고 예상되는 경우에는 요구하는 수익률도 낮아집니다. 그러나 스타트업과 같은 비상장사에 대한 투자는 국공채에 비해 수익에 대한 불확실성이 더 큽니다. 이렇게 수익에 대한 불확실성이 더 커지면 커질수록 투자자가 요구하는 수익률이 높아집니다.

즉, 불확실성 혹은 위험이 큰 사업은 할인율이 높고, 불확실성 혹은 위험이 적은 사업은 할인율이 낮습니다.

그렇다면 현금흐름할인법(DCF)의 구조를 다시 한번 살펴보겠습니다.

영업현금흐름은 채권자에게 귀속되는 현금흐름과 주주에게 귀속되는 현금흐름이 구분되기 전 현금흐름입니다. 그렇기 때문에 기업에 투자하는 채권자와 주주의 요구수익률이 모두 고려되어야 합니다. 물론 차입금이나 사채 등 채권자가 없다면 영업현금흐름은 모두 주주에게

---

66) 「기업가치평가와 재무실사」, 삼일인포마인 참조

귀속되는 현금흐름이 되므로, 주주가 요구하는 수익률이 할인율(자본비용)이 됩니다.

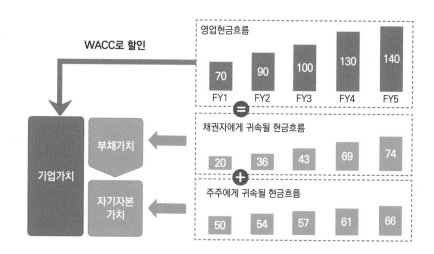

채권자가 요구하는 수익률은 회사가 현재 시점에서 차입을 할 때 지급하게 되는 이자율과 같은 개념입니다. 무위험이자율에 회사의 파산위험 정도를 고려한 프리미엄이 가산됩니다. 그래서 회사의 신용등급을 고려한 중장기 회사채수익률을 적용할 수 있습니다.[67]

주주가 요구하는 수익률은 시장평균수익률에 회사의 위험을 고려하여 적용합니다. 다음과 같은 모델로 주주가 요구하는 수익률을 구한다고 가정해 봅니다.[68]

---

67) 신용등급을 고려한 회사채수익률 파악이 어려운 경우 가중평균차입이자율을 적용하기도 합니다.
68) 자본자산가격결정모형(CAPM)으로 "「기업가치평가와 재무실사」, 삼일인포마인" 참고
　　자본투자자의 위험(요구수익률)을 측정하는 대표적인 모델 중 하나입니다.

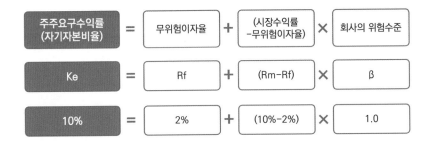

위의 예시에서 회사의 위험수준을 나타내는 것은 "베타(β)"입니다. 베타가 1.0이라는 것은 시장평균 위험수준의 의미가 됩니다. 그러므로 베타가 1.0인 경우에는 자본비용(K)은 시장수익률(Rm)과 동일한 값이 됩니다.

만약 어떤 회사의 위험수준이 시장평균 위험수준보다 높다면 베타는 1.0보다 더 클 것이며, 그로 인하여 지분투자자가 요구하는 수익률은 더 높아질 것입니다.

일반적으로 무위험이자율은 10년 정도의 장기 국고채 수익률, 시장수익률은 KOSPI와 같은 주식시장의 시장수익률을 적용할 수 있습니다.

이렇게 채권자가 요구하는 수익률과 주주가 요구하는 수익률을 구하였다면 이를 채권자의 가치와 주주의 가치비율로 가중평균하게 됩니다. 이것이 기업의 영업현금흐름을 할인하는 자본비용이 되며, 가중평균자본비용(WACC; Weighted Average Cost of Capital)이라고 합니다.

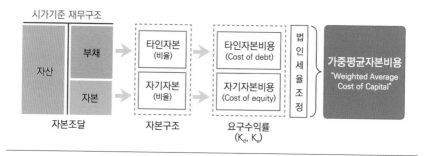

가중평균자본비용(WACC) 구하는 기본 로직

시가기준 재무구조

자산

부채 → 타인자본(비율) → 타인자본비용(Cost of debt) → 법인세율조정 → 가중평균자본비용 "Weighted Average Cost of Capital"

자본 → 자기자본(비율) → 자기자본비용(Cost of equity)

자본조달　　자본구조　　요구수익률(K_d, K_e)

가중평균자본비용(WACC) 구하는 기본 계산식

가중평균자본비용(WACC) = 채권자요구수익률 × (1-세율) × 채권자가치비중 + 주주요구수익률 + 주주가치비중

⑩ 배당할인모형

　현금흐름에 근거하여 주식가치를 평가하는 방법 중 하나로 배당평가모형이 있습니다. 앞서 설명한 DCF 평가방법에서는 영업현금흐름을 추정하였는데, 배당할인모형에서는 회사가 주주에게 지급하는 배당액을 추정하여 주식가치를 평가합니다.

　즉, 주식을 소유함으로써 예상되는 현금흐름은 보유기간 동안에 수령하게 되는 배당금과 주식처분시점에서 얻게 되는 처분가격이라는 가정에 기초하여 평가하는 방법입니다.

예를 들어 최근 주당 1,000원의 배당을 하는 회사가 있습니다. 그리고 배당은 향후 5개년간 5%씩 증가할 것으로 예측됩니다. 그리고 5년 후 시점에 이 회사의 주식은 15,000원에 매각할 수 있을 것으로 기대됩니다. 만약 자본비용을 8%로 가정한다면 이 회사의 현시점에의 주가를 배당할인모형을 통해 추정할 경우 주당 14,807원이 됩니다.

$$현시점\ 주식가치 = \frac{1,050}{(1+8\%)^1} + \frac{1,103}{(1+8\%)^2} + \frac{1,158}{(1+8\%)^3} + \frac{1,216}{(1+8\%)^4} + \frac{1,276}{(1+8\%)^5} + \frac{15,000}{(1+8\%)^6} = 14,807원/주$$

만약 위의 예시와 달리 특정시점의 회수가액을 고려하지 않는다면 위의 예시에서 5년 후 15,000원에 해당하는 값 대신에 고든의 성장모형을 적용하여 [5년 차 배당×(1+성장률)÷(자본비용-성장률)]의 값을 적용할 수 있습니다. 고든의 성장모형에서 향후 계속적으로 적용할 성장률을 1%로 가정하면, 앞선 예시에서 5년 차 15,000원을 대신할 값은 [1,276×(1+1%)÷(8%-1%)]=18,415원이 되어 현시점의 주식가치는 17,131원이 됩니다.

$$현시점\ 주식가치 = \frac{1,050}{(1+8\%)^1} + \frac{1,103}{(1+8\%)^2} + \frac{1,158}{(1+8\%)^3} + \frac{1,216}{(1+8\%)^4} + \frac{1,276}{(1+8\%)^5} + \frac{18,415}{(1+8\%)^6} = 17,131원/주$$

배당평가모형은 배당현금흐름에 대한 추정만으로 주식가치를 쉽게 추정할 수 있다는 장점은 있지만, 배당은 회사의 배당정책에 따라 달라질 수 있어 회사의 본질가치와 차이가 발생할 수 있다는 단점이 존재합니다. 그럼에도 불구하고 배당현금흐름은 쉽게 적용하기가 용이하기 때문에 현금흐름이 안정적이면서 배당을 일정하게 계속적으로 하는 기업의 평가에 적용할 수 있습니다.

 # 현금흐름할인법(DCF)으로 직접 평가해 보기

지금까지 내재가치평가방법의 대표적인 방법 중 하나인 현금흐름할인법(DCF)의 기본 사항 및 예시를 함께 살펴보았습니다.

이제 다음의 예시를 가지고 직접 현금흐름할인법(DCF)을 적용하여 "㈜몽"의 가치를 평가해 보도록 하겠습니다.[69] 다음의 예시를 엑셀(Excel) 등을 활용하여 직접 평가해 보면 현금흐름할인법이 보다 쉽게 이해될 수 있을 것입니다.

만약 현금흐름할인법의 일반적인 모델을 적용한 다음의 예시가 조금 어렵게 느껴진다면 이 예시를 직접 평가해 보기 전에 이 예시의 다음 예시로 소개되는 간편법으로 현금흐름할인법을 적용해 보는 예시를 먼저 활용해 보기 바랍니다. 간편법을 적용한 현금흐름할인법에 익숙해진 다음에 현금흐름할인법의 일반적인 모델을 적용하여 직접 평가해 보면 이번 현금흐름할인법의 일반적인 모델에 대한 이해가 훨씬 수월해질 수 있을 것입니다.

---

69) 다음의 사례는 "「기업가치평가와 재무실사」, 삼일인포마인"을 참고한 것입니다.

1) "㈜몽"의 주요 재무현황

① "㈜몽"의 최근 3개년 재무상태표

(단위: 원)

Description		최근 3개년 재무상태표(normalized BS)		
		20X2(A)	20X3(A)	20X4(A)
Ⅰ. 유동자산		143,566	199,726	264,120
(1) 당좌자산		124,766	179,726	243,020
현금및현금등가물	CF	99,182	152,824	214,053
매출채권	운전자본	20,800	22,000	24,100
기타자산	운전자본	4,784	4,902	4,867
(2) 재고자산	운전자본	18,800	20,000	21,100
Ⅱ. 고정자산		133,251	132,721	132,371
(1) 투자자산		30,000	30,000	30,000
기타투자자산	비영업	30,000	30,000	30,000
(2) 유형자산		103,251	102,721	102,371
토지	Capex	7,625	7,625	7,625
건물	Capex	21,450	21,850	22,350
감가상각누계액	Capex	−3,974	−4,404	−4,854
기계장치	Capex	111,655	118,855	126,355
감가상각누계액	Capex	−33,505	−41,205	−49,105
자산총계		276,817	332,447	396,491
Ⅰ. 유동부채		54,201	56,385	55,951
매입채무	운전자본	17,000	18,500	19,500
단기차입금	차입금	24,000	24,000	23,000
기타부채	운전자본	13,201	13,885	13,451
Ⅱ. 고정부채		25,000	21,800	25,000
장기차입금	차입금	25,000	21,800	25,000
부채총계		79,201	78,185	80,951
Ⅰ. 자본금		20,000	20,000	20,000
자본금		20,000	20,000	20,000
Ⅱ. 자본잉여금		50,000	50,000	50,000
Ⅲ. 이익잉여금		127,616	184,262	245,540
처분전이익잉여금	IS	127,616	184,262	245,540
Ⅳ. 자본조정		−	−	−
자본총계		197,616	254,262	315,540
부채와 자본총계		276,817	332,447	396,491

과거 재무상태표는 대상회사 재무분석을 통해 비경상적인 요소를 조정하고 지속가능성 측면에서 재작성된 Normalized BS로 가정합니다. 향후 현금흐름을 예측하기 위해서는 과거의 재무제표를 그대로 활용하기보다는 가치 창출 관점에서 조정이 필요한 항목은 조정하여 분석할 필요가 있습니다. 그 대표적인 경우가 비경상적이거나 일시적인 항목 등을 경상적인 수준으로 조정하고 지속가능한 금액 수준으로 조정해 주는 것입니다. 그렇게 조정된 재무제표를 Normalized FS라고 합니다.

Description에 기재된 내용은 현금흐름법 적용 시 반영되는 방식을 구분하거나 다른 재무제표와의 연관성을 표시한 것입니다.

② "㈜몽"의 최근 3개년 손익계산서   (단위: 원)

Description		최근 3개년 손익계산서(Normalized IS)		
		20X2(A)	20X3(A)	20X4(A)
I. 매출액		270,000	287,860	302,650
제품_A	매출 추정	218,000	233,260	242,590
제품_B	매출 추정	52,000	54,600	60,060
II. 매출원가	원가 추정	188,142	200,805	210,016
III. 매출총이익		81,858	87,055	92,634
IV. 판매비와관리비	판관비 추정	13,466	14,622	15,493
V. 영업이익		68,392	72,433	77,141
VI. 영업외수익		1,048	2,480	3,821
이자수익	비영업자산, Net debt	1,048	2,480	3,821
VII. 영업외비용		2,450	2,290	2,400
이자비용	Net debt, WACC	2,450	2,290	2,400
VIII. 법인세비용 차감전 이익		66,990	72,623	78,562
XII. 법인세등		14,738	15,977	17,284
법인세등	법인세율 22%	14,738	15,977	17,284
XIII. 당기순이익		52,252	56,646	61,278

과거 손익계산서는 재무상태표와 마찬가지로 대상회사 재무분석을 통해 비경상적인 요소를 조정하고, 지속가능성 측면에서 재작성된 Normalized IS로 가정합니다.

Description에 기재된 내용은 현금흐름법 적용 시 반영되는 방식을 구분하거나 다른 재무제표와의 연관성을 표시한 것입니다.

③ "㈜몽"의 최근 3개년 현금흐름표 (단위: 원)

Description		최근 3개년 현금흐름표		
		20X2(A)	20X3(A)	20X4(A)
Ⅰ. 영업현금흐름		57,318	64,442	67,029
1. 당기순이익	IS	52,252	56,646	61,278
2. 현금유출(입) 없는 비용(수익)		7,960	8,130	8,350
감가상각비	Capex	7,960	8,130	8,350
기타비용(수익)	IS			
4. 영업자산부채변동		(-)2,894	(-)334	(-)2,599
매출채권 증감	운전자본	200	(-)1,200	(-)2,100
재고자산의 증감	운전자본	(-)3,800	(-)1,200	(-)1,100
매입채무의 증감	운전자본	–	1,500	1,000
기타자산부채변동	운전자본	706	566	(-)399
Ⅱ. 투자현금흐름		(-)7,350	(-)7,600	(-)8,000
토지	Capex			
건물	Capex	(-)450	(-)400	(-)500
기계장치	Capex	(-)6,900	(-)7,200	(-)7,500
기타자산	Capex	–	–	–
Ⅲ. 재무현금흐름		7,300	(-)3,200	2,200
단기차입금	차입금	(-)1,500	–	(-)1,000
장기차입금(사채 포함)	차입금	8,800	(-)3,200	3,200
Ⅳ. 현금의 증감		57,268	53,642	61,229
Ⅴ. 기초의 현금		41,913	99,182	152,824
Ⅵ. 기말의 현금		99,182	152,824	214,053

과거 현금흐름표는 재작성된 Normalized 재무상태표와 Normalized 손익계산서를 기초로 작성된 것으로 가정합니다.

Description에 기재된 내용은 현금흐름법 적용 시 반영되는 방식을 구분하거나 다른 재무제표와의 연관성을 표시한 것입니다.

2) 경제 지표와 산업전망

"㈜몽"의 가치를 평가하기 위해서는 대상회사의 재무분석 이외에도 경제환경이나 산업에 대한 분석도 필요합니다. 경제환경과 산업분석을 통해 파악한 "㈜몽"의 주식가치를 평가하기 위해 적용되는 경제 지표와 산업전망을 다음과 같이 가정합니다.

향후 5개년 주요 경제 지표 전망

Description		Projection				
		20X5(F)	20X6(F)	20X7(F)	20X8(F)	20X9(F)
물가상승률	매출(단가) 추정, 판관비 추정, Capex 추정	2.1%	1.5%	1.8%	1.9%	1.5%
임금상승률	급여 추정	4.2%	4.2%	3.4%	3.6%	3.9%
GDP 증가율		5.0%	4.5%	5.2%	5.5%	4.7%

향후 5개년 B제품 시장성장률 전망

Description		Projection				
		20X5(F)	20X6(F)	20X7(F)	20X8(F)	20X9(F)
Market growth rate	B제품 매출 추정	10.0%	15.0%	12.0%	8.0%	7.0%

3) DCF의 주요 가정

"㈜몽"의 주식가치를 현금흐름할인법(DCF)을 적용하여 평가하기로 합니다. 현금흐름할인법을 적용하기 위해서는 미래현금흐름 예측이 필요합니다. 미래현금흐름을 추정하기 위한 몇 가지 가정은 다음과 같습니다.

주요 Assumption

주요 항목	적용 가정
FCF(잉여현금흐름) 계산 방법	• 영업이익-영업이익에 대한 법인세+감가상각비±순운전자본변동-자본적지출 (CAPEX) • 현금흐름발생 가정: 연말현금흐름 가정
평가기준일	• 평가기준일: 20X4. 12. 31.
예측기간	• 5개년: 20X5. 1. ~ 20X9. 12.
적용 세율	• 22% 가정
Terminal Value (5년 이후의 가치)	• 영구성장모형 적용 • 영구성장률: 0% 가정 • CAPEX, 감가상각비, Working Capital: 영구성장률에 따른 Normalize 적용
할인율(WACC) 가정	• 목표자본구조(B/S): 66.7%(산업평균) • 타인자본비용: 4.04%(신용등급(A0) 만기 5년 회사채평가수익률 적용: source: 금융투자협회 채권정보센터(Kofia Bond)) • 자기자본비용: 16.5%(CAPM 이용) • 가중평균자본비용(WACC): 11.15%

대상회사의 재무사항, 경제 지표, 산업전망, 평가를 위한 가정이 위와 같은 경우 "㈜몽"의 가치를 현금흐름할인법(DCF)으로 평가해 보겠습니다.

4) 잉여현금흐름(FCF; Free Cash Flow)의 추정

잉여현금흐름 추정 기본 구조

Year 1, Year 2, Year 3, Year 4, Year 5 ············

| 매출 | 시장 규모와 성장률을 고려한 연도별 매출 추정 |

▼

| 영업이익 | 성장단계를 고려한 연도별 영업이익률 및 영업이익 추정
(매출 - 원가 - 비용 = 영업이익) |

| Tax | 추정 세율을 고려한 영업이익에 대한 법인세 |

| 순투자 | 순투자액 = 성장단계를 고려한 연도별 유무형자산 투자 지출
(CAPEX) ± 연도별 순운전자본 투자
- 연도별 감가상각비 |

▼

| FCF | 연도별 잉여현금흐름 = 매출 × 영업이익률 - Tax - 순투자 |

▼

| 현재가치 | 연도별 잉여현금흐름의 현재가치 합산 → 영업가치 |

잉여현금흐름을 추정하는 기본 구조는 추정기간 동안의 매출액과 영업이익을 추정하고, 영업이익에 대한 법인세를 차감하여 세후영업이익을 추정합니다. 그리고 세후영업이익에서 순투자액을 차감하여 FCF(Free Cash Flow)라고 하는 잉여현금흐름을 추정합니다. 순투자액은 유무형자산 투자지출(CAPEX)과 순운전자본투자액의 합계에서 감가상각비를 차감한 금액입니다. 연도별 잉여현금흐름의 현재가치를 합산하면 영업가치가 됩니다.

① 매출 추정

제품 A는 시장의 성장이 정체되어 있으나, 물가상승률 수준의 성장은 가능할 것으로 예상되어 전문시장분석기관에서 예측한 물가상승률을 적용하여 매출을 추정하였습니다.

제품 B는 시장이 확대되어가고 있는 제품으로서, 과거 매출은 시장의 성장률 수준으로 매출이 성장해 오고 있었습니다. 향후 5개 매출 추정에 있어서도 산업전문 예측기관이 추정한 B제품 시장성장률을 매출 성장률로 적용하였습니다.

그리고 회사의 설비 등 생산여력 및 역량은 해당 매출수준의 실현이 가능한 정도의 시설이지만, 경쟁력 유지를 위한 지속적인 재투자는 필요한 것으로 분석되었습니다.

매출 추정 내역(단위: 원)

Description		Historical			Forecasting				
		20X2(A)	20X3(A)	20X4(A)	20X5(F)	20X6(F)	20X7(F)	20X8(F)	20X9(F)
매출액		270,000	287,860	302,650	313,751	327,376	341,018	352,688	363,033
제품 A	물가상승률	218,000	233,260	242,590	247,685	251,400	255,925	260,788	264,700
제품 B	산업 성장 전망	52,000	54,600	60,060	66,066	75,976	85,093	91,900	98,333

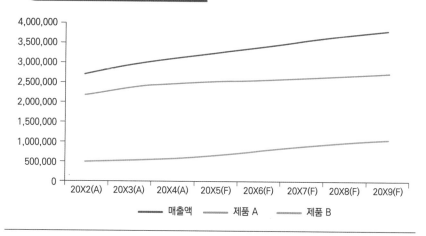

② 매출원가 추정

매출원가를 구분하고, 구분된 원가별로 변동 요인을 분석하였습니다. 분석된 내용은 다음과 같습니다.

원가 구분 및 원가별 변동 요인

구분	변동 요인	주요 가정
재료비	매출	판매수량의 증가는 재료비를 증가시키고, 재료비의 상승은 판매가격에 반영되고 있습니다.
인건비	인원, 임금상승률	현 추정하에서 인원은 유지되고, 임금상승률은 시장의 상승률을 따르고 있습니다.
감가상각비	CAPEX	경쟁력 유지를 위한 재투자가 지속적으로 발생합니다.
기타원가	매출	기타원가는 대부분 변동비 성격으로 매출액의 증감에 영향을 받습니다.

매출은 재료비에 직접적으로 영향을 미치며, 과거 3개년 재료비율이 향후에도 계속 유지될 것으로 가정하였습니다.

구분	20X2(A)	20X3(A)	20X4(A)	20X5(F)	20X6(F)	20X7(F)	20X8(F)	20X9(F)
재료비율	33.3%	34.4%	34.0%	33.9%	33.9%	33.9%	33.9%	33.9%
3개년 평균		33.9%						

과거의 임금상승률 추세도 시장의 평균 임금상승률 추세와 유사하였습니다. 그러므로 인건비는 전문예측기관에서 전망한 연도별 임금상승률에 따라 임금이 증가할 것으로 가정하였습니다.

구분	20X2(A)	20X3(A)	20X4(A)	20X5(F)	20X6(F)	20X7(F)	20X8(F)	20X9(F)
인건비증가율	3.1%	3.0%	5.9%					
시장평균증가율	3.0%	3.5%	5.5%	4.2%	4.2%	3.4%	3.6%	3.9%

감가상각비는 CAPEX(자본적지출) 추정내역과 함께 분석됩니다. 기존 자산에 대한 상각비는 기존의 상각스케줄대로 상각이 이루어지는 것으로 가정합니다. 그리고 신규 CAPEX로 증가한 유무형자산에 대한 상각비는 기존자산의 상각방법과 동일한 것으로 보고 기존자산과 동일한 상각방법에 따라 상각이 이루어지는 것으로 가정합니다. 즉, 상각방법이 정액법이고 상각내용연수가 20년이라면 신규투자된 자산도 상각내용연수 20년과 정액법을 적용하여 상각하는 것으로 가정합니다. 감가상각비는 총 발생액을 추정하고 이를 사용비율에 따라 원가와 판관비로 배부하였습니다.

구분	20X2(A)	20X3(A)	20X4(A)	20X5(F)	20X6(F)	20X7(F)	20X8(F)	20X9(F)
감가상각비	7,960	8,130	8,350	8,453	8,557	8,568	8,792	8,915
원가	7,642	7,805	8,016	8,115	8,215	8,226	8,441	8,559
판관비	*318*	*325*	*334*	*338*	*342*	*343*	*352*	*357*
원가배부율	96%	96%	96%			96%		

기타원가는 과거 평균 매출액 대비 비율을 이용하여 추정하였습니다.

구분	20X2(A)	20X3(A)	20X4(A)	20X5(F)	20X6(F)	20X7(F)	20X8(F)	20X9(F)
기타원가비율	15.2%	14.9%	14.9%	15.0%	15.0%	15.0%	15.0%	15.0%
3개년 평균	15.0%							

매출원가를 구분하고, 구분된 원가별로 변동요인을 분석하여 추정한
향후 5개년 매출원가 내역은 다음과 같습니다.

매출원가 추정 내역(단위: 원)

구분	Historical			Forecasting				
	20X2(A)	20X3(A)	20X4(A)	20X5(F)	20X6(F)	20X7(F)	20X8(F)	20X9(F)
매출원가	188,142	200,805	210,016	217,859	226,987	235,665	243,770	251,398
매출원가율	69.7%	69.8%	69.4%	69.4%	69.3%	69.1%	69.1%	69.2%
재료비	90,000	99,000	103,000	106,422	111,043	115,671	119,629	123,138
인건비	49,500	51,000	54,000	56,268	58,631	60,625	62,807	65,257
감가상각비	7,642	7,805	8,016	8,115	8,215	8,226	8,441	8,559
기타원가	41,000	43,000	45,000	47,054	49,097	51,143	52,893	54,445

매출원가 실적과 예측된 매출원가의 추이

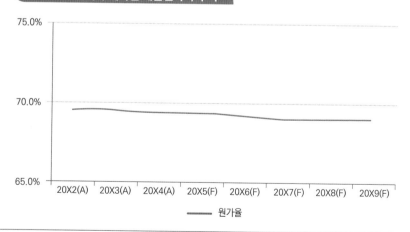

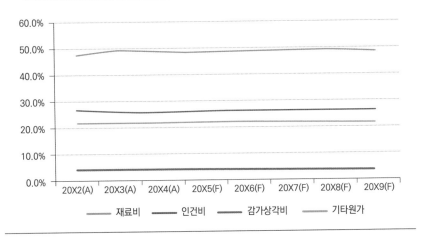

③ 판매관리비의 추정

판매관리비를 구분하고, 구분된 판매관리비 내역별로 변동요인을 분석하였습니다. 분석된 내용은 다음과 같습니다.

구분	변동요인	주요 가정
인건비성 경비	인원, 임금상승률	현 추정히에서 인원은 유지되고, 임금성승글은 시칭의 싱능률를 따르고 있습니다.
판매관련 경비	매출	판매관련 경비는 변동비 성격으로 매출 증감에 따라 변동하고 있습니다.
일반관리비	물가상승률	일반관리비는 고정비 성격으로 물가상승률의 영향을 받습니다.
기타비용	CAPEX	기타비용은 감가상각비로 CAPEX에 연동하여 변동합니다.

인건비는 전문예측기관에서 전망한 연도별 임금상승률을 적용하였습니다. 과거의 임금상승률 추세도 시장의 평균 임금상승률 추세와 유사하였습니다.

구분	20X2(A)	20X3(A)	20X4(A)	20X5(F)	20X6(F)	20X7(F)	20X8(F)	20X9(F)
인건비증가율	3.1%	3.0%	5.9%					
시장평균증가율	3.0%	3.5%	5.5%	4.2%	4.2%	3.4%	3.6%	3.9%

판매관련 경비 증가율은 매출증가율을 적용하여 추정하였습니다. 과거 판매관련 경비의 증가도 매출증가율의 추이를 따랐습니다.

구분	20X2(A)	20X3(A)	20X4(A)	20X5(F)	20X6(F)	20X7(F)	20X8(F)	20X9(F)
판매경비증가율	7.5%	7.0%	5.0%	3.7%	4.3%	4.2%	3.4%	2.9%
매출증가율	8.0%	6.6%	5.1%	3.7%	4.3%	4.2%	3.4%	2.9%

일반관리비는 고정비성 비용으로 물가상승률을 적용하여 추정하였습니다.

기타비용은 감가상각비 중 판매관리비 배부액입니다. 감가상각비는 기존 자산은 상각스케줄에 따른 상각비가 발생하고, 재투자자산은 재투자 시점부터의 상각스케줄에 따라 상각비가 발생합니다.

판매관리비 추정 내역(단위: 원)

구분	Historical			Forecasting				
	20X2(A)	20X3(A)	20X4(A)	20X5(F)	20X6(F)	20X7(F)	20X8(F)	20X9(F)
판매관리비	13,466	14,622	15,493	16,022	16,574	17,090	17,617	18,139
판매관리비율	5.0%	5.1%	5.1%	5.1%	5.1%	5.0%	5.0%	5.0%
인건비성 경비	6,188	6,375	6,750	7,034	7,329	7,578	7,851	8,157
판매관련 경비	3,695	3,954	4,151	4,304	4,490	4,678	4,838	4,980
일반관리비	3,265	3,968	4,258	4,347	4,412	4,492	4,577	4,646
기타	318	325	334	338	342	343	352	357

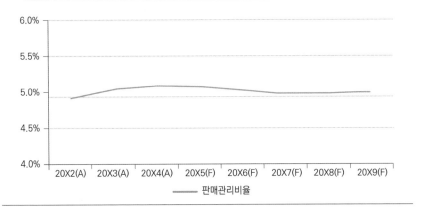

판매관리비율 실적과 예측된 판매관리비율의 추이

판매관리비율

④ 순운전자본 투자

운전자본의 항목을 구분하고, 구분된 운전자본 내역별로 변동요인을 분석하였습니다. 분석된 내용은 다음과 같습니다.

운전자본 항목 구분 및 운전자본 항목별 변동 요인

구분	Nature	변동 요인	과거 3개년 회전율
매출채권	매출대가	매출	12.9
재고자산	원재료 및 제품	매출원가	10.0
매입채무	재료비 및 외주비	매출원가	10.9

매출채권은 매출액 대비 회전율분석을 통해 추정하였습니다. 과거 회전율 분석 시에는 Normalization분석이 이루어진 매출과 매출채권을 바탕으로 하였습니다. Normalization분석은 비경상적인 사항이나 일시적인 항목을 조정하여 정상적인 사항에서 발생할 것으로 파악되는 금액을 검토하는 것입니다.

구분	20X2(A)	20X3(A)	20X4(A)	20X5(F)	20X6(F)	20X7(F)	20X8(F)	20X9(F)
매출액	270,000	287,860	302,650	313,751	327,376	341,018	352,688	363,033
매출채권	20,800	22,000	24,100	24,370	25,428	26,488	27,394	28,198
회전율	13.0	13.1	12.6	12.9	12.9	12.9	12.9	12.9
과거 3개년 평균		12.9						

재고자산은 매출원가 대비 회전율분석을 통해 추정하였습니다. 과거 회전율 분석 시에는 Normalization분석이 이루어진 매출원가와 재고 자산을 바탕으로 하였습니다.

구분	20X2(A)	20X3(A)	20X4(A)	20X5(F)	20X6(F)	20X7(F)	20X8(F)	20X9(F)
매출원가	188,142	200,805	210,016	217,859	226,987	235,665	243,770	251,398
재고자산	18,800	20,000	21,100	21,785	22,698	23,566	24,376	25,139
회전율	10.0	10.0	10.0	10.0	10.0	10.0	10.0	10.0
과거 3개년 평균		10.0						

매입채무는 매출원가 대비 회전율분석을 통해 추정하였습니다. 과거 회전율 분석 시에는 Normalization분석이 이루어진 매출원가와 매입 채무를 바탕으로 하였습니다.

구분	20X2(A)	20X3(A)	20X4(A)	20X5(F)	20X6(F)	20X7(F)	20X8(F)	20X9(F)
매출원가	188,142	200,805	210,016	217,859	226,987	235,665	243,770	251,398
매입채무	17,000	18,500	19,500	19,992	20,830	21,626	22,370	23,070
회전율	11.1	10.9	10.8	10.9	10.9	10.9	10.9	10.9
과거 3개년 평균		10.9						

"㈜몽"의 순운전자본 및 순운전자본투자 내역은 다음과 같습니다. 순운전자본투자는 전기순운전자본과 당기순운전자본의 차이입니다.

"㈜몽" 순운전자본 투자 추정 내역

구분	Historical			Forecasting				
	20X2(A)	20X3(A)	20X4(A)	20X5(F)	20X6(F)	20X7(F)	20X8(F)	20X9(F)
매출채권	20,800	22,000	24,100	24,370	25,428	26,488	27,394	28,198
재고자산	18,800	20,000	21,100	21,785	22,698	23,566	24,376	25,139
매입채무	17,000	18,500	19,500	19,992	20,830	21,626	22,370	23,070
순운전자본	22,600	23,500	25,700	26,163	27,296	28,427	29,400	30,267
순운전자본증감	(−)3,600	(−)900	(−)2,200	(−)463	(−)1,133	(−)1,131	(−)973	(−)866

"㈜몽" 순운전자본 과거 실적 및 추정 순운전자본 추이

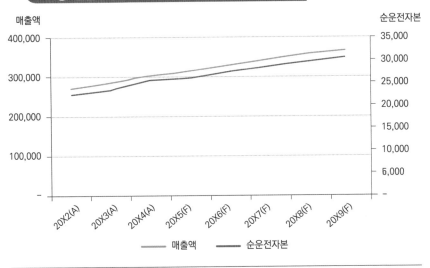

⑤ CAPEX(자본적지출) 및 감가상각비

경쟁력을 유지하기 위해 재투자는 지속적으로 발생한다고 가정하였습니다.

재투자가 발생한다고 가정함에 따라 예측기간 동안 상각비는 기존에 보유하고 있던 자산에 대한 상각비와 재투자로 인해 취득하게 되는 자산에 대한 상각비로 구분하여 추정합니다.

건물의 내용연수는 40년으로 가정합니다. 상각비는 기존건물의 상각비와 신규투자의 상각비를 구분하여 추정하였고, 신규투자는 상각비 수준으로 재투자가 발생한다고 가정하였습니다.

구분	20X2(A)	20X3(A)	20X4(A)	20X5(F)	20X6(F)	20X7(F)	20X8(F)	20X9(F)
기존자산 상각비	(−)460	(−)430	(−)450	(−)450	(−)445	(−)440	(−)440	(−)432
신규투자	450	400	500	450	457	465	474	481
신규투자 상각비				(−)6	(−)17	(−)28	(−)40	(−)52

신규투자에 대한 상각비는 다음과 같이 추정하였습니다. 신규투자 자산의 내용연수는 40년이고, 1년 중 기중에 투자가 발생한다고 가정하였습니다.

취득시기	신규취득액 (투자액)	상각연수	20X5(F)	20X6(F)	20X7(F)	20X8(F)	20X9(F)
20X5(F)	450	40	6	11	11	11	11
20X6(F)	457	40		6	11	11	11
20X7(F)	465	40			6	12	12
20X8(F)	474	40				6	12
20X9(F)	481	40					6
상각비 합계	−	−	6	17	28	40	52

기계장치의 내용연수는 20년으로 가정합니다. 상각비는 기존 기계장치의 상각비와 신규투자의 상각비를 구분하여 추정하였고, 신규투자는 감가상각비 수준의 재투자가 발생한다고 가정하였습니다.

구분	20X2(A)	20X3(A)	20X4(A)	20X5(F)	20X6(F)	20X7(F)	20X8(F)	20X9(F)
기존 상각비	(−)7,500	(−)7,700	(−)7,900	(−)7,800	(−)7,500	(−)7,100	(−)6,900	(−)6,600
신규투자	6,900	7,200	7,500	7,900	8,019	8,163	8,318	8,443
신규투자 상각비				(−)198	(−)595	(−)1,000	(−)1,412	(−)1,831

신규투자에 대한 상각비는 다음과 같이 추정하였습니다. 신규투자에 대한 내용연수는 20년이고, 1년 중에서 기중에 투자가 발생한다고 가정하였습니다.

취득시기	신규취득액 (투자액)	상각연수	20X5(F)	20X6(F)	20X7(F)	20X8(F)	20X9(F)
20X5(F)	7,900	20	198	395	395	395	395
20X6(F)	8,019	20		200	401	401	401
20X7(F)	8,163	20			204	408	408
20X8(F)	8,318	20				208	416
20X9(F)	8,443	20					211
상각비 합계			198	595	1,000	1,412	1,831

"㈜몽"의 연도별 유형자산, CAPEX, 상각비 내역

구분	Historical			Forecasting				
	20X2(A)	20X3(A)	20X4(A)	20X5(F)	20X6(F)	20X7(F)	20X8(F)	20X9(F)
유형자산 계	103,251	102,721	102,371	102,268	102,186	102,245	102,245	102,253
토지	7,625	7,625	7,625	7,625	7,625	7,625	7,625	7,625
건물	21,450	21,850	22,350	22,800	23,257	23,722	24,196	24,676
감가상각누계액	(−)3,974	(−)4,404	(−)4,854	(−)5,309	(−)5,771	(−)6,240	(−)6,720	(−)7,204
기계장치	111,655	118,855	126,355	134,255	142,274	150,436	158,754	167,197
감가상각누계액	(−)33,505	(−)41,205	(−)49,105	(−)57,103	(−)65,198	(−)73,298	(−)81,610	(−)90,041
상각비 합계	7,960	8,130	8,350	8,453	8,557	8,568	8,792	8,915
CAPEX 합계	7,350	7,600	8,000	8,350	8,475	8,628	8,792	8,924

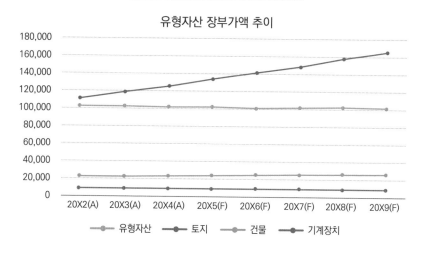

유형자산 장부가액 추이

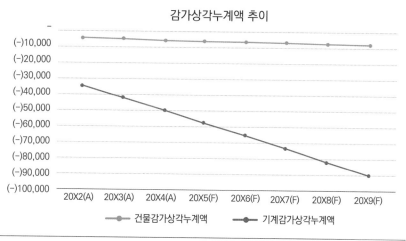

감가상각누계액 추이

⑥ 잉여현금흐름(FCF; Free Cash Flow)의 추정

매출, 원가 및 비용, 순운전자본, Capex 상각비를 추정하였습니다. 이 추정내역을 토대로 예측기간 동안의 잉여현금흐름(Free Cash Flow)을 산정합니다.

구분	계산	20X5(F)	20X6(F)	20X7(F)	20X8(F)	20X9(F)
ⓐ 매출		313,751	327,376	341,018	352,688	363,033
ⓑ 매출원가		217,859	226,987	235,665	243,770	251,398
ⓒ 판매관리비		16,022	16,574	17,090	17,617	18,139
ⓓ 영업이익(EBIT)	ⓐ-ⓑ-ⓒ	79,870	83,815	88,264	91,301	93,496
ⓔ 법인세	ⓓ 22%	17,571	18,439	19,418	20,086	20,569
ⓕ 세후영업이익	ⓓ-ⓔ	62,298	65,376	68,846	71,215	72,927
ⓖ 감가상각비		8,453	8,557	8,568	8,792	8,915
ⓗ 운전자본변동		(-)463	(-)1,133	(-)1,131	(-)973	(-)866
ⓘ CAPEX		(-)8,350	(-)8,475	(-)8,628	(-)8,792	(-)8,924
ⓙ 잉여현금흐름	ⓕ+ⓖ+ⓗ+ⓘ	61,939	64,324	67,655	70,242	72,052

5) 자본비용 산정

이제 예측기간 동안의 추정 잉여현금흐름 현재가치와 예측기간 이후의 잉여현금흐름 현재가치를 구하기 위한 자본비용을 추정하여야 합니다.

자본비용은 채권자가 요구하는 수익률인 타인자본비용과 주주가 요구하는 수익률인 자기자본비용을 구분하여 먼저 추정하고 타인자본(차입금등)과 자기자본의 비율로 가중평균하여 가중평균자본비용(WACC; Weighted Average Cost of Capital)을 추정합니다.

① 타인자본비용 산정

타인자본비용은 회사의 신용등급 A0인 만기 5년의 회사채 평가 수익률(4.04%)을 가정하였습니다. 회사채 수익률 정보는 금융투자협회 채권정보센터(Kofia Bond)에서 확인할 수 있습니다. 세후 타인자본비용 산정을 위해 적용할 법인세율은 22%로 가정합니다.

세후 타인자본비용	Kd × (1−법인세율) = 4.04% × (1− 22%) = 3.15%

② 자기자본비용

Bloomberg나 Capital IQ와 같은 전문리서치기관에서 제공한 평가기준일의 시장수익률(Rm)은 12.0%로 가정하였고, 무위험이자율(Rf)은 평가기준일의 10년 만기 국고채수익률인 2.0%를 가정하였습니다. 이 경우 시장위험프리미엄(Rp)은 10.0%(12%−2%)가 됩니다.

베타를 산정하기 위해 사업의 유사성, 규모 등을 종합적으로 고려하여 유사회사를 선정하였고, 유사회사로부터 "㈜몽"의 베타값을 추정합니다. 베타값은 "㈜몽"의 기대현금흐름에 대한 위험의 수준을 의미합니다. 베타값이 1이면 시장평균 위험과 유사한 수준의 위험을 "㈜몽"이 가지고 있다는 것이고, 베타값이 1보다 크면 "㈜몽"의 기대현금흐름은 시장평균 위험보다 불확실성이 더 크다는 것이며, 베타값이 1보다 적으면 "㈜몽"의 기대현금흐름은 시장평균 위험보다 불확실성이 더 적다는 의미입니다.

대용회사	Levered Beta	Debt to Equity	Tax Rate	Unlevered Beta
㈜다저수	1.3	56.0%	22%	0.90
㈜양키수	1.4	65.0%	22%	0.93
㈜제이수	1.5	68.0%	22%	0.98
㈜레이수	1.6	78%	22%	1.00
평균		66.7%	0.22	0.95
중앙값(Median)		66.5%		0.95

무부채베타(Unlevered beta)는 하마다모형의 산식($\beta_U = \beta_L \div [1+(1-t) \times (B/S)]$)을 통해 산정하였습니다.[70]

평가대상회사의 무부채베타(Unlevered beta)는 대용회사로부터 산정한 0.95입니다. 이를 평가대상회사의 목표자본구조를 이용하여 아래의 표와 같이 Levered beta로 전환하였습니다. 법인세율을 22%로 가정하였고, 목표자본구조는 유사회사의 부채비율 평균으로 가정하였습니다. 이렇게 계산된 "㈜몽"의 베타는 1.45로 계산되었습니다.

"㈜몽"의 levered beta 산정

구분	가정 및 적용
대용회사의 무부채베타	0.95
목표자본구조	66.7%
전환산식	$\beta_L = [1+(1-t) \times (B/S)] \times \beta_U$
평가대상회사의 베타	$\beta_L = [1+(1-0.22) \times (66.7\%)] \times 0.95 = 1.45$

70) 회사의 위험은 크게 재무위험과 영업위험으로 구분합니다. 무부채베타는 회사가 부채를 사용하지 않았을 경우의 위험을 의미합니다. 유사회사의 위험은 재무위험과 영업위험이 모두 포함되어 있으므로 재무위험을 뺀 영업위험을 "㈜몽"에 적용하기 위해 무부채베타를 구합니다. 유사기업의 무부채베타에 "㈜몽"의 재무위험을 반영하여 "㈜몽"의 베타를 구하고, 이 베타를 "㈜몽"의 자기자본비용 계산 시 적용합니다. 배타산정과 관련된 자세한 사항은 「기업가치평가와 재무실사」, 삼일인포마인'을 참고하기 바랍니다.

무위험이자율(Rf), 시장수익률(Rm), 베타(β)를 이용하여 자기자본비용을 구하는 모형인 CAPM(자본자산가격결정모형)의 산식에 따라 다음과 같이 자기자본비용을 16.5%로 추정하였습니다.

"㈜몽"의 자기자본비용 추정

구분	가정 및 적용
무위험이자율(Rm)	2%
시장수익률(Rf)	12%
베타(β)	1.45
기본산식	$Rf+(Rm-Rf) \times \beta$
자기자본비용(Ke) 계산	Ke=2%+(10%−2%)×1.45=16.5%

③ 가중평균자본비용(WACC)

타인자본비용, 자기자본비용, 목표자본구조를 토대로 가중평균자본비용(WACC)을 다음과 같이 11.15%로 산정하였습니다.

"㈜몽"의 가중평균자본비용(WACC) 산정

구분	가정 및 계산 내역
① 타인자본비용(Kd)	4.04%
② 세후타인자본비용(①×(1−법인세율))	3.15%
③ 자기자본비용(Ke)	16.48%
④ 목표자본구조(B/S)	66.7%
⑤ 자본비용 가중평균 산식	(자기자본비용×자기자본 구성비율) +(타인자본비용×타인자본 구성비율)
	16.48%×(1/(1+66.7%)) + 3.15%×(66.7%/(1+66.7%))
⑥ 가중평균자본비용(WACC)	11.15%

6) 영업가치의 산정

예측기간 동안의 추정 잉여현금흐름과 예측기간 이후의 추정 잉여현금흐름을 자본비용으로 할인하여 현재가치를 구합니다. 이렇게 구한 잉여현금흐름(FCF)의 현재가치 합계가 영업가치입니다.

① 예측기간의 잉여현금흐름 현재가치 합계

"㈜몽"의 향후 5개년 예측기간 잉여현금흐름의 현재가치

구분	계산	20X5(F)	20X6(F)	20X7(F)	20X8(F)	2X9(F)
ⓙ 잉여현금흐름(FCF)	ⓕ+ⓖ+ⓗ+ⓘ	61,939	64,324	67,655	70,242	72,052
ⓚ 현가계수	11.15%	0.8997	0.8095	0.7283	0.6553	0.5895
ⓛ Discounted FCF		55,727	52,069	49,273	46,026	42,478

"㈜몽"의 예측기간은 향후 5개년으로 가정하였습니다.

ⓛ행의 현재가치로 할인된 향후 5개년 잉여현금흐름(FCF)을 합하면 예측기간의 영업가치인 245,573원이 산정됩니다. 그러나 영업가치에는 예측기간 이후의 현금흐름 현재가치도 합산되어야 합니다. 예측기간 이후의 현금흐름 현재가치는 예측기간 최종 현금흐름을 기초로 고든의 성장모형(Gordon Growth Model)을 적용하여 계산하여 반영합니다.

② 예측기간 이후의 잉여현금흐름 현재가치(영구현금흐름의 가치)

예측기간 이후의 가치는 영구현금흐름을 가정하여 고든의 영구성장 모형을 적용하였습니다. 영구성장률은 0%를 적용하였으며, 영구현금 흐름의 가치를 산정하기 위해 영구현금흐름 산정에 적합한 normalize 한 현금흐름을 예측기간 최종 연도의 현금흐름을 기초로 하여 별도로 추정하였습니다.

구분	20X9(F)	영구현금흐름	추정식
ⓐ 매출	363,033	363,033	영구성장률 0% 적용
ⓑ 매출원가	251,398	251,398	
ⓒ 판매관리비	18,139	18,139	
ⓓ 영업이익(EBIT)	**93,496**	**93,496**	
ⓔ 법인세	20,569	20,569	
ⓕ 세후영업이익	72,927	72,927	
ⓖ 감가상각비	8,915	8,915	향후 평균적으로 발생할 것으로 예측되는 수준의 감가상각비
ⓗ 운전자본변동	(-)866	–	성장률 수준을 고려한 순운전자본. 영구성장률을 0%로 가정하였으므로 순운전자본은 유지되는 것으로 가정
ⓘ CAPEX	(-)8,924	(-)8,924	향후 평균적으로 발생할 것으로 예측되는 수준의 CAPEX
ⓙ 잉여현금흐름	**72,052**	**72,918**	

이렇게 산정된 영구현금흐름을 영구성장모형의 산식에 따라 계산하여 예측기간 이후의 영업가치는 385,652원으로 추정하였습니다.

영구현금흐름의 가치 산식	예측기간 이후의 가치 (Terminal value) $= \dfrac{FCF_t \times (1+g)}{(WACC-g)} \times \dfrac{1}{(1+WACC)^t}$
적용	$385,652 = [72,918 \times (1+0\%) / (11.15\% - 0\%)] \times (1/(1+11.15\%)^{5})$

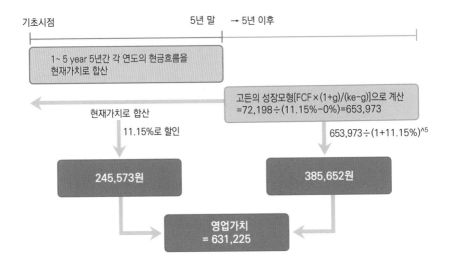

7) 비영업자산 및 Net Debt의 평가

비영업자산으로는 시장성 있는 투자주식이 있습니다. 현재 처분 계획은 없으며, 장부가액 30,000원이 평가기준일의 시가입니다. 비영업용 자산에는 현금성자산은 포함하지 않았는데, 현금성자산은 순차입금(Net Debt)에서 차입금의 차감 항목으로 반영하였습니다.

비업용자산의 시가	30,000

순차입금(Net Debt)은 다음과 같이 계산하였습니다. 차입금의 시가는 장부가액과 동일하다고 보았고, 현금성자산은 모두 비영업용 자산으로 가정하여 차입금에 차감하였습니다. '차입금 〉 현금'일 경우에는 순차입금을 기업가치에서 차감하여 주주지분의 가치를 구하게 되지

만, '현금 〉 차입금'일 경우에는 차입금을 모두 상환하고 현금이 남는 것이므로 영업가치에 '현금−차입금'을 가산하여 주주지분의 가치를 구하게 됩니다.

구분	계산식	금액
① 단기차입금		23,000
② 장기차입금		25,000
③ 이자부부채 합계	①+②	48,000
④ 현금성자산		214,053
⑤ 순차입금(Net Debt)	③−④	(−)166,053

8) 기업가치 및 주주지분의 가치 산정

영업가치, 비영업자산의 가치, 순이자부부채(Net Debt)의 평가를 바탕으로 기업가치와 주주지분의 가치를 다음과 같이 계산하였습니다.

구분	산식	Case1	Case2
① 예측기간의 가치		245,573	245,337
② 예측기간 이후 가치		385,652	385,652
③ 영업가치	①+②	631,225	631,225
④ 비영업자산의 가치		30,000	196,053
⑤ 기업가치	③+④	661,225	827,278
⑥ 타인자본(Net Debt)		(−)166,053	–
⑦ 주주가치	⑤−⑥	827,278	827,278

위의 평가결과는 Case1과 Case2 두 가지 방식으로 산정해 보았습니다. Case1의 경우 순이자부부채가 (−)의 값이 나옴에 따라 기업가치에 비영업용자산과 같이 가산되는 방식으로 주주가치가 산정되었습

니다.[71] 이러한 경우에는 Case2와 같이 영업가치에 초과현금을 비영업자산으로 가산함으로써 기업가치와 주주지분가치를 산정할 수 있을 것입니다.

현금흐름할인법(DCF)의 방법을 적용하여 평가한 "㈜몽"의 지분가치는 827,278원입니다.

🔍⑫ 쉽고 간단하게 적용하는 DCF 간편법 직접 적용해 보기

앞서 우리는 "㈜몽"의 주식가치를 현금흐름할인법(DCF)의 일반적인 모형을 적용하여 평가해 보았습니다.

그러나 현금흐름할인법의 일반적인 모형을 처음 접한 독자들은 조금 복잡하게 느껴질 수도 있을 것입니다. 하지만 위의 사례를 엑셀(Excel) 등을 이용하여 단계적으로 직접 계산해 보면 생각보다 그렇게 어렵지는 않을 것입니다.

이번에는 내재가치평가방법인 현금흐름할인법을 응용하여 조금은 약식으로 간편하게 적용할 수 있는 방법을 통해 "㈜몽"의 주식가치를 평가해 보겠습니다.

---

71) 상기 사례의 경우에는 현금성자산이 차입금을 초과하여 순차입금이 없는 경우입니다. 결국 무부채 상태인데, 이러한 경우에는 회사의 정책상 무부채 구조가 목표자본구조로서 적절한지에 대한 검토가 필요할 수 있습니다. 단, 위의 예시는 산업평균의 목표자본구조가 "㈜몽"의 목표자본구조로서 유효한 것으로 가정하였습니다.

앞서 Tesla 평가의 예시처럼 성장률, 이익률, 재투자율과 할인율의 가정만 가지고 "㈜몽"의 가치를 다시 평가해 보도록 하겠습니다.

기본 로직은 다음과 같습니다.

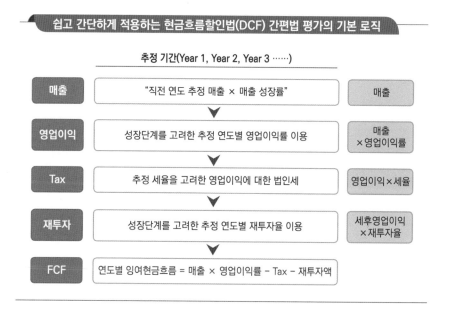

"㈜몽"의 기본적인 재무사항은 앞의 예시에서 제시한 사항과 동일합니다.

(단위: 원)	Base Year	year 1	year 2	year 3	year 4	year 5
매출	302,650	314,027	328,064	341,666	353,159	363,313
매출성장률		3.8%	4.5%	4.1%	3.4%	2.9%
영업이익	77,141	80,041	83,619	87,086	90,015	92,603
영업이익률	25.5%	25.5%	25.5%	25.5%	25.5%	25.5%
Tax(22% 가정)	16,971	17,609	18,396	19,159	19,803	20,373
세후영업이익		62,432	65,223	67,927	70,212	72,231
재투자비율		2.0%	2.0%	2.0%	2.0%	2.0%
재투자		(1,249)	(1,304)	(1,359)	(1,404)	(1,445)
FCF(잉여현금흐름)		61,183	63,918	66,568	68,808	70,786
할인율	11.0%					
현재가치		55,120	51,878	48,674	45,326	42,008

구분	(단위: 원)
예측기간 현재가치 합계	243,006
5년 이후의 가치 합계	385,788
영업가치	628,794
비영업가치	196,053
기업가치-주주지분가치	824,847

매출은 제품A와 제품B 두 종류가 있습니다. 두 제품의 현재 매출비중은 약 80%와 20%입니다. 제품A보다는 제품B의 매출이 향후 증대될 것으로 예상되기 때문에 제품A이 매출 비중은 단계적으로 1%씩 감소하고, 제품B의 매출 비중은 단계적으로 1%씩 증가하는 것으로 가정합니다. 그리고 제품A의 매출은 물가상승률로, 제품B의 매출은 산업전망성장률로 증가한다고 가정하면 매출 비중에 따라 물가상승률과 산업전망성장률을 가중평균하여 매출성장률을 추정해보았습니다.

(단위: 원)	Base Year	year 1	year 2	year 3	year 4	year 5
제품A 매출 비중	80.0%	79.0%	78.0%	77.0%	76.0%	75.0%
제품B 매출 비중	20.0%	21.0%	22.0%	23.0%	24.0%	25.0%
물가상승률		2.1%	1.5%	1.8%	1.9%	1.5%
제품B 산업전망성장률		10.0%	15.0%	12.0%	8.0%	7.0%
추정 매출성장률		3.8%	4.5%	4.1%	3.4%	2.9%

영업이익률은 현재의 영업이익률 25.5%가 유지된다고 가정합니다. 영업이익에 대한 법인세율은 22%를 가정합니다.

재투자비율은 [(운전자본투자+유무형자산투자−감가상각비)÷세후영업이익]으로 정의합니다. 재투자율은 과거 3개년 재투자비율이 2%이고, 예측기간 동안은 경쟁력 유지를 위해 감가상각비 수준의 재투자가 발생한다고 가정하였으로 예측기간 동안의 재투자비율은 매출성장률, 물가상승률, 과거 재투자비율을 고려한 2%로 가정합니다.

재투자비율은 성장률 추정과도 관련이 있습니다. 만약 재투자비율을 더 높게 가정하면 성장률은 더 높게 추정될 수 있을 것이며, 재투자비율을 더 낮게 가정하면 성장률은 더 낮게 추정되어야 할 것입니다. 예측된 성장률이 과거 평균성장률 수준보다 높지 않기 때문에 과거 수준의 재투자비율이 유지되는 것으로 가정합니다. 세후영업이익에서 재투자액을 차감하여 잉여현금흐름을 산정합니다.

현재가치를 계산하기 위해 자본비용을 추정합니다. 자본비용은 투자자의 요구수익률입니다. 회사의 신용등급, 유사회사의 위험수준, 유사회사의 부채사용비율 등을 고려하여 자본비용을 11%로 가정합니다.

이제 잉여현금흐름의 현재가치를 합산하여 영업가치를 산정합니다. 이를 위해 예측기간인 1~5년간의 현금흐름 현재가치를 우선 합산합니다. 그리고 예측기간 이후의 가치평가에 적용할 현금흐름을 예측 최종기간의 현금흐름을 기초로 하여 추정합니다.

(단위: 원)	year 5	After year 5
매출	363,313	363,313
매출성장률	2.9%	0%
영업이익	92,603	92,603
영업이익률	25.5%	25.5%
Tax(22% 가정)	20,373	20,373
세후영업이익	72,231	72,231
재투자비율	2.0%	1.0%
재투자	(1,445)	(722)
FCF(잉여현금흐름)	70,786	71,508

위와 같이 예측기간 이후의 현금흐름은 예측기간 최종 기간의 현금흐름에 영구성장률 가정 0%를 적용한 현금흐름입니다. 그리고 성장률 가정이 0%이므로 재투자비율도 예측기간 동안의 재투자비율이 2%보다 낮은 1%를 적용하였습니다.

위의 표에서 예측기간 이후의 영구현금흐름 가정액은 71,508원입니다. 이 금액에 고든의 성장모형(Gordon growth model)을 적용합니다. "영구현금흐름÷(자본비용−성장률)"의 산식[72]에 의해 71,508÷(11%−0%)=650,076원으로 5년 이후 시점의 가치를 추정하고 이를 5

---

72) 연금이 일정한 기간 동안 영구적으로 발생할 경우, 그 현금흐름의 현재가치를 영구현금흐름의 현재가치라고 하여 "영구연금 현재가치=연금/할인율"로 구합니다. 그리고 만약 연금이 일정비율로 증가한다면 "영구연금 현재가치=연금×(1+증가율)/(할인율−증가율)"로 구합니다.

년 기간의 현재가치로 계산하여 650,076÷(1+11%)^5=385,788원을 5년 이후의 현금흐름 합계 현재가치로 가산하였습니다.

이렇게 예측기간 5년 동안의 잉여현금흐름 현재가치 합계와 5년 이후의 영구현금흐름 현재가치 합계가 영업가치입니다.

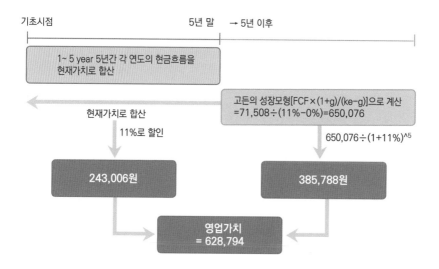

여기에 비영업가치 196,053원을 합산하여 기업가치이자 주주지분의 가치를 산정합니다. 기업가치와 주주지분의 가치가 같은 이유는 순차입금이 (−)로, 타인자본의 가치로 차감할 금액이 없기 때문입니다.

구분	(단위: 원)
영업가치	628,794
비영업가치	196,053
기업가치=주주지분가치	824,847

이렇게 간편법으로 계산된 "㈜몽"의 지분가치는 **824,847원**입니다.

⑬ 현금흐름할인법의 적용 팁

- 시장, 산업, 회사를 충분히 이해한 후 가치평가를 한다. 즉, 잘 모르는 회사에 투자하는 것은 최대한 지양한다.

- **가격은 결국 내재가치에 수렴**한다는 것이 가치투자자들의 오랜 믿음이다. 그러므로 자신이 생각하는 **가치 혹은 목표주가는 내재가치접근법으로 설명될 수 있어야** 한다.

- 이 책의 모델을 참고하여 혹은 자신만의 모델을 이용하여 이익가치접근법으로 가치평가를 해보고 성장률과 이익률, 할인율의 가정이 합리적인지 살펴보면서 **현재가격과 내재가치의 차이**를 파악해보자.

- 고성장 기업은 당분간 높은 성장률을 유지할 수 있지만, **장기적으로 고성장을 유지하기는 어려운 것**이 일반적이다. 언젠가는 성장률이 낮아질 수 있다는 점이 고려되어야 한다.

- 성장률이 낮아진 단계에서도 그 기업이 시장에서 차지하는 위치에 따라 높은 이익률이 유지되는 경우는 존재할 수 있다. 그러나 보통의 경우는 성장단계를 지나 **경쟁이 심화되면 이익률이 낮아질 수** 있다.

- **영업과 관련된 모든 현금유입과 현금유출이 고려되어야** 한다. 그러므로 상대가치접근법에서 영업현금흐름의 개념으로 사용된 EBITDA에 세금과 투자지출(운전자본투자, 유무형자산투자)도 고려되어야 한다.

- **성장을 위해서는 투자가 필요**한 것이 일반적이다. 그리고 보통의 경우는 매출이 증가하면 운전자본 규모도 증가한다.

- 영업현금흐름 산정에 포함되지 않은 자산부채는 별도로 가산 혹은 차감하여야 한다.

- 평가시점에 **유효한 정보**를 이용한다. 내재가치평가는 주관적이다. 그러나 가치평가에 적용할 다양한 가정을 시장상황을 잘 반영한 유효한 정보로 뒷받침하여 주관에 지나치게 치우치지 않으려는 노력이 필요하다.

- 미래현금흐름을 추정하지만 과거실적을 잘 분석하는 것은 미래실적 예측의 바로미터가 될 수 있다.

- 추정이 합리적인지는 숫자만 보아서는 안된다. 숫자들이 잘 짜여진 스토리로서 설명되어지는지를 살펴보자.

- 내재가치에 영향을 미치는 중요한 요소는 성장률과 이익률, 할인율이다. 이러한 요소는 기업이 보유한 자원과 경쟁력이 가장 중요하지만, 시장 환경의 영향도 무시할 수 없다. 시장환경의 불확실성이 커지면 기업의 성장률, 이익률, 할인율에 대한 전망에도 영향을 줄 수 있다.

- **처음에는 아주 간단하게 시작한다. 성장률, 이익률, 재투자비율과 할인율만 가지고 나만의 모델을 만들어 본다.**

- 오늘의 가치평가 결과가 나중에 예상과 달라질 수 있다. 틀렸다고 생각하지 말고 새로운 시장 정보를 기초로 가정을 수정하여 기존 평가를 보완함으로써 새로운 내재가치평가 결과를 도출해 내면 된다. 시장을 완벽히 예측해내는 사람은 없다. **시장상황이 바뀌면 회사에 대한 기대도 달라질 수 있다.** 하지만 시장상황의 변화가 기업에 미치는 영향이 일시적인지 아니면 본질적으로 펀더멘털에 미치는 영향인지에 대한 판단은 필요할 것이다.

CHAPTER

6

스타트업의 평가

스타트업과 같은 사업 초기 회사의 가치를 평가하는 것은 쉬운 일이 아닙니다. 스타트업은 매출이 미미할 수도 있고, 매출이 발생하고 있다고 하더라도 영업손실을 기록하거나 양(+)의 현금흐름을 창출하지 못하는 경우도 많습니다. 비교를 위한 동업종 회사들도 각각의 성장단계(Stage)가 달라 비교가 용이하지 않은 경우가 많고, 가치평가를 위한 정보나 자료가 불충분한 경우도 많습니다. 이러한 요인들이 스타트업의 가치평가를 쉽지 않게 하는데, 그중에서도 성장하여 지속적으로 생존해 나갈 수 있는지에 대한 물음이 스타트업의 평가를 가장 어렵게 하는 이유 중의 하나입니다. 그래서 스타트업의 평가 시에는 정성적인 요소가 많이 고려됩니다.

참고로 창업한 기업들이 계속적으로 생존할 확률은 어느 정도 될까요? 나라마다 상황은 다를 수 있지만 창업이 활발하게 이루어지는 미국의 경우 1998년 창업한 회사가 1년 뒤에 생존할 확률은 81%, 3년 후 생존 확률은 54%, 6년 후 생존 확률은 34%이었다고 합니다. 시장에 안착한 뒤에는 생존 확률이 높아지겠지만, 그 이전 단계에서의 불확실성은 스타트업의 평가를 어렵게 하는 요인이 될 수 있습니다.[73]

---

73) Knaup, Amy E., May 2005., "Survival and longevity in the Business Employment Dynamics data."

① 시장가치접근법의 적용

시장가치접근법을 적용하는 방식은 앞에서 설명했던 일반적인 방법과 기본적으로는 동일합니다.

그러나 재무적 지표로는 스타트업의 잠재적 가치에 대한 비교 및 평가가 적절하지 않은 경우들이 있어 해당 산업에서 핵심 경쟁 요소가 되는 **비재무적 지표**로 평가가 이루어질 수 있습니다.

재무지표와 비교가 이루어질 때에도 현재의 매출액이나 이익보다는 **추정 매출액이나 추정이익**을 기준으로 평가가 이루어질 수도 있습니다.

그리고 유사회사와 비교를 할 때에도 적절한 비교대상이 충분하지 않을 수 있고, 비교대상 기업 간의 성장단계나 기술수준, 펀더멘털(Fundamental), 유동성 등을 포함한 개별기업 상황의 현저한 차이로 직접적인 비교가 적절하지 않을 수 있습니다. 이러한 경우에는 비교대상 기업들의 차이를 고려하여 **비교 배수를 적절히 조정**하여 적용하는 방법을 고려해 볼 수 있습니다.

먼저 비재무적 지표가 평가 지표로 활용되는 예시를 살펴보겠습니다.

한 모바일 플랫폼 스타트업 기업이 있습니다. 이 기업의 비교대상회사로 페이스북, 텐센트, 스냅챗을 선정하였습니다. 그리고 평가를 적용하기에 적합한 비교 지표는 산업의 핵심 경쟁 요소로서의

MAU(Monthly Active User, 월별 활동 이용자)라고 가정합니다. 비교대상회사에 대해 이와 같은 자료를 확보하였습니다.

구분	시가총액(억 달러)	MAU(억 명)	MAU당 가치(달러)
FaceBook	2,750	13.1	209
텐센트	1,778	12.3	145
Snapchat	190	2	95
평균			150
중앙값			147

이 경우 평가대상회사의 MAU가 6.5억 명이라고 하면, 평가대상회사의 MAU에 비교대상회사의 MAU당 가치를 곱하여 평가대상회사의 상대가치 범위를 구하는 것입니다.

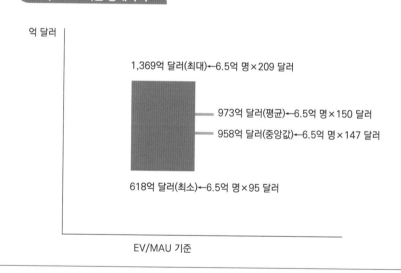

EV/MAU 기준 상대가치

억 달러

1,369억 달러(최대)←6.5억 명×209 달러

973억 달러(평균)←6.5억 명×150 달러
958억 달러(중앙값)←6.5억 명×147 달러

618억 달러(최소)←6.5억 명×95 달러

EV/MAU 기준

스타트업 특성에 맞는 다양한 상대가치 비교 요소

스타트업의 가치를 상대가치로 비교하여 평가할 때에는 전통적인 방법인 재무적 지표와 비교하는 것이 적절하지 않은 경우들이 있습니다.

스타트업은 이익이 안정적으로 발생하지 않은 경우가 많기 때문에 재무지표 중에서는 이익배수보다는 PSR, EV/Sales와 같은 매출배수의 활용이 적절할 수 있습니다. 그러나 매출과 같은 재무 지표의 비교도 효과적이지 않은 단계가 있고, 그럴 경우에는 고객 수, 방문자 수, 거래건 수, 총거래규모 같은 비재무 지표 혹은 간접적인 재무 지표가 비교에 더 효과적일 때가 있습니다.

앞의 사례에서 보았듯이 모바일, 인터넷 플랫폼 스타트업의 초기 단계에서는 사용자 수, 페이지뷰나 MAU(월간 활성 사용자 수)와 같은 지표들의 비교를 통해 상대가치를 평가할 수 있을 것입니다.

쿠팡과 같은 이커머스 기업들의 경우에는 매출 규모가 중요하므로, 매출을 기준으로 평가해야 한다고 볼 수도 있습니다. 그러나 이커머스 기업들의 영업방식을 보면 상품을 직접 구매하여 재고를 보유한 상태에서 판매를 하는 직매입 방식으로 운영하는 기업도 있고, 상품을 매입하지 않고 플랫폼을 제공하고 수수료를 받는 방식으로 서비스하는 경우도 있습니다. 그리고 이 두 가지 방식을 혼합하여 운영하는 경우도 있습니다. 어느 경우든 안정적으로 이익을 창출하기 전단계까지는 소비자의 거래 규모(GMV; Gross Merchandise Volume)가 가장 중요한 경쟁 지표가 될 수 있을 것입니다. 하지만 비즈니스 모델에 따라 거래규모와 매출은 차이가 날 수 있으므로, 매출은 기업 간 비교가 적절하게 이루어지지 않을 가능성이 있습니다. 직매입 방식의 경우에는 거래 규모가 매출과 차이가 없을 것이나, 플랫폼 제공 후 수수료 수취 방식은 거래 규모와 매출에 큰 차이가 날 수 있습니다. 그러므로 이커머스 기업을 상대가치로 평가할 때 두 가지 비즈니스 모델이 같은 시장에서 공존하면서 경쟁한다면 매출과 함께 거래 규모를 적용한 EV/GMV에 의한 평가가 필요할 수 있습니다.

거래 규모가 중요한 경쟁 지표가 되는 것은 핀테크 기업으로 불리는 모바일뱅킹산업에서도 찾아볼 수 있습니다. 카카오뱅크나 네이버파이낸셜 등 금융사업부문의 가치를 상대가치로 평가할 때 EV/TPV와 같은 거래 규모(TPV; Total Payment Volume)가 활용될 수 있는 것입니다.

스타트업을 평가할 때 이러한 비교 지표들은 기업의 핵심 역량과 높은 관련성을 가지면서 일정 단계가 지나면 재무실적으로서 결과가 나올 수 있는 지표이어야 할 것입니다. 성장단계에서는 당장의 이익보다는 핵심 역량 확보를 위한 투자가 더 중요하다고 간주될 수 있을 뿐이고, 기업의 가치는 궁극적으로 이익을 창출하는데서 나오는 것이기 때문입니다. 그러므로 스타트업은 핵심 역량 확보를 통한 이익창출이라는 비전을 시장에 명확히 보여줄 필요가 있습니다.

구분	비교 지표(핵심 가치 창출 요소 혹은 핵심 경쟁 요소)
인터넷/모바일/APP 사업	고객 수, Page view, 방문자 수, 가입자 수, MAU(Monthly Active User) 등
E-Commerce(이커머스)	매출, 총거래액(GMV)
핀테크 기업, 인터넷/모바일 파이낸스 서비스	총결제대금(TPV)
방송, 통신 등 구독 서비스 사업	가입자 수, 구독자 수
의약품 개발가치	보유 파이프라인(Pipeline)의 기대 시장 규모
배달사업	고객 수, 배달건 수, 거래액 등
의약품위탁(개발)생산(CDMO/CMO) 사업	EV/Capacity 등

또한 최근에는 데이터의 가치가 중요해지면서 데이터 자산을 기반으로 그 기업의 가치를 평가할 수 있는 방법들에 대한 필요성이 대두되고 있습니다. 회사가 보유한 데이터가 기업의 핵심 자산 중의 하나로 자리매김함으로써 기업을 평가하는 데 있어서 기존의 재무성과나 기술평가와는 다른 새로운 시각으로 접근할 필요가 있기 때문입니다.[75]

---

74) 전체 시장 규모와 시장 점유율 추정이 가능할 경우에 적용하는 PDR(Price Dream Ratio)의 개념도 있습니다. PDR은 "시가총액(전체 시장 규모×시장 점유율)"을 통해 계산합니다. 전체 시장 규모는 회사의 현재 사업영역보다는 좀 더 포괄적인 시장의 개념이므로, PSR을 확장한 잠재적 매출 대비 시가총액의 개념으로 이해할 수 있습니다. 이처럼 미래성장성에 기반한 스타트업의 평가가 어렵다보니 합리적인 평가를 위한 다양한 방법들의 연구가 계속되고 있습니다.
75) 데이터가치평가 방법론에 대한 구체적인 내용은 「기업가치평가와 재무실사」, 삼일인포마인"을 참고하기 바랍니다.

③ 추정매출과 추정이익을 사용한 시장가치접근법 (벤처캐피탈 평가법)

현재 이익을 창출하지 못하는 스타트업에 투자를 할 때, 벤처캐피탈은 추정매출과 추정이익과 같은 기대치에 기반하여 향후 일정 시점의 예상 가치를 추정한 후, 벤처캐피탈의 자본투자액이 잠재적 회사가치에서 차지하는 비율을 산정하는 방식으로 접근하는 경우가 있습니다.

예를 들어, 한 스타트업의 현황 및 투자예상액이 다음과 같다고 가정해 봅니다.[76]

구분	금액, 배수	구분	금액, 수익률, 기간
5년 후 예상 매출액	100억 원	투자액	20억 원
당기순이익	20억 원	기대수익률	20%
예상 PSR	3.5배	투자기간	5년
예상 PER	15배		

이 경우 이 스타트업의 5년 후 가치는 5년 후 예상매출액과 5년 후 예상 당기순이익에 PSR과 PER을 적용하여 (100억 원×3.5+20억 원×15)÷2=325억 원으로 추정해 볼 수 있습니다.

325억 원은 5년 후 이 스타트업의 추정가치입니다. 벤처캐피탈은 현재 20억 원을 투자할 예정입니다. 벤처캐피탈이 투자한 20억 원을 이 스타트업에 투자한 대가로서의 요구수익률 20%를 가정하여 5년 후 목표가치로 환산하면 20억 원×(1+20%)^5=50억 원이 됩니다. 그렇다면

---

76) 다음의 사례는 "「기업가치평가와 재무실사」, 삼일인포마인" 참고

5년 후 벤처캐피탈은 회사 가치 325억 원 중 50억 원에 해당하는 가치를 요구하게 됩니다. 즉, 현재 20억 원의 투자에 해당하는 지분으로 50억 원÷325억 원=15.3%를 요구하게 되는 것입니다.

미래 추정이익을 기초로 상대가치를 평가하는 이와 같은 사례는 앞서 살펴본 ㈜툴젠의 PER을 적용한 평가 사례에서도 볼 수 있습니다.

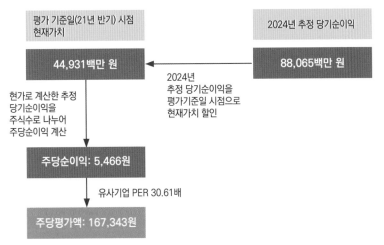

미래 추정이익을 기초로 PER을 적용하여 평가한 ㈜툴젠의 주식가치평가 사례

평가 기준일(21년 반기) 시점 현재가치

44,931백만 원

2024년 추정 당기순이익

88,065백만 원

2024년 추정 당기순이익을 평가기준일 시점으로 현재가치 할인

현가로 계산한 추정 당기순이익을 주식수로 나누어 주당순이익 계산

주당순이익: 5,466원

유사기업 PER 30.61배

주당평가액: 167,343원

미래 추정이익을 기초로 PER을 적용하여 평가한 ㈜툴젠의 주식가치평가 상세 내역

구분	산출내역	비고
2024년 추정 당기순이익	88,065백만 원	A
연 할인율	21.2%	
2024년 추정 당기순이익의 2021년 반기 말 현가	44,931백만 원	$B=A \div (1+0.212)^{3.5}$
적용 주식수	8,219,358주	C
2021년 반기 말 기준 환산 주당순이익	5,466원	$D=B \div C$
적용 PER	30.61배	E
주당 평가가액	167,343원	$F=D \times E$

위의 사례에서 ㈜툴젠을 PER을 적용하여 상대가치로 평가할 때 ㈜툴젠의 주당순이익을 평가시점의 최근 주당순이익이나 평가기준일로부터의 단기 예상 주당순이익이 아닌 약 3.5년 후 예상 주당순이익을 기준으로 평가하였습니다.

㈜툴젠은 평가시점에 당기순이익이 (−)이기 때문에 과거 실적 기준으로는 PER이 산출되지 않습니다. 그러나 보유기술이 본격적으로 매출로 이어질 것으로 예상되는 3개년 이후 시점에서는 당기순이익이 (+)로 시현될 것으로 예상되고, ㈜툴젠의 현재 시점의 가치는 이러한 미래 기대가 반영된 것이기 때문에 미래 예상 순이익을 기초로 PER을 적용하여 평가한 것입니다.

이렇게 가까운 미래 어느 시점의 당기순이익을 예측하고 예측된 미래 당기순이익에 할인율을 적용하여 현재가치로 할인한 금액에 PER을 적용하는 경우는 스타트업의 평가나 현재 시점이 아닌 몇 년 후 미래에 본격적으로 정상적인 수준의 이익창출이 예상되는 성장기 기업의 평가에 활용되는 방법입니다.

㈜툴젠의 경우도 주요 원천기술의 특허수익화 시점과 차세대 치료제의 기술이전이 예상되어 본격적인 매출이 가시화되는 시점인 2024년의 추정 당기순이익에 PER을 적용하는 것이 ㈜툴젠의 가치를 평가하는데 합리적이라고 판단한 것입니다.

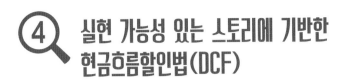

④ 실현 가능성 있는 스토리에 기반한 현금흐름할인법(DCF)

일반적으로 사업이 안정화된 상태에 있거나 또는 과거 실적이 풍부한 기업들은 과거 재무자료를 기초로 회사를 분석하고 관련 산업 환경에 대한 이해를 더하여 미래현금흐름을 합리적으로 예측할 수 있다고 가정하여 현금흐름할인법(DCF)을 적용합니다. 그러나 신생 벤처기업은 이러한 분석을 위해 필요한 정보가 충분하지 않은 경우가 많고, 정보가 존재한다고 하여도 변동성이 크거나, 매출이 미미하거나, 이익을 창출하지 못하는 경우가 많습니다.

그래서 스타트업을 현금흐름할인법(DCF)으로 평가할 때에는 시장의 규모를 예측하고 회사의 시장 점유율을 예측하는 방식과 같은 방법으로 매출을 추정합니다. 이 과정에서 실현가능성 있는 스토리가 숫자로 표현되어집니다. 시장이 어떻게 정의되고 시장 규모가 얼마나 커질 것인지, 그리고 회사는 어떤 경쟁력과 잠재력이 있어서 그 시장에서 점유율을 차지하게 될 것인지에 대한 추정이 단순한 숫자의 추정이 아니라 실현가능성을 살펴보면서 합리적으로 설명이 되는지에 기반하여야 하는 것입니다.

예를 들어 어떤 재활용 의료로봇을 만드는 회사가 있다면, 이 재활용 의료로봇을 얼마나 판매할 수 있을지를 추정할 때 먼저 시장을 정의하고 시장 규모를 추정하는 곳에서부터 시작합니다.

먼저 재활용 의료로봇을 구입할 수 있는 곳이 잠재적 고객이 되며, 잠재적 고객은 재활의학과와 정형외과가 있는 병원으로 가정합니다. 해외에 진출하기 전에 국내에 먼저 진출하여 상용화가 이루어진다고 가정합니다. 그리고 국내 재활의학과와 정형외과가 있는 병원을 리서치하고 각 병원의 재활실의 면적을 고려하여 병원별 판매가능한 대수를 추정합니다. 이러한 과정을 통해 연간 판매가능한 시장 규모를 추정합니다.

스타트업 매출 추정 시 시장 규모 추정 예시[77]

구분	재활의학과 수	정형외과 수	재활 or 정형외과 보유 병원 수	병원당 판매 가능 대수	총판매 대수	교체 주기	연간 평균 판매 대수
상급종합	43	43	43	20	860	3년	287
종합병원	163	297	280	20	5,600	3년	1,867
병원	391	831	937	10	9,370	3년	3,123
의원	299	1,841	2,140	2	4,280	3년	1,427
요양병원	3	–	3	15	45	3년	15
계	899	2,994	3,403	–	20,155		6,718

그리고 예상판매가격과 신제품이 기존 시장을 대체해가는 침투율, 향후 경쟁기업 등의 출현을 고려하여 매출액을 추정하는 것입니다.

그리고 매출을 발생시키기 위해 필요한 원가, 비용의 항목 등과 다양한 유사회사의 영업비용 발생 사례들을 고려하여 원가 및 비용을 추정하고, 성장을 위한 재투자 규모를 추정합니다.

---

77) 이 예시는 "「기업가치평가와 재무실사」, 삼일인포마인"을 참조하였습니다. 스타트업에 대한 현금흐름할인법 적용의 보다 상세한 내용은 "「기업가치평가와 재무실사」, 삼일인포마인"을 참고하기 바랍니다.

| 예시1 | 제품/서비스의 정의 | → | 시장 규모 예측 | → | 시장 점유율 예측 | → | 영업비용 및 마진 예측 | → | 필요 투자 예측 |

| 예시2 | | | 시장의 성장률 예측 | → | 평가대상에 적용할 성장률 예측 | | | | |

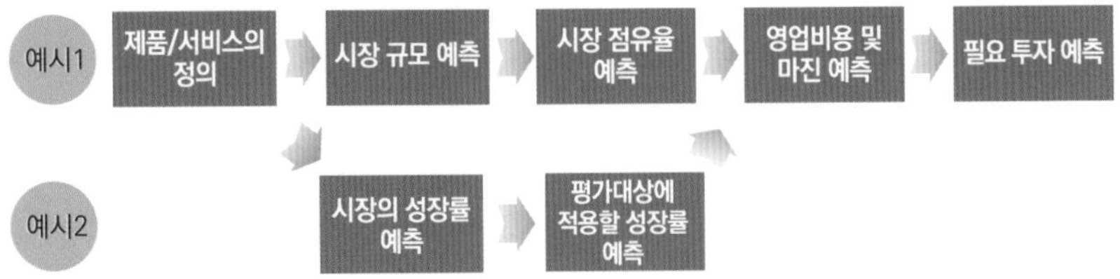

그리고 스타트업의 특성상 현금흐름의 위험이 성숙기 기업의 경우보다 더 클 수 있다는 점을 고려하여 할인율(자본비용, 요구수익률)을 추정합니다. 아무래도 스타트업은 생존 위험, 핵심 경쟁력과 핵심 인력의 유지 가능성 등 다양한 요소에 의한 가치 변동성이 성숙단계의 기업보다 더 큰 경우가 많기 때문입니다. 그래서 '창업단계 → first stage → Second stage → … → IPO 단계' 등으로 성장해 갈수록 할인율은 점차 낮아지는 경향이 있습니다.

⑤ 🔍 시나리오 접근법

스타트업은 아직 시장에 안착하지 못한 경우가 대부분입니다. 그렇기 때문에 향후 시장 상황과 회사의 잠재적 능력에 따라 다양한 시나리오가 존재할 수 있습니다.

---

78) 「기업가치평가와 재무실사」, 삼일인포마인 참조

예를 들어, 한 모바일 서점을 표방하는 스타트업이 있습니다. 소비를 모바일로 하고 보유가 아닌 구독이 일상화된 시대에 맞춰 읽는 것 이외에 보는 것과 듣는 것으로도 책을 소비할 수 있도록 하는 비즈니스 모델을 가지고 있습니다. 나아가 검색서비스와 연결하여 구독자의 관심분야 책을 소개하여 소비자들이 책을 더 쉽게 접할 수 있도록 합니다. 이러한 스타트업이 향후 어떻게 성장할 수 있을지를 몇 가지 시나리오로 추정해 보는 것입니다.

시나리오 접근법 예시[79]

구분	매출액	영업이익률	DCF에 의한 지분가치 ⓐ	확률 ⓑ	자기자본가치 기여분 ⓒ=ⓐ×ⓑ
시나리오A(시장지배자)	250	10.0%	225	20%	45
시나리오B(기본 Case)	180	10.0%	126	50%	63
시나리오C(낮은 이익률)	180	5.0%	90	20%	18
시나리오D(전통소매업체)	3	3.0%	6	10%	0.6
자기자본가치					126.6

시장이 존재하는 상황에서 새로운 제품/서비스를 제공하고자 하는 콘텐츠산업(게임산업 등)의 경우에 위와 같은 시나리오 분석은 효과적으로 활용이 가능할 것입니다.

---

79) 「기업가치평가와 재무실사」, 삼일인포마인 참조

⑥ 최근의 투자 사례 적용법

　스타트업의 경우 단계별로 다양한 조건의 투자를 받는 경우가 있습니다. 이 경우 최근의 투자 사례가 회사의 가치를 가장 잘 보여준다고 가정하여 최근의 거래 사례를 평가에 활용하는 것입니다. 예를 들어 한 스타트업에 최근에 주당 100원에 10,000주를 투자해서 지분 20%를 확보한 사례가 있었다면, 이 스타트업의 주당 가치는 100원이라고 보는 것입니다. 그러나 이렇게 가정할 수 있는 경우는 모든 조건이 동일한 보통주의 경우일 때입니다. 스타트업의 경우에는 다양한 조건이 포함된 전환우선주나 상환우선주, 전환상환우선주 등으로 투자가 이루어지는 경우가 많고, 각각의 조건이 다르다면 최근의 투자 사례를 각각의 조건별 특성을 고려하여 조정해 주는 작업이 필요하게 됩니다.

성격이 동일한 주식만으로 구성되어 있을 경우 최근 투자 사례 적용의 예

최근 투자액

회사 추정 지분 가치

최근 투자 사례가액을
전체 지분가액으로 환산

• 회사의 추정 지분 가치
=1,000,000÷20%
=5,000,000원

• 주당 100원
• 투자 후 주식수=10,000주
• 투자금액=1,000,000원
• 투자 후 지분율=20%

성격이 다른 주식으로 구성되어 있을 경우 최근 투자 사례 적용의 예

최근 투자액
(전환상환우선주)

회사 추정 지분 가치

• (전환상환옵션을 제외한)
보통주의 가치
=2,400,000원

최근 투자 사례가액을 전체 지분가액으로 환산할 때 지분 성격에 따라 특성이 다른 지분의 가치를 다르게 적용하여 환산

• 주당 100원
• 투자 후 주식수=10,000주
• 투자금액=1,000,000원
• 투자 후 지분율=20%

• 전환상환우선주의 가치
=1,000,000원

위의 예시는 성격이 다른 보통주와 전환상환우선주로 주주지분이 구성되어 있다고 가정해 봅니다. 이 경우 최근 전환상환우선주의 투자가 주당 100원의 가액으로 이루어졌다면 이 가액을 그대로 전체 지분으로 환산하는 것이 아니라 전환상환우선주에 부여된 전환옵션 및 상환옵션 있는 지분과 이러한 옵션이 없는 지분가치의 차이를 구분하여 환산하는 것입니다. 위의 예시에서는 전환옵션 및 상환옵션이 있는 지분의 가치인 주당 100원에서 이러한 옵션이 없는 지분의 가치를 주당 60원으로 도출하여 전체 지분의 가치를 추정한 것입니다.[80]

---

80) 각 지분가치의 차이를 도출해내는 자세한 방법에 대해서는 "「기업가치평가와 재무실사」, 삼일인포마인"을 참고하기 바랍니다.

⑦ 스텝업 평가(Step-up valuation): 버커스평가법

The Berkus Method라고 불리는 Step-up Valuation도 정성적인 지표들을 기초로 가치를 평가하는 접근법입니다.

만약 early stage startup에 투자할 상한이 25억 원이라고 한다면, 다음의 각 요소별 가치에 5억 원씩을 배정하여 각 요소별 가치를 합산하여 대상회사의 가치를 산정하는 방식입니다. 아래 표의 예시에서는 대상회사의 가치는 15억 원으로 평가되는 것입니다.[81]

평가 요소	Step-up Value 예시
1. 사업 아이디어(Sound Idea)	5억 원
2. 시제품 완성도(Prototype)	5억 원
3. 창업팀의 역량(Quality of Management team)	5억 원
4. 전략적 관계 역량(Strategic relationship)	–
5. 제품 출시 및 영업상황(Product rollout or sales)	–

⑧ 스코어카드 적용법

Scorecard Method는 다양한 가치평가 요소에 가중치를 적용하여 수치로 평가한 후, 이를 대상회사의 Pre-value에 곱하여 대상회사의

---

81) 「기업가치평가와 재무실사」, 삼일인포마인 참조

가치를 추정하는 방법입니다. 가치평가 요소를 도출하고 각 요소별 가중치를 부여한 다음의 예시를 살펴보겠습니다.[82]

평가 요소	가중치	평가	factor
1. 사업 아이디어(Sound Idea)	30%	150%	0.45
2. 시제품 완성도(Prototype)	15%	80%	0.12
3. 창업팀의 역량(Quality of Management team)	15%	100%	0.15
4. 전략적 관계 역량(Strategic relationship)	10%	80%	0.08
5. 제품 출시 및 영업상황(Product rollout or sales)	10%	80%	0.08
6. 가입자 수(Customer)	20%	150%	0.30
합계	100%	−	1.18

이 경우 Pre-value에 적용할 배수 값은 1.18입니다. 만약 비교대상 회사의 가치가 50억 원으로 평가되었거나, 평가대상회사가 이전에 50억 원 Value로 평가되어 투자유치가 이루어졌다면, 위의 Scorecard에 의해 도출된 배수를 반영하여 [50억 원×1.18=59억 원]으로 스타트업의 가치를 평가하는 것입니다.

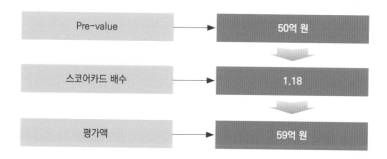

---

82) 「기업가치평가와 재무실사」, 삼일인포마인 참조

위의 사례들을 보면 **스타트업을 평가할 때에는 경영진을 비롯한 구성원의 능력, 비즈니스 모델의 우수성 및 이를 실현시킬 수 있는 구체적인 계획과 역량 등 정성적인 요소가 중요한 부분을 차지하고 있음을** 알 수 있습니다.

 ## 9 성공 확률을 적용하는 방법

Bio, Healthcare와 같은 산업에서 신약 또는 신기술은 개발에 성공할 경우 고부가가치를 창출할 수 있지만, 개발기간이 길고 많은 비용이 소요되며, 사업화 성공 가능성을 불확실하게 하는 임상시험 단계를 여러 번 거쳐야 하는 등 타 산업과는 다른 사업구조를 가지고 있습니다.

장기간의 개발 및 임상시험 기간과 막대한 개발비 투입에도 불구하고 실제 제품 출시로 이어지는 가능성이 낮기 때문에 신약 개발이 상품화되면 특허가 만료되는 기간까지 시장을 독점적으로 점유하는 경우도 많습니다.

이와 같은 산업의 특성 때문에 개발 중인 신약 또는 기술이 미래에 창출할 수 있는 가치를 확률적으로 예측하는 방법이 평가에 활용되는데, 확률적 예측 방법으로서 많이 활용되는 방법이 "위험조정 순현재가치 평가법(rNPV; Risk-adjusted Net Present Value)"입니다.

rNPV(Risk-adjusted Net Present Value)[83]는 일반적인 현금흐름 할인법 DCF(Discounted Cash Flows)와 기본적인 개념은 동일합니다. 다만, 연도별 현금흐름에 발생 확률을 적용한다는 것이 차이점인데, 발생 확률은 과거 경험률이나 통계적 수치가 많이 활용됩니다.

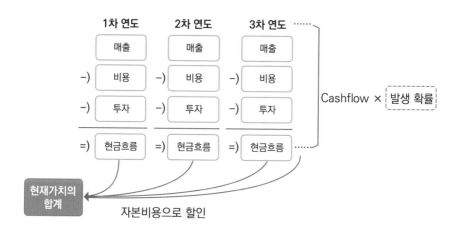

rNPV 적용 예시: 신약개발 Pipe라인 평가의 예

구분	20X1년	20X2년	20X3년	20X4년	20X5년	20X6년	20X7년	20X8년	20X9년	20X0년
환자수(천 명)	33,022	33,990	35,010	36,060	37,142	38,256	39,404	40,586	41,803	43,058
예상수익(억 원)	6,417	13,248	21,735	28,463	31,878	34,569	32,396	33,431	34,466	35,501
PV(현재가치)	1,656	3,022	4,384	5,076	5,026	4,819	3,993	3,644	3,321	3,025
NPV합계(억 원)	37,966									
성공 확률	58%									
가치	22,020									

---

83) rNPV법 적용의 자세한 사항은 「기업가치평가와 재무실사」, 삼일인포마인 또는 「기술가치평가 실무가이드」, 산업통상자원부"를 참고하기 바랍니다.

단계	단계별 성공 확률	최초 단계에서부터의 누적 승인 확률	Phase2단계 통과한 기업의 최종 승인 확률
ⓐ Preclinical(전임상)	90%	–	–
ⓑ Phase1	80%	72%	–
ⓒ Phase2	40%	29%	–
ⓓ Phase3	59%	17%	59%
ⓔ NDA(신약허가신청)	98%	17%	58%
ⓕ Approval	–	17%	–

CHAPTER

7

보너스 강의: 재무제표의 이해

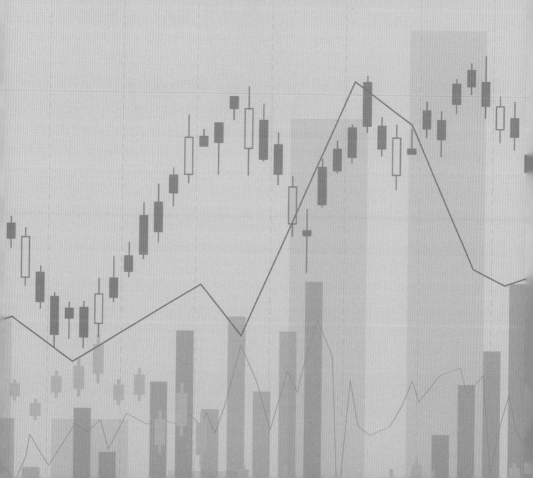

가치평가를 위한 재무분석

가치평가를 위해서는 재무제표에 대한 기본적인 이해가 필요합니다. 회사의 경영성과나 경쟁력 혹은 가치창출을 위해 필요한 자산, 위험요소들은 상당부분 재무제표를 분석함으로써 파악할 수 있기 때문입니다. 여기서는 가치평가를 위해 필요한 재무제표에 대한 기본적인 사항만을 정리해 보았습니다.

재무상태표

재무상태표는 일정 시점의 기업 재무상태에 대한 정보를 담은 보고서입니다. 왼편에 자산, 오른편에 부채와 자본을 기재하며, "자산=부채+자본"입니다.

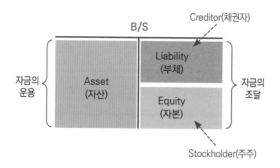

왼쪽은 차변, 오른쪽은 대변으로 불리며, 오른쪽의 부채와 자본은 자금의 조달 형태를 나타냅니다. 부채는 채권자로부터 조달한 것이고, 채무와 같은 의미입니다. 자본은 주주로부터 조달한 것과 주주 몫으로 쌓인 금액입니다. 왼쪽의 자산은 조달된 자금이 어떻게 운용되고 있는지 보여줍니다. 현금, 운전자본, 유형자산, 무형자산, 투자자산 등 어디에 어떻게 운영되고 있는지를 알 수 있습니다.

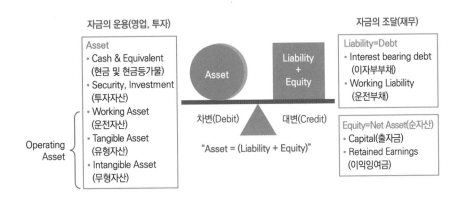

조달한 자금으로 운영을 한 것이기 때문에 "자금의 운영=자금의 조달"과 같아야 합니다. 그러므로 "자산=부채+자본"이 됩니다.

손익활동의 결과도 재무상태표와 연결이 됩니다. 이익이 발생하면 주주 몫인 자본이 쌓여 대변의 자본이 증가합니다. 이 이익은 현금의 증가로 이어지거나, 증가된 현금으로 구입한 다른 자산의 형태로 차변의 자산이 증가할 것이므로 "자산=부채+자본"이 계속 이어지는 것입니다.

손익계산서가 기업이 돈을 잘 벌고 있는지를 확인하는 보고서라면, 재무상태표는 기업이 현재 보유하고 있는 자산과 부채, 자본의 현황을 보여주는 보고서입니다.

가치평가 관점에서는 자산 중에서도 **영업활동에 활용되는 자산과 영업활동에 활용되지 않는 자산을 구분**하는 것이 필요합니다. 영업활동에 활용되는 자산으로는 유형자산, 무형자산, 운전자본(매출채권, 재고자산 등)이 그 예가 될 수 있으며, 영업활동에 활용되지 않은 자산으로는 투자주식, 투자부동산 등이 그 예가 될 수 있습니다.

가치평가 관점에서 또 한 가지 중요한 점은 **부채인 타인자본(차입금 등 채무)과 자기자본(주주의 출자금과 이익이 쌓인 잉여금)의 현황을 파악**하는 것입니다. 부채비율이 지나치게 높으면 기업의 존속가능성이 낮아질 수 있습니다.

손익계산서

손익계산서는 일정 기간 동안의 기업 경영성과에 대한 정보를 제공하는 보고서입니다. 매출에서부터 원가와 비용을 차감하여 당기의 순이익을 계산합니다. 손익계산서를 간략하게 표시하면 다음과 같습니다.

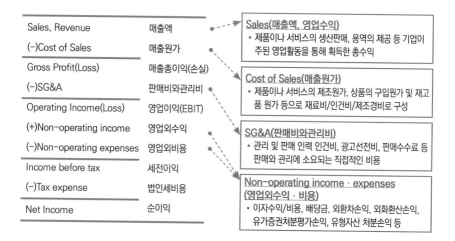

Sales, Revenue	매출액
(-)Cost of Sales	매출원가
Gross Profit(Loss)	매출총이익(손실)
(-)SG&A	판매비와관리비
Operating Income(Loss)	영업이익(EBIT)
(+)Non-operating income	영업외수익
(-)Non-operating expenses	영업외비용
Income before tax	세전이익
(-)Tax expense	법인세비용
Net Income	순이익

Sales(매출액, 영업수익)
• 제품이나 서비스의 생산판매, 용역의 제공 등 기업이 주된 영업활동을 통해 획득한 총수익

Cost of Sales(매출원가)
• 제품이나 서비스의 제조원가, 상품의 구입원가 및 재고품 원가 등으로 재료비/인건비/제조경비로 구성

SG&A(판매비와관리비)
• 관리 및 판매 인력 인건비, 광고선전비, 판매수수료 등 판매와 관리에 소요되는 직접적인 비용

Non-operating income · expenses (영업외수익 · 비용)
• 이자수익/비용, 배당금, 외환차손익, 외화환산손익, 유가증권처분평가손익, 유형자산 처분손익 등

매출은 기업이 주된 영업활동을 통해 벌어들인 금액을 의미합니다. 일반적으로 제품이나 서비스의 생산·판매, 용역(서비스)의 제공 등을 통해 획득한 총수익을 말합니다.

그러므로 영업활동 이외의 활동으로 구분되는 유무형자산을 판매하거나 투자자산을 판매하는 일상적이지 않은 활동은 매출로 구분되지 않고 영업외수익으로 구분됩니다. 그러나 유무형자산을 판매하거나 투자자산을 판매하는 것이 기업의 일상적인 영업활동인 경우에는 이러한 자산의 판매도 매출로 구분됩니다.

매출원가는 제품의 판매나 서비스의 제공과 같은 매출을 위해 제품을 제조하는데 들어가는 원가, 상품을 매입하는데 들어가는 원가, 서비스 제공을 위해 필요한 자원을 매입하는데 들어가는 원가 등을 말합니다.

매출총이익은 매출에서 매출원가를 차감한 금액으로 기업의 주된 활동인 제품, 상품, 서비스 판매의 기본적인 수익성을 나타낸다고 볼 수 있습니다.

판매비와관리비는 제품·상품·서비스 등의 판매를 위한 활동과 관련된 비용 및 기업의 관리와 유지활동에서 발생하는 비용을 의미합니다. 임직원의 급여를 예로 들면, 제조활동에 직접 종사하는 임직원의 급여는 원가에 포함되며, 판매활동에 종사하는 임직원의 급여와 기업의 관리활동에 종사하는 임직원의 급여는 판매비와관리비에 포함되는 것입니다.

영업이익은 "매출-매출원가-판매비와관리비"로 계산됩니다. 매출에서 매출원가와 판매비와관리비를 차감한 금액입니다. 영업이익은 기업의 주된 영업활동의 성과를 나타낸다고 볼 수 있습니다. 그러므로 기업의 지속가능한 수익성을 따질 때 영업이익을 주로 따져보게 됩니다.

영업외수익 및 영업외비용은 일상적인 영업활동 이외의 활동으로 발생한 수익 또는 비용이나 비경상적으로 발생하는 수익 또는 비용을 말합니다. 일반적으로 이자수익이나 이자비용, 투자자산처분이익이나 처분손실 등이 이에 해당합니다. 단, 금융업의 경우 이자수익이나 이자비용은 일상적인 영업활동이기 때문에 영업수익과 영업비용이 해당됩니다. 그러므로 영업손익과 영업외손익을 구분하기 위해서는 기업의 주된 영업활동이 무엇인지에 대한 판단이 우선되어야 합니다.

당기순이익은 영업이익에서 영업외수익을 가산하고 영업외비용을 차감한 후 법인세비용을 추가로 차감하여 계산된 금액입니다. 기업이 한 해 동안 벌어들인 모든 수익에서 모든 비용을 차감한 순액으로 '수익 〉 비용'이면 당기순이익이, '수익 〈 비용'이면 당기순손실이 됩니다.

그리고 주당순이익(EPS; Earnings Per Share)은 당기순이익을 발행주식수로 나누어 계산된 1주당 순이익을 의미합니다.

손익계산서는 기업의 이익창출능력에 관한 정보 및 미래 순이익흐름을 예측하는데 유용한 정보를 제공합니다. 그러므로 내재가치평가를 할 때 손익계산서가 중요한 자료가 됩니다.

가치평가 관점에서는 기업의 핵심가치와 가치창출의 핵심 지표가 무엇인지를 파악하는 것이 중요합니다. 현금흐름할인법(DCF)에서 살펴본 바와 같이 영업가치를 추정할 경우에는 영업이익이 중요한 지표가 됩니다. 그러나 성장기 기업의 경우에는 매출액이 평가를 위한 중요한 지표가 되는 경우도 있으며, PER을 사용할 때에는 당기순이익이 중요한 지표가 될 수도 있습니다.

어떠한 재무 지표이든 가치평가를 위해 활용하기 위해서는 **지속가능한 매출이고 이익인지를 파악**할 필요가 있습니다. 당해 연도에 발생한 매출과 이익일지라도 일시적으로 발생하여 향후에 지속적으로 발생할 수 있는 성격이 아니라면 이는 평가대상 매출과 이익에서 제외되거나 디스카운트될 필요가 있습니다. 이러한 분석을 이익의 질(QoE; Quality of Earnings) 분석이라고 합니다.

이익의 지속가능성 관점에서는 순이익보다는 영업이익이 더 중요하게 다루어집니다. 영업외손익 항목은 비경상적이고 지속가능하지 않은 경우가 많기 때문입니다.

또한 가치평가 관점에서 손익계산서를 분석할 때에는 각 항목별 기여자 및 귀속주체에 대한 이해도 필요합니다. 먼저 다음의 그림을 살펴보겠습니다.

손익계산서; Income Statements

Sales, Revenue	매출액	┈┈► 채권자와 주주
(-)Cost of Sales	매출원가	
Gross Profit(Loss)	매출총이익(손실)	
(-)SG&A	판매비와관리비	
Operating Income(Loss)	영업이익(EBIT)	┈┈► 채권자와 주주
(+)Intwerest income	영업외수익	
(-)Intwerest expenses	이자비용	┈┈► 채권자
Income before tax	세전이익	
(-)Tax expense	법인세비용	
Net Income	순이익	┈┈► 주주

　손익계산서 맨 위에 있는 매출액은 채권자가 투자한 자금과 주주가 투자한 자금으로 영업활동을 하여 창출한 수익이므로, 채권자와 주주가 모두 기여한 것으로 볼 수 있습니다.

　영업이익은 매출을 창출하기 위해 필요한 원가 및 비용을 차감한 후의 금액인데 영업이익은 채권자에게 지급되어야 할 이자비용을 차감하기 전 금액이므로, 채권자와 주주의 몫이 구분되기 전 이익입니다. 그러나 순이익은 채권자에게 지급되는 이자비용을 차감한 후 금액이기 때문에 당기순이익은 주주의 몫으로 볼 수 있습니다.

　가치평가에서 이러한 구분이 필요한 이유는 매출, 영업이익, 순이익을 어떤 가치와 비교할 것인지를 판단하기 위해서입니다.

　매출과 영업이익은 채권자와 주주 모두가 기여한 것이므로 기업가치와 비교를 하고, 당기순이익은 주주의 몫이므로 주주가치와 비교를 하는 것이 일관성 있고 합리적인 비교가 되는 것입니다.

현금흐름표

현금흐름표는 일정 기간 동안 기업의 현금흐름을 현금유입내역과 현금유출내역을 구분하여 보여주는 보고서입니다. 현금흐름표는 재무상태표와 손익계산서보다 활용빈도가 낮기는 하지만, 재무상태표와 손익계산서를 연결한 현금창출활동의 결과라는 측면에서 의미 있는 보고서입니다.

또한 회사의 경영성과가 영업활동을 통해 창출된 것인지, 투자활동이나 재무활동을 통해 창출된 것인지를 확인할 수 있다는 것도 가치평가 시 유용하게 활용될 수 있는 현금흐름표의 장점 중 하나입니다.

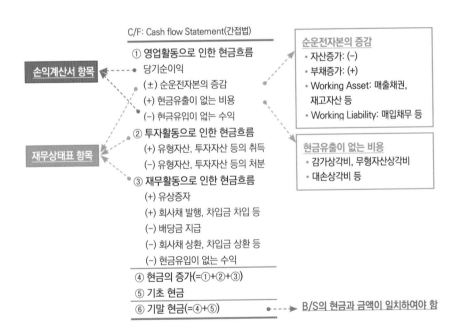

기업의 현금증감은 영업활동을 통한 손익효과로 증가하고 감소한 부분이 영향을 미치며, 기업이 보유한 자산이나 부채의 변동이 영향을 미칩니다.

예를 들어, 기업의 영업활동이 모두 당기에 현금으로만 발생하였다면 영업이익과 영업현금흐름은 동일할 것입니다. 그러나 매출 100이 발생하고 이 중에서 90만 현금으로 회수되고 10은 결산기 말 이후에 받기로 하였다면 매출채권 10이 발생하게 됩니다. 다른 비용이 없다면 기업의 이익은 100인데, 현금은 90만 획득한 것입니다. 이 과정에서 매출채권이라는 자산의 증가 10이 고려되어 현금증감은 90이 되는 것입니다.

그러므로 재무상태표에는 현금 90과 매출채권 10이 추가로 더해지게 됩니다.

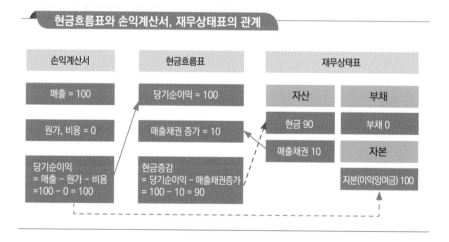

현금흐름표와 손익계산서, 재무상태표의 관계

가치평가를 할 때 이익의 질(quality of earnings)을 따지게 됩니다. 이익의 질은 기업의 이익이 지속가능한 이익인지, 현금으로 얼마나 잘 이어지는 이익인지 등에 따라 달라집니다.

이익의 질(quality of earnings)을 파악할 때 기업이 획득한 이익이 현금흐름과의 상관관계가 얼마나 높은가를 파악하는 것이 중요한 것인데, 그 상관관계를 파악할 수 있는 보고서가 현금흐름표인 것입니다.

다음의 사례를 살펴보겠습니다. 회사A와 회사B가 있습니다. 회사A는 매출액과 영업이익, 당기순이익이 회사B보다 더 큽니다. 회사A는 이익을 실현하고 있는데, 회사B는 적자를 보이고 있습니다. 대신 회사A는 운전자본 투자가 늘어나서 회사B에 비해 회전율이 점차 더 낮아지고 있습니다.[84] 이 경우 회사A가 회사B보다 더 좋은 회사라고 할 수 있을까요? 현금흐름표를 보면 그 답을 찾을 수 있을지 모르겠습니다.

회사A				회사B			(단위: 억 원)
	20X4년	20X3년	20X2년		20X4년	20X3년	20X2년
매출액	167,863	153,053	140,578	매출액	155,754	145,848	135,435
영업이익	4,711	4,409	4,863	영업이익	(5,599)	(10,100)	(721)
당기순이익	330	2,419	1,759	당기순이익	(8,527)	(9,204)	(2,788)
매출채권 및 기타채권	6,235	6,065	5,396	매출채권 및 기타채권	4,857	6,065	5,396
미청구공사	73,959	58,681	33,554	미청구공사	51,522	45,411	28,546
회전율	2.1	2.4	3.6	회전율	2.8	2.8	4.0

---

84) 회전율이 낮다는 것은 활동성이 둔화된다는 의미로, 매출채권의 경우 회수까지의 기간이 길어진다는 의미입니다.

회사A				회사B			(단위: 억 원)
	20X4년	20X3년	20X2년		20X4년	20X3년	20X2년
영업활동 현금흐름	(5,602)	(11,979)	(9,961)	영업활동 현금흐름	(5,602)	(11,979)	(9,961)
당기순이익	330	2,419	1,759	당기순이익	(8,527)	(9,204)	(2,788)
조정	10,365	5,958	8,962	조정	7,738	7,169	8,367
순운전자본변동	(13,000)	(18,203)	(16,953)	순운전자본변동	(1,516)	(7,791)	(11,812)
투자활동 현금흐름	(1,992)	(1,570)	(4,134)	투자활동 현금흐름	(1,992)	(1,570)	(4,134)
재무활동 현금흐름	5,207	14,625	11,358	재무활동 현금흐름	5,207	14,625	11,358
현금 및 현금성 자산의 증가(감소)	(2,386)	1,076	(2,737)	현금 및 현금성 자산의 증가(감소)	(2,386)	1,076	(2,737)

현금흐름표를 보면 회사A와 회사B는 영업활동현금흐름이 동일합니다. 회사A가 이익은 더 많이 발생하였지만 운전자본투자가 커서, 이익은 상대적으로 적지만 운전자본투자가 적게 발생한 회사B의 영업현금흐름과 동일하게 나타나는 것입니다. 회사A는 이익은 발생하지만 채권의 회수가 되고 있지 않은 것입니다. 그리고 그러한 상황은 한 해, 두 해가 아니라 지속적으로 발생하여 쌓여가면서 운전자본의 회전율이 점점 낮아지고 있습니다. 그렇다면 회사A의 이익의 질(QoE; Quality of Earnings)에 대해 생각해 보아야 합니다. **현금으로 회수되지 못하는 이익은 이익의 질적인 측면에서 양질의 이익이 아니며**, 이러한 이익은 가치평가 시 고려되어야 합니다.

참고로 영업이익과 영업현금흐름은 운전자본의 증감으로 일시적인 차이가 나는 경우도 있지만, 방향성 측면에서는 **영업이익의 증가가 영업현금흐름의 증가로 이어지지 못하는 추세라면 이익의 질에 문제가** 있는 것은 아닌지 반드시 살펴보아야 합니다.

❷ 재무 및 회계 사이클의 이해

기업가치를 파악하기 위해서는 기업의 사업프로세스를 이해하는 것이 필요합니다. 그리고 기업의 사업프로세스에 대한 이해를 통해 각각의 활동들이 재무제표에 어떻게 반영되는지 아는 것이 중요합니다. 아래의 예시가 재무 및 회계 사이클에 대한 이해에 도움이 될 수 있을 것입니다.

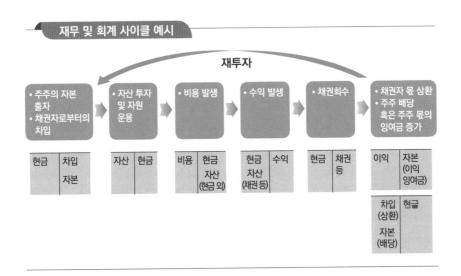

주주가 자본을 출자하고 채권자로부터 차입하여 자금을 조달한 후 사업활동을 위한 투자 등 자원의 운영이 이루어집니다. 그리고 이 과정에서 비용도 발생합니다. 이러한 활동의 결실로 기업의 수익이 발생합니다. 수익을 통해 창출한 현금은 채권자의 몫을 돌려주는 것과 주주에게 투자의 대가를 지급하는 데 쓰이게 됩니다. 기업은 영업활동을 계속할 것이기 때문에 수익을 통해 창출한 현금을 재투자를 위해 쓰기도 합니다. 이 과정이 반복되면 기업은 성장해 나가는 것입니다.

③ 영업현금흐름과 영업이익 차이가 가져온 불행한 사례

　다음의 표는 우수 중소기업(히든챔피언) 육성 정책에 힘입어 성공한 중소기업의 표본으로 알려졌으나, 2014년 파산한 M사의 2007년부터 2013년까지 영업이익과 영업현금흐름 추이입니다.

　영업이익은 계속 증가하고 있으나, 영업현금흐름은 증감을 반복하나 영업이익과는 그 차이가 계속 벌어지고 있음을 볼 수 있습니다.

M사의 2007년부터 2013년까지 영업이익과 영업현금흐름 추이

(단위: 백만 원)	2007년	2008년	2009년	2010년	2011년	2012년	2013년
영업이익	1,775	10,009	13,617	24,866	38,321	85,972	105,064
영업현금흐름	(9,471)	(13,486)	27,911	(3,238)	16,768	14,308	1,540
영업현금흐름-영업이익	(11,246)	(23,495)	14,294	(28,104)	(21,553)	(71,664)	(103,524)

　이 회사는 수출의 증가에 따라 회계상 영업이익이 폭발적으로 늘어난 것으로 보였지만, 그 이익이 현금흐름 창출로 이어지지 못하여 2014년 결국 파산을 하게 됩니다.

　이 사례는 회계상 영업이익이 발생하더라도 영업이익이 양질(Quality)의 이익이 아니어서 영업현금흐름으로 이어지지 못한다면 회사의 가치에 기여하지 못한다는 것을 명확하게 보여주는 사례입니다.

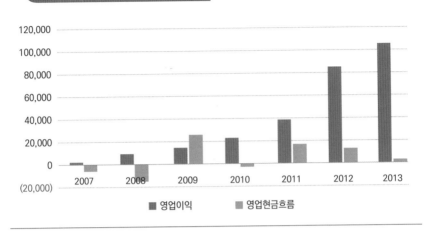

M사의 영업이익과 영업현금흐름

■ 영업이익 ■ 영업현금흐름

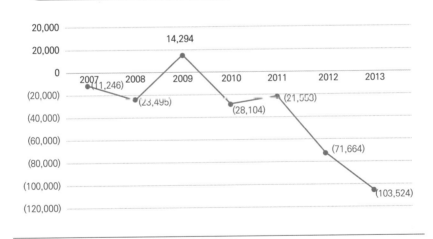

M사의 영업현금흐름-영업이익 차이

④ 이익도 질(Quality)이 중요하다 (Quality of Earning; QoE)

손익계산서상 이익이 정상적인 이익인지 비정상적인 이익인지, 지속가능한 이익인지 일시적인 이익인지를 파악하는 것이 필요합니다. 이를 이익의 질(QoE) 분석이라고 합니다.

QoE 분석은 대상회사의 지속가능한 실질(정상) 이익 수준을 파악하는 것이고, 이익 창출 요인에 대한 분석, 원가 변동 요인에 대한 분석을 포함하며, 일시적·비경상적인 항목이 있다면 이를 지속가능한 이익 수준에서 제외하여 분석하는 것을 말합니다.

즉, 회사의 가치를 평가하기 위해서는 일시적인 이익을 기준으로 평가하면 평가에 왜곡이 발생하기 때문에 지속가능한 정상이익수준을 분석하여 회사의 가치를 평가하는 것입니다.

⑤ EBITDA는 무엇인가?

EBITDA는 "Earnings Before Interest, Tax, Depreciation & Amortization"의 약자로서, 영업이익에 감가상각비 및 무형자산상각비를 가산한 이익입니다.

매출	
(−)매출원가	
매출총이익	
(−)판매비와관리비	
영업이익	
(+)감가상각비	
EBITDA	

EBITDA는 가치평가를 할 때 많이 활용됩니다. 영업이익에 감가상각비를 가산함으로써 쉽게 영업현금흐름과 유사한 금액을 파악할 수 있기 때문입니다.

영업이익과 당기순이익이라는 손익계산서 금액이 있음에도 불구하고 EBITDA라는 지표를 가치평가할 때 많이 활용하는 이유는, 기업의 주된 영업활동으로 인한 현금유입액을 중요하게 보기 때문입니다.

그러나 EBITDA를 잉여현금흐름(FCF)과 비교해 보면 EBITDA는 성장과 영업활동의 지속을 위한 투자지출이 고려되지 않음을 알 수 있습니다. 그렇기 때문에 CAPEX(투자지출)가 지속적으로 필요한 산업이나 운전자본의 투자가 중요한 산업에서는 궁극적인 기업의 가치를 산정할 목적이라면 잉여현금흐름과 같이 투자지출을 고려한 개념이 영업을 위한 현금흐름으로 더 적절할 수 있습니다. 그러나 영업현금흐름의 대용치로 사용되는 EBITDA가 주식평가 시 많이 활용되고 있어 비교가능성이 높기 때문에 단기적인 주식가치평가 목적으로는 유용한 도구가 될 수 있습니다.

EBITDA와 잉여현금흐름(FCF)		
매출 (-)매출원가		매출 (-)매출원가
매출총이익 (-)판매비와관리비	**VS**	매출총이익 (-)판매비와관리비
영업이익 **(+)감가상각비**		영업이익 **(-)영업이익에 대한 법인세**
EDITDA		**세후영업이익**
		(+)감가상각비 **(±)순운전자본 증감** **(-)Capex(투자비, 자본적지출)**
		잉여현금흐름(FCF)

운전자본은 무엇인가?

운전자본은 영업이익의 창출을 위해 필요한 단기투자로서 영업활동과 관련된 자산 및 부채이며, 유형자산이나 무형자산과 같은 자본적지출 성격의 장기투자와 구별됩니다. 운전자본은 회계상으로 정의된 개념은 아니기 때문에 회사별로 성격에 맞게 구분되어야 합니다.

즉, 회계 기준에서는 '유동자산' 및 '유동부채'라는 개념이 있지만, 운전자본은 이와 유사하면서도 완전히 일치하는 개념은 아니어서 가치평가를 할 때 다양한 형태의 정의가 사용되고 있습니다.

· 매출채권 + 재고자산 – 매입채무
· 유동자산(현금 제외) – 유동부채(차입금 제외)
· 유동자산 – 유동부채 + 영업관련 비유동자산 – 영업관련 비유동부채
· 유동자산 – 유동부채 + 단기차입금

운전자본을 간단히 매출채권과 재고자산, 매입채무라고 정의하면 매입을 위한 채무가 발생하고 매입한 자산을 재고로 보유하고 있다가 판매가 이루어지면 매출채권으로 바뀌어 일정 기간 이후에 현금이 생기는 현금순환주기가 만들어집니다. 제품이나 서비스를 팔고 바로 현금으로 회수가 되는 것이 아니라 이처럼 매입 이후 판매로 인한 회수까지 일정 기간이 소요되며, 이 기간 보유한 자산은 회사 입장에서는 단기간 판매를 위한 투자가 이루어진 것과 같습니다.

위와 같은 순환과정을 시간의 흐름에 따라 배열하면 다음과 같습니다.

재고를 매입하면 회사는 재고를 판매하기 전까지 보유하게 되고, 매입처에 지급해야 할 채무가 발생합니다. 이후 제품을 완성하여 판매하

는 매출활동을 통해 매출처로부터 받을 채권이 발생합니다. 이와 같은 투자가 발생하는 기간은 "매출채권 회수기간(95일)+재고보유기간(90일)−매입채무 지급기간(75일)=110일"입니다. 이 기간을 현금전환주기라고 하며, 이 기간 동안 이루어지는 "매출채권+재고자산−매입채무"의 금액이 순운전자본투자가 이루어지는 금액입니다.

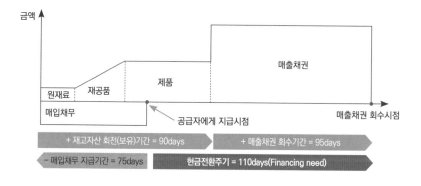

일반적으로 매출액이 증가하면 순운전자본[85]도 증가하게 됩니다.

매출 대비하여 운전자본 비중이 크다면 매출 달성을 위해 운전자본 투자가 많이 필요하다는 것이고, 이 경우에는 현금회수가 늦어져 자본이 효율적으로 활용되지 못하는 결과를 초래하게 될 가능성이 있습니다.

만약 **운전자본이 비정상적으로 증가하는 경우에는 영업활동에 필요한 투자, 즉 필요현금의 규모가 증가한다는 것이기 때문에 이는 잉여현금흐름의 감소를 가져오게 되고, 결국에는 기업가치의 감소로 이어질 수 있습니다.**

---

85) 순운전자본은 운전자산에서 운전부채를 차감한 금액을 의미하며 '운전자산 > 운전부채'일 경우에는 (+)순운전자본, '운전자산 < 운전부채'일 경우에는 (−)순운전자본이 됩니다.

운전자본 분석에는 회전율 분석이 많이 활용됩니다.

예를 들어 매출채권, 재고자산, 매입채무에 직접적으로 연관되는 변동 요인 항목을 파악하고, 이 변동 요인과의 비율로 회전율을 산정하여 추세파악 및 유사회사와 비교함으로써 필요 운전자본을 추정하는 것입니다.

구분	변동 요인	회전율	회전율 예시	회전기간 예시
매출채권	매출	매출÷매출채권	100원÷20원=4회	365일/4회=91일
재고자산	원가	원가÷재고자산	80원÷15원=5.3회	365일/5.3회=69일
매입채무	원가	원가÷매입채무	80원÷10원=8회	365일/8회=46일

운전자본투자는 영업활동에 따라 필요한 운전자본 수준을 분석하여 반영하여야 합니다.

Capex는 특정 연도의 일시적인 금액을 반영하는 것이 아니라 사업을 유지하는데 필요한 Capex의 평균값을 추정하여 반영하는 것이 필요할 수 있습니다.

즉, 운전자본과 Capex와 같은 투자 필요액을 파악하기 위해서는 회사와 산업에 대한 이해가 필요합니다. 현금흐름을 제대로 분석하기 위해서는 대상회사의 사업과 산업에 대한 이해가 충분해야 가능한 것입니다.

⑦ 🔍 CAPEX는 무엇인가?

기업의 가치에 대해 논할 때 투자나 CAPEX에 대한 얘기를 하게 됩니다. CAPEX는 Capital Expenditure의 약자로, 자본적지출이라고 합니다. 자본적지출은 기업이 영업활동을 영위하기 위해 필요한 공장, 기계장치, 장비, 기술, 소프트웨어 등 유형 및 무형의 자산에 투자하는 것을 말합니다. 이를 "자본적지출(CAPEX)"이라고 하는 이유는, 투자된 자산이 바로 비용처리되지 않고 자본화(자산화)된 이후 장기간에 걸쳐 사용되기 때문입니다.

지출되어 1년 이내에 사용이 완료되는 투자는 자본화(장기간 자산화)되지 않고 비용처리됩니다. 그러므로 자본적지출은 1년 이상 사용되어 자본화(자산화)한 후 장기간 사용되어 사용기간에 걸쳐 비용처리가 이루어지는 투자를 말합니다.

CAPEX(자본적지출)는 크게 유지를 위한 투자와 성장을 위한 투자로 구분될 수 있습니다. 자본적지출의 규모는 산업과 비즈니스모델에 따라 차이가 있지만, 적절한 수준의 자본적지출은 기업의 사업을 계속 영위하는데 반드시 필요합니다. 그러므로 기업의 내재가치를 평가할 때에는 필요한 수준의 CAPEX를 파악하여 반영해 주어야 합니다.

8. 연결재무제표

연결재무제표는 연결회사인 지배회사와 자회사의 재무제표를 합산한 재무제표입니다. 단, 연결회사인 지배회사와 자회사를 하나의 회사로 보는 것과 같기 때문에 연결실체 내에서 발생한 거래관계는 합산을 한 후 모두 제거합니다.

연결재무제표 작성 구조

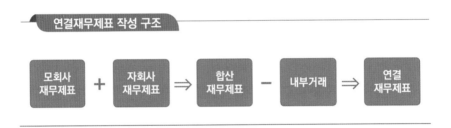

연결회사인 지배회사에 투자한 주주는 연결회사의 주주로서 지배주주라고 합니다. 지배회사가 자회사의 지분을 모두 보유하고 있다면 지배주주가 연결실체의 모든 자산과 부채를 보유하는 것과 같습니다. 그러나 자회사의 지분 중 일부를 지배회사가 아닌 연결실체 외의 다른 제3자가 보유하고 있다면 지배회사는 자회사의 순자산을 지분율만큼 보유하게 됩니다. 그리고 자회사에 대한 제3자의 지분율에 해당하는 순자산을 비지배주주지분이라고 합니다.

다음의 그림에서 Case A는 모회사가 자회사를 100% 보유하고 있기 때문에 비지배주주가 없어서 모회사의 주주와 연결지배주주는 주주 X로 동일합니다. 그러나 Case B와 같이 자회사의 지분 20%를 다른 제3

자인 주주 Y가 보유하고 있을 때, 연결재무제표 작성을 위해 모회사와 자회사의 자산부채를 합산한 후에도 자회사의 지분 20%는 주주 Y의 몫이어야 합니다. 그렇기 때문에 자회사의 순자산(자기자본) 20% 해당액을 주주 Y의 몫으로 구분하여 비지배주주지분이라고 합니다. 즉, 비지배주주지분은 모회사의 주주가 아니라 연결대상 자회사 주주 중 제3자인 외부주주지분을 의미합니다.

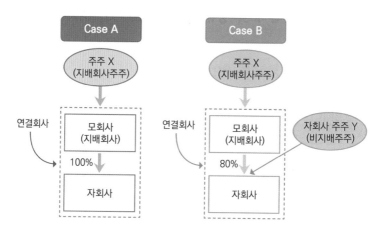

가치평가를 할 때 연결재무제표 기준으로 평가를 할 것인지, 각 법인별로 별도로 평가를 할지에 대한 판단이 필요할 수 있습니다. 연결회사의 사업이 유사하거나 연결회사 간 거래가 많다면 연결재무제표 기준으로 평가하는 것을 고려해 볼 필요가 있고, 연결회사 간 사업의 성격이 이질적이라면 각 법인별로 평가하는 것을 고려해 볼 필요가 있습니다.

연결재무제표 기준으로 평가를 할 때 한 가지 주의할 점은 지배주주와 비지배주주지분을 포함한 지분가치를 구하는지, 지배주주지분의 가치를 구하는지를 명확히 하여야 하며, 연결회사의 주주인 지배주주지분의 가치를 구하는 것이 목적이라면 비지배주주지분의 가치는 차감해 주어야 한다는 것입니다.

⑨ ROA와 ROE

ROA는 Return On Asset의 약자로 총자산수익률을 의미하며, ROE 는 Return On Equity로 총자본수익률을 의미합니다. ROA는 주주지 분과 채권자지분을 합한 총투자대비 수익률을 의미하며, ROE는 주주 지분의 투자대비 수익률을 의미합니다.

$$\text{ROA (총자산순이익률)} = \frac{\text{Return(순이익)}}{\text{Asset(총자산)}}$$

$$\text{ROE (자기자본이익률)} = \frac{\text{Return(순이익)}}{\text{Equity(자기자본)}}$$

즉, 투입한 총자산 대비 혹은 투입한 자기자본 대비해서 이익을 얼마나 냈는지를 나타내는 지표입니다. 그렇기 때문에 주주 입장에서는 ROE에 관심을 갖게 되고, ROE가 높을수록 좋은 주식이라고 볼 수 있습니다. **ROE가 높을수록 자본을 효율적으로 활용하여 수익성 있는 성과를 달성**하였다고 볼 수 있기 때문입니다. 즉, 이익이 빠른 속도로 증가하여 자본이 기업에 쌓이게 되고, 자본이 늘어나면 투자가 늘어나게 되고, 투자가 증가하면 기업의 성장속도도 빨라지게 될 가능성이 높은 것입니다.

그러나 ROE를 활용할 때 한 가지 주의할 점이 있습니다. 바로 ROE에 숨어있는 재무위험 요소입니다. 다음의 두 회사 ROE와 ROA를 비교해 보겠습니다.

구분	자산	자본	부채	부채비율	순이익	ROA	ROE
우주전자	1,000	200	800	400%	100	10%	50%
지구전자	1,000	800	200	25%	100	10%	12.5%

두 회사의 ROA는 10%로 동일한데, ROE는 우주전자가 50%로 12.5%의 지구전자보다 훨씬 높습니다. 이는 우주전자가 차입을 통해 많은 부채와 적은 자본으로 운영을 하고 있기 때문입니다. 즉, 부채를 많이 사용하면 ROE는 높아질 가능성이 있습니다. 대신 재무위험 또한 커진다는 사실을 알아야 할 것입니다. 그러므로 ROA와 ROE를 함께 보면서 자본의 효율성뿐만 아니라 재무적 위험 요소까지 살펴보는 것이 필요할 것입니다.

ROA는 다음과 같이 풀어서 볼 수도 있습니다.

$$\text{ROA}(\text{총자산순이익률}) = \frac{\text{Return(순이익)}}{\text{Asset(총자산)}} = \frac{\text{순이익}}{\text{매출}} \times \frac{\text{매출}}{\text{총자산}}$$

"순이익/매출액"이 매출액순이익률이고, "매출/총자산"이 총자산회전율입니다. 즉, 매출액순이익률이 높고 자산회전율이 높을수록 ROA가 높아진다는 것을 알 수 있습니다.

ROE는 다음과 같이 풀어서 볼 수 있습니다.

$$\underset{\text{(자기자본이익률)}}{\text{ROE}} = \frac{\text{Return(순이익)}}{\text{Equity(자기자본)}} = \frac{\text{순이익}}{\text{매출}} \times \frac{\text{매출}}{\text{총자산}} \times \frac{\text{자산총액}}{\text{자기자본}}$$

ROE는 ROA의 요소인 매출액순이익률과 총자산회전율에 "자산총액/자기자본"이라는 재무레버리지(재무안정성)가 추가됨을 알 수 있습니다. 즉, "ROE=ROA×재무레버리지"가 되는데 위의 산식에서도 재무위험 요소가 높아질수록 ROE가 높아질 수 있음을 보여주고 있습니다. 그러므로 단순히 ROE가 높을수록 좋은 주식이라고 단정하기보다는 **ROA와 비교하면서 재무위험의 정도도 함께 고려하여 높은 ROE의 달성이 재무적 건전성에 기초하는지를 살펴보는 것이 반드시 필요**합니다.

 ROIC(투하자본수익률)

회사의 경쟁력을 분석하는데 많이 활용되는 방법 중 하나로 ROIC(투하자본수익률)가 있습니다. ROIC는 ROA 및 ROE와 유사한 개념입니다. 차이가 나는 것은 영업활동에 좀 더 중점을 두는 것입니다.

$$\underset{\text{(투하자본수익률)}}{\text{ROIC}} = \frac{\text{세후영업이익}}{\text{영업활동에 투자된 자본}}$$

ROA와 ROE에서 분모에 총자산이나 자기자본으로 계산이 이루어진다면, ROIC는 영업활동에 사용되는 자산으로 계산이 이루어집니다. 그리고 분자에 순이익이 아닌 세후영업이익을 사용합니다. 즉, 영업활동에 활용되는 자산을 통해 어느 정도의 영업이익을 달성하고 있는지를 분석하는 것입니다. 즉, 회사가 계속적으로 경쟁력을 가지고 효율적인 자산 활용을 통해 이익을 달성해 갈 수 있는지를 보기 위해서는 영업활동을 통한 이익에 초점을 두어야 하기 때문에 영업활동 중심으로 분석하는 ROIC를 사용하는 것입니다.

영업활동에 투자된 자본은 회사의 자산 중 영업활동에 사용되지 않는 현금이나 투자주식, 투자부동산 등을 제외한 자산이 될 수 있습니다. 간단하게는 "유형자산+운전자본"으로 계산되기도 하고, "부채+자기자본−현금−투자자산"으로 계산되기도 합니다.

다음은 지구전자의 재무현황입니다.

구분	자산	자본	부채	현금(비영업자산)	순이익	영업이익
지구전자	1,000	800	200	500	100	150

위의 재무현황을 기초로 지구전자의 ROA와 ROIC를 비교하면 다음과 같습니다.

지구전자 ROA = 100/1,000 = 10%
지구전자 ROIC = 150/(1,000−500) = 30%

ROIC가 30%라는 것은 회사 본연의 영업활동 수익성이 30%라는 의미입니다. 그리고 지구전자의 ROA보다 ROIC가 훨씬 높은 이유는 영업활동에 활용되지 않은 자산이 많기 때문입니다. 영업활동을 통한 자산의 수익률은 높기 때문에 비영업자산을 영업활동에 추가적으로 투입하거나 좀 더 효과적으로 활용한다면 회사의 가치는 더 높아지게 될 수도 있습니다.

물론 회사의 가치는 미래 수익 창출능력에 달려 있기 때문에 과거의 재무상황을 기초로 한 분석이 항상 기업가치의 바로미터가 될 수 있는 것은 아니지만, ROIC 분석은 상대적으로 지속가능한 영업활동에 초점을 둠으로써 기업 미래 역량 평가에 도움을 줄 수 있는 분석이 될 것입니다.

 # ⑪ 그 밖에 알아두면 좋은 재무지식

회계기준

재무제표는 회사가 임의로 작성하는 것이 아니라 일정한 기준에 의해 작성합니다. 그 기준을 회계기준이라고 하는데, 회계기준은 크게 한국채택국제회계기준(K-IFRS)과 일반기업회계기준(K-GAAP)으로 구분됩니다. 한국채택국제회계기준은 주로 상장회사가 적용하고, 상장회사가 아닌 회사는 특별한 경우를 제외하고는 일반기업회계기준을 적용하고 있습니다.

국제회계기준은 회계기준을 국제적으로 일치시켜 국가 간 재무제표의 비교가능성을 높일 수 있다는 긍정적인 측면도 있습니다. 그러나 일반회계기준이 규정 중심인데 비하여 국제회계기준은 원칙 중심으로 정리된 기준이라서 해석과 판단이 필요하게 되는 상황이 많다는 점에 불편함을 호소하는 측면도 있습니다.

외부감사의 기준

주식회사와 유한회사는 일정 규모 이상이면 외부감사를 의무적으로 받게 되어 있습니다. 회계처리가 적정하게 되었는지를 외부감사인으로부터 확인받고, 이렇게 확인받은 재무제표를 공시하고 있는 것입니다. 그렇다면 외부감사 대상이 되는 기준은 어떻게 될까요?

기본적으로 유가증권시장 · 코스닥시장 · 코넥스시장과 같은 주권상장법인과 주권상장예정법인은 외부감사를 받아야 합니다.

그리고 다음의 기준 중에서 2가지 이상에 해당하는 경우도 외부감사를 받아야 합니다.

구분	자산총액	부채총액	매출총액	종업원 수(사원 수)
주식회사	120억 원 이상	70억 원 이상	100억 원 이상	100명 이상
유한회사				50명 이상

추가적으로 직전 사업연도 말 자산총액 또는 매출액이 500억 원 이상인 회사도 외부감사를 받아야 합니다. 이때 사업연도가 12개월 미만

인 경우 매출액을 12개월로 환산하고, 1개월 미만은 1개월로 간주하여 계산합니다.

감가상각비

감가상각비는 유형자산상각비와 무형자산상각비로 구분할 수 있습니다. 감가상각비는 원가를 배분하는 과정에서 나오는 비용입니다. 예를 들어 지금 1,000원을 지출하여 기계장치를 구매하였고, 이 기계장치는 향후 10년 동안 회사의 생산활동에 사용될 예정입니다. 현금은 지금 1,000원이 지출되었지만, 회사의 생산활동은 향후 10년 동안 이 기계장치를 활용하여 이루어지기 때문에 기계장치의 사용대가는 매년 원가에 반영되어야 합니다. 10년 동안 원가에 반영하는 방법은 여러 가지가 있지만, 만약 10년 정액법으로 원가에 반영한다면 매년 100원씩 회사의 생산원가로 기계장치의 감가상각비가 원가에 반영되는 것입니다. 이처럼 매년 원가에 반영되는 100원은 현금이 지출되지 않은 비용이기 때문에 현금흐름을 구할 때에는 비용에서 제외하게 됩니다.

이 기계장치의 생산능력을 유지하기 위해 추가적인 지출이 매년 발생할 수 있고, 또한 회사의 매출이 증가하여 기계장치가 추가로 필요한 경우도 있을 것입니다. 주식가치평가 시 향후 현금흐름 추정 시에는 이러한 추가투자 여부도 고려되어야 합니다.

재투자비율

기업은 사업을 계속하고 지속적으로 성장하기 위해서 재투자가 필요합니다. 그러므로 가치평가를 할 때에는 재투자가 어느 정도 필요한지를 살펴보는 것도 중요한 부분입니다. 특히 현금흐름할인법(DCF)에서는 기업의 세후영업이익에서 운전자본투자와 CAPEX(자본적지출, 유무형자산 투자)와 같은 재투자액을 차감하여 잉여현금흐름(FCF)을 산정하게 됩니다. 기업의 재투자비율은 여러 관점에서 정의될 수 있지만, 기업잉여현금흐름 산출 관점에서 재투자비율을 정의하면 순운전자본투자와 순자본적지출(유무형자산투자-감가상각비)이 세후영업이익에서 차지하는 비율이라고 볼 수 있습니다.

$$재투자비율 = \frac{순운전자본투자 + 유무형자산투자 - 감가상각비}{세후 영업이익}$$

실질적으로 주주에게 귀속되는 현금흐름은 재투자금액을 차감한 후의 금액입니다. 그러므로 주주 입장에서는 재투자가 딜레마일 수 있습니다. 당장의 현금흐름 증가를 위해서는 재투자를 줄이면 좋을 것 같지만, 성장을 위해서는 재투자가 반드시 필요할 것이기 때문입니다. 재투자가 없이는 향후 성장이 제한될 수도 있으므로, 기업의 성장단계별로 재투자의 규모는 다르게 판단할 필요가 있습니다. 예를 들어 고성장단계에서는 재투자비율이 조금 높더라도 적극적인 투자가 지지를 얻는 시기가 될 것입니다.

이자보상배율

$$\boxed{\text{이자보상배율} = \frac{\text{영업이익}}{\text{이자비용}}}$$

이자보상배율은 회사가 지급한 이자비용에 비교하여 영업이익이 몇 배나 되는지를 살펴보는 지표로서, 배수가 클수록 재무적으로 안정적이라 보고 배수가 1에 미달하면 영업을 하여 이자비용도 지급하지 못하는 상황이므로 재무적으로 위험이 있다고 보게 됩니다.

이자보상배율은 기업의 재무적 안정성을 알려주는 지표로서, 기업이 한계기업인지 여부 및 기업의 디폴트 위험성 등을 파악하는데 활용됩니다.

전환사채, 신수인수권부사채

전환사채와 신주인수권부사채는 발행기업이 투자자에게 정기적으로 이자를 지급하고 만기 시에는 원금을 상환하는 사채입니다. 그러나 전환사채와 신주인수권부사채는 투자자인 사채권자가 발행회사의 주식을 보유할 수 있는 권리를 부여하고 있습니다.

전환사채는 전환기간 내에 전환 조건에 따라 사채를 발행회사의 주식으로 전환할 수 있는 권리가 부여됩니다.

신주인수권부사채는 사채가 주식으로 전환되는 전환사채와는 달리 일정 조건에 따라 주식을 인수할 수 있는 권리가 부여됩니다.

투자자 입장에서는 전환조건이나 신주인수권 조건이 유리할 경우에는 주식으로 전환하거나 신주인수권을 행사할 것이기 때문에 회사의 주식수는 늘어날 수 있습니다.

그러므로 주식가치평가에는 전환사채나 신주인수권부사채를 단순히 부채로 볼 것인지, 아니면 주식이 발행되어 늘어날 것을 가정할 것인지에 대한 판단이 필요합니다.

평가목적에 따라 다르겠지만 현재의 주주지분 가치만을 구하고자 한다면, 전환사채나 신수인수권부사채의 행사로 인한 부담이 공정가액으로 평가되어 부채로 계상되어 있을 경우에는 이 옵션가치를 포함한 전환사채와 신주인수권부사채의 공정가치를 차감한 후의 주주지분 가치를 구하는 방법도 고려해 볼 수 있을 것입니다.

전환사채와 신주인수권부사채의 발행내역에 대한 정보는 재무제표 주석에 기재되어 있습니다.

보통주와 우선주

보통주는 1주 1의결권을 갖는 우리가 흔히 말하는 일반 주식입니다. 우선주는 배당 및 회사의 잔여지분에 대해 보통주보다 우선하는 권리를 갖는 주식입니다. 대신 우선주는 일반적인 상황에서의 의결권이 제한되는 경우가 많습니다.

우선주는 다시 전환우선주와 전환상환우선주로 구분할 수 있습니다. 전환우선주는 전환 조건에 따라 보통주로 전환할 수 있는 권리가 부여된 우선주이고, 전환상환우선주는 보통주로 전환할 수도 있고 발행회사에 상환도 요구할 수 있는 권리가 부여된 우선주입니다. 참고로 상환우선주의 상환은 일반적으로 배당가능이익의 범위내에서 이루어집니다.

전환우선주와 전환상환우선주도 앞서 설명한 전환사채 등과 마찬가지로 잠재적으로 보통주식이 늘어날 가능성이 있는 상황이기 때문에, 주식가치평가 시에는 이를 주주지분으로 간주하여 평가할 것인지 기업가치에서 우선주가치를 차감한 후 보통주 지분의 가치를 구할 것인지에 대한 판단이 필요합니다.

평가 목적에 따라 다르겠지만, 전환우선주와 전환상환우선주의 공정가치를 알고 있다면 기업가치에서 이를 차감한 후의 보통주 지분가치를 구할 수도 있을 것이며, 우선주 투자자 입장에서 무엇이 유리한지를 판단하여 우선주 혹은 보통주와 같은 지분으로 간주하여 평가하는 것도 가능할 것입니다.

전환우선주와 전환상환우선주의 발행내역에 대해서는 재무제표 주석에 기재되어 있습니다.

스톡옵션(Stock-option, 주식매수선택권)

스톡옵션(Stock-option, 주식매수선택권)은 임직원들에게 기업가치 제고를 위해 일정 기간 근속하여 회사에 기여할 경우 상대적으로 낮은 가격에 회사의 주식을 매수할 수 있는 기회를 줌으로써 잠재적인 회사의 가치를 나누는 것입니다.

그러므로 스톡옵션을 부여한 회사는 잠재적으로 향후 발행주식수가 늘어날 가능성이 있습니다. 주식가치평가를 할 때에는 스톡옵션의 효과를 고려할 필요가 있습니다. 평가 목적에 따라 다르겠지만, 스톡옵션의 공정가치를 알고 있을 경우에는 기업가치에서 이를 차감한 후의 현재 발행된 보통주 지분가치를 구할 수도 있을 것이며, 스톡옵션 행사로 인한 현금유입액과 새롭게 발행될 주식수를 기존의 보통주 주식에 합산하여 주주지분의 가치를 구할 수도 있을 것입니다.

스톡옵션의 부여내역에 대해서는 재무제표 주석에 기재되어 있습니다.

무상증자 및 주식배당

증자는 자본금을 늘리는 것을 의미합니다. 자본금이 늘어나면 주주들의 주식수도 늘어나게 됩니다. 무상증자는 자본금을 늘릴 때 주주들이 추가적으로 현금을 출자하지 않는 것입니다. 그렇다면 주주들의 주식수는 어떻게 늘어날까요? 회사에 쌓인 잉여금을 자본금으로 돌려서

자본금을 늘리는 것입니다. 그리고 자본금이 늘어난 부분은 기존 주주들이 보유한 지분율대로 주주들에게 주식으로 교부하기 때문에 주주들의 주식수도 늘어나게 됩니다.

회사에 쌓인 잉여금을 자본금으로 바꾸는 것이기 때문에 주식수는 늘어나서 주당가액은 달라질 수 있습니다. 주식수가 늘어나 거래량이 늘거나 유동성이 풍부해질 수는 있지만, **회사의 본질적인 가치에는 영향이 없습니다.**

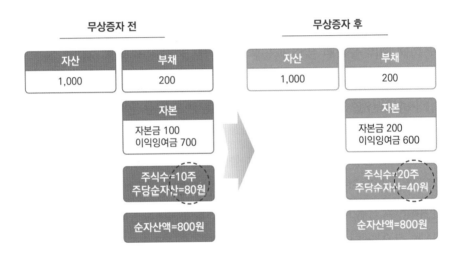

주식배당도 무상증자와 같은 효과입니다. 자본 항목 중 어떤 항목을 재원으로 하는가의 차이입니다. 주식배당은 일반배당과 마찬가지로 배당가능이익을 한도로 합니다. 주식배당은 기본적으로 이익배당 총액의 2분의 1에 상당하는 금액을 초과하지 못하지만, 상장회사는 시가가 액면가액보다 높다면 이익배당 전액을 주식배당으로 할 수 있습니다.

무상증자 및 주식배당의 종류[86]

구분	무상증자 및 주식배당 재원	과세 여부
무상증자	자본준비금을 자본금으로 전입	과세대상 아님(예외 있음)
	이익준비금을 자본금으로 전입	배당으로 과세
주식배당	이익잉여금에 의한 주식배당	배당으로 과세

유상증자

유상증자는 현금이나 현물 등 실질자산이 회사에 투자되어 자본이 증가하는 것입니다. 주식수가 늘지만 그만큼 회사의 자본도 증가합니다. 주식수가 늘기 때문에 최근 실적기준으로 평가한 PSR이나 PER 의 경우 당장에는 그 비율이 낮아질 수 있습니다. 그러나 증자가액이 회사의 시가와 일치한다면 **본질적으로 주당가액에 미치는 영향은 없습니다.** 그러나 유상증자로 인한 신규투자가 회사 성장에 대한 기대감을 높인다면 회사의 내재가치는 달라질 수 있을 것입니다.

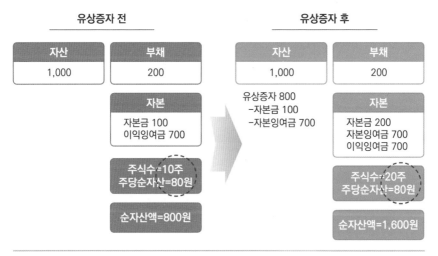

86) 「M&A와 투자, 기업재편 가이드」, 삼일인포마인 참고

구분	내용	신주부여대상
주주배정	주주에게 보유주식 비율에 따라 배정 (신주발행(증자)의 기본 원칙)	기존 주주
제3자배정	정관의 정함에 따라 특정인에게 배정	제3자
공모	불특정 다수인에게 청약기회 부여 (주주우선공모, 주주우선청약권이 없는 일반공모)	불특정 다수

회사의 재무정보는 어디서 얻는가?

증권사의 애널리스트 리포트나 주요 포털사이트의 금융페이지에 접속하면, 평가하고자 하는 회사에 대한 간단한 재무정보를 확인할 수 있습니다. 그러나 보다 자세한 재무정보를 확인하고 싶다면 금융감독원의 전자공시시스템을 이용하는 것이 좋습니다.

"dart.fss.or.kr"로 접속하면 회사별로 재무정보를 비롯한 다양한 정보를 직접 확인할 수 있습니다.

---

87) 「M&A와 투자, 기업재편가이드」, 삼일인포마인 참고

주요 재무비율 예시

항목	계산식	비고
수익성 분석 지표		
총자본순이익률 (ROA)	$\dfrac{당기순이익}{(전기총자산+당기총자산)\div2}$	연결은 연결당기순이익 기준 자산은 당기 기준으로도 분석함. 기업이 소유하고 있는 총자산 운용의 효율성을 나타내는 지표
자기자본순이익률 (ROE)	$\dfrac{당기순이익}{(전기총자본+당기총자본)\div2}$	연결은 지배주주순이익 기준 자본은 당기 기준으로도 분석함. 주주자본 입장에서의 수익성을 나타내는 지표로서 ROA에서 자본구조 효과 제거
투하자본수익률 (ROIC)	$\dfrac{세후영업이익}{(전기투하자본+당기투하자본)\div2}$	투하자본은 영업활동에 사용되는 자산 투하자본은 당기 기준으로도 분석함.
매출액순이익률	$\dfrac{당기순이익}{(당기매출액)}$	매출액 순이익률은 정상적인 영업활동으로 창출된 이익뿐 아니라 법인세를 포함한 기업의 순자산을 증가 또는 감소시키는 모든 활동을 반영한 이익 효과
매출액영업이익률	$\dfrac{당기영업이익}{(당기매출액)}$	영업활동의 효율성을 나타냄.
EBITDA margin	$\dfrac{EBITDA}{(매출액)}$	EBITDA 이외에 EBITA 분석이 이루어지기도 함. (단기적)영업현금흐름 창출 능력 지표
성장성 분석 지표		
매출액증가율	$\dfrac{당기매출액}{전기매출액}-1$	대표적인 성장성 지표 시장 규모의 증감 또는 시장 점유율과 관련이 있음.
영업이익증가율	$\dfrac{당기영업이익}{전기영업이익}-1$	영업활동으로 인한 이익의 성장 지표
EBITDA 증가율	$\dfrac{당기EBITDA}{전기EBITDA}-1$	영업현금흐름 창출 관점에서의 성장 지표

---

88) 「기업가치평가와 재무실사」, 삼일인포마인 참고

항목	계산식	비고
안정성 분석 지표		
유동비율	$\dfrac{\text{유동부채}}{\text{유동자산}}$	단기지급능력을 나타냄.
부채비율	$\dfrac{\text{부채총계}}{\text{자본총계}}$	재무적 안정성을 측정하는 가장 일반적인 지표
유보율	$\dfrac{\text{유보액}}{\text{자본금}}$	유보액= 지배주주순자산(자기주식 차감전) −자본금
순차입금비율	$\dfrac{\text{순차입부채}}{\text{자본총계}}$	재무적 안정성 측정 지표
이자보상배율	$\dfrac{\text{영업이익}}{\text{이자비용}}$	이자비용의 지급에 필요한 이익을 창출할 수 있는 능력(이자부담능력)을 나타내는 것으로 재무적 건전성 측정 지표
자기자본비율	$\dfrac{\text{자본총계}}{\text{자산총계}}$	재무적 안정성 측정 지표
활동성 분석 지표		
총자산회전율	$\dfrac{\text{매출액}}{(\text{전기총자산}+\text{당기총자산})\div 2}$	당기총자산 기준으로 산정하기도 함. 총자산의 운용 효율을 측정하는 지표
순운전자본회전율	$\dfrac{\text{매출액}}{(\text{전기순운전자본}+\text{당기순운전자본})\div 2}$	당기순운전자본 기준으로 산정하기도 함. 운전자본의 효율적 관리 수준 측정 지표
매출채권회전율	$\dfrac{\text{매출액}}{(\text{전기매출채권}+\text{당기매출채권})\div 2}$	당기매출채권 기준으로 산정하기도 함.
재고자산회전율	$\dfrac{\text{매출원가}}{(\text{전기재고자산}+\text{당기재고자산})\div 2}$	매출액 기준, 당기재고자산 기준으로 산정하기도 하며, 변동요인 파악 후 분석할 필요가 있음.
매입채무회전율	$\dfrac{\text{매출원가}}{(\text{전기매입채무}+\text{당기매입채무})\div 2}$	매출액 기준, 당기매입채무 기준으로 산정하기도 하며, 변동요인 파악 후 분석할 필요가 있음.
회수(지급)기간	$\dfrac{365}{\text{매출채권회전율}}$	분자에 매입채무, 재고자산 등으로 분석하면 해당 자산 및 부채의 회전기간이 됨.
운전자본회전주기	매출채권회수기간+재고자산회전기간 −매입채무지급기간	매출채권과 재고자산은 현금화 주기, 매입채무는 지급 주기를 나타냄.

손익 항목과 자산 항목을 비교하는 경우, 자산 항목은 위 산식에서는 연평균기준으로 계산식을 표시하였으나 당기 말(또는 전기 말, 평가기준일)로 분석하는 경우도 있습니다. 예를 들어 매출채권회전율 분석을 당기 매출액을 전기매출채권과 당기매출채권의 평균으로 나누어 분석하기도 하고, 당기매출채권 잔액 기준으로 분석을 할 수도 있습니다.

손익 항목의 경우에는, 기중 분석의 경우 최근 12개월, 최근 4개 분기, 직전 사업연도, 당해 사업연도 실적+추정 등 다양한 조합으로 분석을 할 수 있기 때문에 상황에 맞게 적용하면 될 것입니다.

CHAPTER

부록

기업의 성장성, 이익률, 위험(불확실성) 요소 판단 시 고려사항의 예

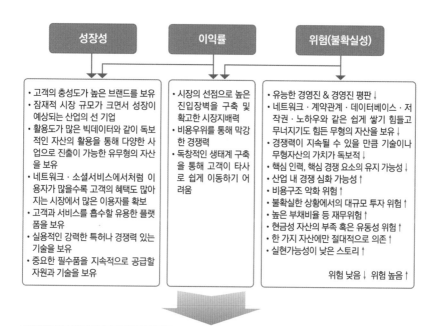

성장성	이익률	위험(불확실성)
• 고객의 충성도가 높은 브랜드를 보유 • 잠재적 시장 규모가 크면서 성장이 예상되는 산업의 선 기업 • 활용도가 많은 빅데이터와 같이 독보적인 자산의 활용을 통해 다양한 사업으로 진출이 가능한 유무형의 자산을 보유 • 네트워크·소셜서비스에서처럼 이용자가 많을수록 고객의 혜택도 많아지는 시장에서 많은 이용자를 확보 • 고객과 서비스를 흡수할 유용한 플랫폼을 보유 • 실용적인 강력한 특허나 경쟁력 있는 기술을 보유 • 중요한 필수품을 지속적으로 공급할 자원과 기술을 보유	• 시장의 선점으로 높은 진입장벽을 구축 및 확고한 시장지배력 • 비용우위를 통해 막강한 경쟁력 • 독창적인 생태계 구축을 통해 고객이 타사로 쉽게 이동하기 어려움	• 유능한 경영진 & 경영진 평판↓ • 네트워크·계약관계·데이터베이스·저작권·노하우와 같은 쉽게 쌓기 힘들고 무너지기도 힘든 무형의 자산을 보유↓ • 경쟁력이 지속될 수 있을 만큼 기술이나 무형자산의 가치가 독보적↓ • 핵심 인력, 핵심 경쟁 요소의 유지 가능성↓ • 산업 내 경쟁 심화 가능성↑ • 비용구조 악화 위험↑ • 불확실한 상황에서의 대규모 투자 위험↑ • 높은 부채비율 등 재무위험↑ • 현금성 자산의 부족 혹은 유동성 위험↑ • 한 가지 자산에만 절대적으로 의존↑ • 실현가능성이 낮은 스토리↑ 위험 낮음↓ 위험 높음↑

브랜드 가치, 시장지배력, 시장 규모, 기술력, 고품질·저비용 구조, 가치있는 자산, 유능한 인력, 재무적 안정성

② 국내 주요 기업의 PER, EV/EBIT, EV/Sales 추이

1) 국내 주요 기업의 PER 추이[89]

구분	FY 2012	FY 2013	FY 2014	FY 2015	FY 2016	FY 2017	FY 2018	FY 2019	FY 2020	FY 2021
삼성전자	8.6	6.0	7.5	8.6	9.9	7.4	5.3	15.5	18.5	11.9
LG전자	129.8	62.8	24.1	70.4	109.3	10.0	8.2	375.4	11.2	21.8
SK하이닉스	(113.1)	9.1	8.3	5.0	10.7	5.1	2.7	32.3	17.1	9.4
LG화학	14.6	15.6	13.7	18.8	13.4	14.4	16.2	69.8	112.7	11.8
LG생활건강	31.7	22.5	26.1	33.4	22.1	28.7	23.6	23.8	29.8	19.0
아모레퍼시픽	26.2	21.8	34.2	41.9	29.4	45.2	36.8	48.5	339.8	50.4
SK이노베이션	13.5	17.8	(13.3)	14.7	8.1	8.9	9.5	(365.0)	(7.2)	65.5
KCC	6.5	18.5	15.6	22.4	23.2	89.7	(128.9)	(10.3)	2.5	(52.7)
한화솔루션	87.0	366.4	33.7	23.4	5.3	6.2	17.6	(12.8)	24.7	10.9
KT	8.3	(47.4)	(7.3)	12.5	10.1	15.6	10.6	10.8	8.8	5.3
SK텔레콤	9.2	10.0	10.6	10.0	9.4	7.3	6.2	19.6	11.3	5.2
한국전력	(6.0)	360.8	9.9	2.4	4.0	18.9	(16.2)	(7.6)	8.8	(2.7)
한국가스공사	14.9	(29.1)	9.7	10.1	(6.3)	(3.1)	8.3	85.6	(15.4)	3.5
현대차	5.3	5.8	4.8	4.8	5.6	8.0	16.1	8.2	27.0	8.4
현대모비스	7.7	8.2	6.6	7.6	8.2	15.9	9.5	10.4	15.5	9.9
한국조선해양	14.9	56.5	(4.0)	(4.3)	17.6	2.3	(18.6)	54.5	(9.2)	(7.2)
대한항공	12.4	(8.1)	(5.8)	(3.6)	(3.5)	4.1	(18.6)	(4.3)	(22.4)	17.7
CJ대한통운	21.1	(31.2)	59.6	73.3	56.5	78.4	57.6	70.8	26.8	45.9
현대글로비스	16.7	18.0	20.4	19.2	11.5	7.5	11.1	10.7	11.4	8.0
HMM	(3.7)	(2.7)	45.3	(1.4)	(2.6)	(1.3)	(1.5)	(1.9)	36.8	2.5
유한양행	22.1	22.0	18.8	21.7	12.4	22.4	41.6	72.3	25.0	40.7
셀트리온	25.9	36.7	35.2	64.0	82.7	73.3	106.6	77.4	93.9	48.0
삼성바이오로직스					(56.5)	(253.1)	114.1	141.2	226.8	151.8

89) Dart, Krx, Bloomberg 자료 참조하여 계산. PER은 "시가총액/지배주주지분순이익"으로 계산하였고, 시가총액에서는 자기주식은 제외하였습니다. 평균주식수로 주당이익을 계산하여 PER을 산출할 경우에는 위의 결과와 다를 수 있으며, 산정기준에 따라서도 결과는 다를 수 있으므로, 표의 배수는 시기별 추세 및 변동성 파악 참고로만 활용되어야 합니다.

구분	FY 2012	FY 2013	FY 2014	FY 2015	FY 2016	FY 2017	FY 2018	FY 2019	FY 2020	FY 2021
KB금융	8.5	12.9	10.0	7.5	8.0	7.6	6.0	5.6	4.9	4.9
카카오뱅크										137.3
삼성생명	20.6	20.6	16.5	17.2	9.8	19.2	8.8	13.7	11.2	7.8
삼성화재	11.8	12.0	14.0	15.3	12.5	10.1	10.0	15.1	9.9	7.2
미래에셋증권	25.5	29.4	15.5	10.2	93.6	10.2	7.8	6.3	5.7	3.6
SK	13.2	32.0	73.8	2.5	16.7	9.4	6.4	19.1	66.4	7.1
LG	12.0	12.3	12.5	12.9	9.6	6.6	6.5	11.8	10.3	5.0
현대건설	15.3	15.3	14.2	7.6	8.3	20.0	15.9	11.6	34.1	12.1
대우건설	23.1	(4.2)	23.1	16.1	(2.8)	9.4	7.4	9.3	7.2	4.9
POSCO 홀딩스	10.9	18.9	35.2	73.7	15.1	9.5	11.5	10.3	12.9	3.1
신세계	13.3	15.8	11.4	5.6	7.6	16.2	10.5	5.4	(22.8)	8.1
이마트	15.6	15.9	19.5	11.6	13.6	12.3	11.3	14.7	11.3	2.7
삼성물산			40.2	8.5	191.1	32.2	10.1	16.9	21.8	11.9
GS리테일	18.7	18.1	17.7	25.2	13.4	26.3	25.9	22.7	15.7	3.8
한세실업	12.6	18.2	25.7	20.5	21.6	24.5	(15.3)	(2,723.5)	19.6	12.8
NAVER	18.1	11.4	46.2	37.0	29.8	33.1	27.5	46.5	43.0	3.4
카카오	16.1	46.2	47.7	92.0	90.3	85.7	170.5	(41.9)	215.3	35.1
엔씨소프트	19.3	31.2	15.8	28.2	19.3	21.6	23.0	31.1	32.7	32.9
넷마블						51.7	49.3	48.4	34.4	42.6
크래프톤										41.4
하나투어	19.5	21.6	25.7	40.0	91.0	86.5	87.0	(70.4)	(4.4)	(22.7)
코웨이	34.5	20.2	25.0	18.2	26.6	21.6	15.3	20.2	13.0	11.6
하이브									66.5	105.5
CJ제일제당	17.7	30.2	42.6	25.5	16.6	12.7	5.6	24.3	8.2	9.3
오뚜기	9.9	14.7	17.5	39.6	16.2	20.2	14.8	18.7	18.1	11.7
농심	(231.4)	16.4	22.5	21.7	9.6	22.6	17.5	19.6	11.7	18.4
하이트진로	19.5	18.7	75.2	30.0	37.6	130.0	51.0	(46.8)	25.1	28.7
KT&G	14.1	16.6	11.8	12.6	10.5	12.5	14.2	11.5	8.8	9.7
컴투스	23.0	12.5	16.8	11.9	7.2	12.0	12.3	11.7	23.8	14.5
펄어비스							18.4	14.3	31.1	142.5
씨젠			89.6	145.8	128.0	267.3	38.8	29.9	10.0	5.9
CJ ENM	10.4	18.5	16.5	13.6	41.9	10.6	24.4	30.1	50.8	14.9
에스엠	23.4	39.6	116.7	41.1	154.4	172.9	39.3	(98.9)	(9.8)	13.0
스튜디오드래곤						76.4	72.3	86.0	93.8	69.9

2) 국내 주요 기업의 EV/EBIT 추이[90]

구분	FY 2012	FY 2013	FY 2014	FY 2015	FY 2016	FY 2017	FY 2018	FY 2019	FY 2020	FY 2021
삼성전자	6.2	3.9	5.1	4.1	5.3	4.6	2.6	9.0	10.8	7.2
LG전자	15.9	14.5	9.7	13.6	11.5	10.0	7.0	8.3	7.4	7.8
SK하이닉스	(99.6)	8.3	6.8	3.9	9.7	3.6	1.8	26.8	17.8	8.1
LG화학	12.3	12.0	10.1	11.9	9.1	9.7	12.0	34.9	35.9	11.1
LG생활건강	23.3	18.3	19.7	23.6	14.9	19.1	15.7	15.8	19.5	12.3
아모레퍼시픽	18.8	15.1	22.2	30.4	21.1	29.0	24.1	26.4	79.3	26.2
SK이노베이션	12.9	14.4	(91.2)	8.4	4.8	6.6	9.5	19.1	(10.8)	18.3
KCC	11.9	17.0	8.0	6.9	5.1	6.0	4.8	10.5	14.4	9.5
한화솔루션	1,382.3	81.2	46.2	26.1	10.1	11.4	22.2	17.8	20.8	15.4
KT	15.3	21.3	(54.4)	11.2	9.7	9.2	9.4	11.6	10.1	9.2
SK텔레콤	9.5	10.5	13.4	12.0	13.7	15.6	22.1	24.3	21.8	16.4
한국전력	(88.0)	54.0	15.5	7.4	6.5	15.5	(386.2)	(69.6)	21.7	(16.4)
한국가스공사	25.3	23.3	32.4	30.9	32.3	26.8	23.8	22.4	29.7	25.2
현대차	9.0	9.7	9.1	12.1	15.7	17.7	31.8	24.3	45.1	18.9
현대모비스	8.2	8.2	5.6	6.7	7.0	9.4	5.2	6.7	8.3	7.7
한국조선해양	12.3	30.0	(4.4)	(10.0)	45.7	562.8	(18.4)	40.3	145.5	(6.4)
대한항공	73.2	(809.4)	46.4	19.5	15.2	17.9	25.6	102.6	171.3	13.1
CJ대한통운	16.8	51.6	28.9	25.2	22.7	21.0	25.7	20.6	20.9	15.9
현대글로비스	13.6	14.2	17.9	11.0	8.6	7.5	7.4	7.2	11.3	5.9
HMM	(17.8)	(23.0)	(27.1)	(19.4)	(3.9)	(7.2)	(4.7)	(19.0)	9.7	1.7
유한양행	40.1	25.4	17.8	28.1	17.3	22.9	40.8	206.0	53.6	79.8
셀트리온	25.6	44.2	23.8	41.7	61.8	54.4	82.7	60.8	67.7	36.2
삼성바이오로직스					(316.7)	374.9	455.1	312.3	186.5	111.1
KB금융	5.2	6.4	6.2	8.9	13.4	11.9	10.9	10.4	12.9	13.9
미래에셋증권	18.6	19.4	17.6	22.4	111.3	23.6	17.5	13.3	22.1	24.7
SK	28.4	32.3	39.3	44.7	11.7	11.9	16.0	23.1	(1,133.3)	19.7
LG	19.6	24.6	25.3	31.6	21.8	25.4	22.3	23.1	28.0	22.0
현대건설	9.0	10.0	7.0	4.0	4.4	4.8	7.4	5.9	5.9	5.5

90) Dart, Krx, Bloomberg 자료 참조하여 계산. EV/EBIT는 "(시가총액+비지배지분+우선주+순차입금)/영업이익"으로 계산하였고, 시가총액에서는 자기주식은 제외하였습니다. 산정기준에 따라서 결과는 다를 수 있으므로, 표의 배수는 시기별 추세 및 변동성 파악 참고로만 활용되어야 합니다.

구분	FY 2012	FY 2013	FY 2014	FY 2015	FY 2016	FY 2017	FY 2018	FY 2019	FY 2020	FY 2021
대우건설	17.3	(22.3)	9.7	9.6	(8.8)	8.8	5.5	9.9	5.9	2.8
POSCO 홀딩스	13.3	16.3	14.9	14.0	13.8	9.1	5.8	8.0	12.0	3.2
신세계	20.1	18.8	18.6	19.7	22.8	20.0	17.5	18.8	96.2	15.6
이마트	11.7	12.7	13.3	16.2	13.7	17.0	19.4	61.9	41.5	46.3
삼성물산			71.0	558.8	39.8	29.2	17.6	23.0	28.0	17.8
GS리테일	18.8	15.4	14.6	24.6	20.9	25.8	24.5	25.5	22.2	28.3
한세실업	11.8	14.7	18.6	16.2	16.9	22.2	27.4	17.5	14.1	12.9
NAVER	17.0	41.3	26.3	23.6	18.0	19.4	16.6	22.3	34.6	43.0
카카오	9.5	41.2	37.1	72.3	48.2	54.5	97.2	54.8	69.0	80.3
엔씨소프트	16.3	20.9	9.9	15.7	13.5	12.0	13.7	20.3	21.1	31.3
넷마블						26.7	30.3	23.6	31.9	66.3
크래프톤										29.3
하나투어	13.3	14.1	16.4	24.9	28.2	23.2	25.4	119.7	(9.3)	(8.6)
코웨이	16.3	14.8	17.2	13.4	19.7	16.0	11.4	16.1	9.3	9.0
하이브									33.6	74.0
CJ제일제당	18.0	31.2	19.4	16.1	15.4	17.9	17.7	18.6	13.4	12.3
오뚜기	5.9	11.5	13.0	29.8	14.3	17.0	14.8	12.6	10.4	9.9
농심	12.7	11.3	14.7	18.0	15.7	16.4	10.7	11.8	7.8	13.3
하이트진로	19.6	16.9	28.9	19.1	19.0	26.3	20.0	34.1	15.1	14.1
KT&G	9.1	8.4	7.3	8.6	7.2	8.5	8.3	6.8	5.3	5.3
컴투스	27.2	25.6	11.9	6.3	2.6	5.2	6.0	4.9	11.1	32.3
펄어비스							15.4	13.5	18.0	189.7
씨젠			73.6	110.8	87.1	112.2	36.0	33.3	7.1	4.3
CJ ENM	9.4	14.4	11.7	10.2	10.0	9.8	33.1	14.1	13.5	13.4
에스엠	13.5	20.1	19.2	22.5	22.8	62.1	23.4	20.0	83.4	22.4
스튜디오드래곤						48.9	60.5	74.4	54.7	50.7

3) 국내 주요 기업의 EV/Sales 추이[91]

구분	FY 2012	FY 2013	FY 2014	FY 2015	FY 2016	FY 2017	FY 2018	FY 2019	FY 2020	FY 2021
삼성전자	0.9	0.6	0.6	0.5	0.8	1.0	0.6	1.1	1.6	1.3
LG전자	0.4	0.3	0.3	0.3	0.3	0.4	0.3	0.3	0.5	0.4
SK하이닉스	2.2	2.0	2.0	1.1	1.9	1.6	1.0	2.7	2.8	2.3
LG화학	1.0	0.9	0.6	1.1	0.9	1.1	1.0	1.1	2.2	1.3
LG생활건강	2.7	2.1	2.2	3.0	2.1	2.9	2.4	2.4	3.0	2.0
아모레퍼시픽	2.4	1.8	3.2	4.9	3.2	3.4	2.2	2.0	2.6	1.9
SK이노베이션	0.3	0.3	0.3	0.3	0.4	0.5	0.4	0.4	0.8	0.7
KCC	0.7	1.2	0.6	0.6	0.5	0.5	0.3	0.5	0.4	0.6
한화솔루션	1.0	1.0	0.8	1.1	0.8	0.9	0.9	0.9	1.3	1.1
KT	0.8	0.8	0.8	0.6	0.6	0.5	0.5	0.6	0.5	0.6
SK텔레콤	1.0	1.3	1.4	1.2	1.2	1.4	1.6	1.5	1.7	1.4
한국전력	1.5	1.5	1.6	1.4	1.3	1.3	1.3	1.5	1.5	1.6
한국가스공사	0.9	0.9	0.9	1.2	1.4	1.3	1.2	1.2	1.3	1.1
현대차	0.9	0.9	0.8	0.8	0.9	0.8	0.8	0.8	1.0	1.1
현대모비스	0.8	0.7	0.5	0.5	0.5	0.5	0.3	0.4	0.4	0.4
한국조선해양	0.4	0.4	0.3	0.3	0.8	0.5	0.7	0.8	0.7	0.6
대한항공	1.4	1.3	1.5	1.5	1.5	1.4	1.3	1.5	2.4	2.1
CJ대한통운	0.9	0.9	1.1	0.9	0.9	0.7	0.7	0.6	0.6	0.5
현대글로비스	0.7	0.7	0.8	0.5	0.4	0.3	0.3	0.3	0.5	0.3
HMM	1.1	0.9	0.9	1.0	0.7	0.0	0.5	1.0	1.5	0.0
유한양행	1.8	1.7	1.3	2.1	1.3	1.4	1.3	1.7	2.8	2.3
셀트리온	14.3	19.5	10.2	16.7	20.4	28.6	28.5	20.4	26.1	14.2
삼성바이오로직스					32.7	53.2	47.3	40.8	46.9	38.1
KB금융	2.6	3.0	3.2	3.4	4.7	3.6	3.3	3.2	3.4	3.6
삼성생명	0.8	0.6	0.7	0.8	1.1	1.2	1.0	0.9	0.9	0.9
삼성화재	0.6	0.5	0.6	0.6	0.5	0.5	0.5	0.4	0.3	0.3
미래에셋증권	9.7	10.1	10.1	10.9	20.4	11.6	10.7	9.0	11.8	12.3
SK	2.5	3.2	4.4	1.6	0.7	0.7	0.7	0.9	1.1	1.0

91) Dart, Krx, Bloomberg 자료 참조하여 계산. EV/Sales는 "(시가총액+비지배지분+우선주+순차입금)/매출액"
으로 계산하였고, 시가총액에서는 자기주식은 제외하였습니다. 산정기준에 따라서 결과는 다를 수 있으므로, 표
의 배수는 시기별 추세 및 변동성 파악 참고로만 활용되어야 합니다.

구분	FY 2012	FY 2013	FY 2014	FY 2015	FY 2016	FY 2017	FY 2018	FY 2019	FY 2020	FY 2021
LG	1.4	1.3	1.3	1.4	1.3	1.5	1.9	2.0	2.6	2.3
현대건설	0.6	0.5	0.3	0.2	0.3	0.3	0.4	0.3	0.2	0.2
대우건설	0.8	0.6	0.5	0.4	0.3	0.3	0.3	0.4	0.4	0.2
POSCO 홀딩스	0.8	0.8	0.7	0.6	0.7	0.7	0.5	0.5	0.5	0.4
신세계	2.2	2.4	2.0	2.0	1.9	1.8	1.3	1.4	1.8	1.3
이마트	0.7	0.7	0.6	0.6	0.5	0.6	0.5	0.5	0.4	0.6
삼성물산			3.0	2.3	0.3	0.9	0.7	0.7	0.8	0.6
GS리테일	0.6	0.5	0.4	0.9	0.6	0.5	0.5	0.7	0.6	0.6
한세실업	0.7	0.7	1.3	1.5	0.9	0.7	0.6	0.5	0.5	0.8
NAVER	4.9	9.3	7.2	5.5	4.9	4.9	2.8	5.9	7.9	8.4
카카오	2.1	12.9	13.1	6.9	3.8	4.6	2.9	3.7	7.6	7.8
엔씨소프트	3.3	5.7	3.3	4.4	4.5	4.0	4.9	5.7	7.2	5.1
넷마블						5.6	3.6	2.2	3.5	4.0
크래프톤										9.9
하나투어	1.7	1.6	1.7	2.4	1.0	1.2	0.8	1.5	9.7	27.3
코웨이	1.8	2.4	2.9	2.7	2.8	3.0	2.2	2.4	1.7	1.6
하이브									6.1	11.2
CJ제일제당	1.1	1.0	1.0	0.9	0.9	0.8	0.8	0.7	0.7	0.7
오뚜기	0.4	0.7	0.8	2.1	1.0	1.2	1.0	0.8	0.8	0.6
농심	0.6	0.5	0.5	1.0	0.6	0.7	0.4	0.4	0.5	0.5
하이트진로	1.6	1.4	1.4	1.3	1.2	1.2	1.0	1.5	1.3	1.1
KT&G	2.4	2.3	2.1	2.9	2.4	2.6	2.3	1.9	1.5	1.4
컴투스	5.7	2.4	5.1	2.4	1.0	2.0	1.8	1.3	2.5	3.0
펄어비스							6.4	3.8	5.8	20.2
씨젠			12.7	14.7	11.9	9.5	3.7	6.1	4.3	2.1
CJ ENM	1.2	1.5	1.1	0.9	0.8	1.0	2.6	1.0	1.1	1.1
에스엠	3.4	3.0	2.3	2.5	1.3	1.9	1.8	1.2	0.9	2.2
스튜디오드래곤						5.7	6.4	4.6	5.1	5.5

주요 산업별 PER, PBR 추이

1) KOSPI 산업별 PER 추이[92]

구분	2008년	2009년	2010년	2011년	2012년	2013년	2014년	2015년	2016년	2017년	2018년	2019년	2020년	2021년
코스피	9.0	23.7	17.8	10.9	12.9	15.0	15.3	15.1	13.9	13.0	9.6	18.2	29.47	12.72
코스피 200	8.9	22.9	18.0	10.5	12.3	12.8	13.2	14.4	13.3	11.9	8.5	16.6	27.09	11.88
코스피 100	8.8	22.3	17.7	10.3	12.1	12.6	12.4	13.9	13.1	11.4	8.3	16.5	26.31	11.91
코스피 50	8.4	22.6	17.2	9.8	11.9	11.9	10.7	12.6	12.8	10.9	8.0	16.2	25.85	11.73
코스피 대형주	8.6	22.3	17.2	10.2	11.9	12.4	12.1	13.5	13.0	11.8	8.9	17.4	28.65	12.33
코스피 중형주	9.9	21.4	33.8	12.6	19.4	31.3	78.7	17.1	17.5	19.2	12.1	21.4	27.02	11.99
코스피 소형주	25.8	–	10.5	–	–	–	–	–	117.9	27.1	23.7	34.7	62.86	11.1
제조업	9.9	25.0	16.0	10.3	13.4	12.3	10.9	13.4	14.8	11.8	8.9	20.8	40.32	16.27
음식료품	15.5	32.1	11.8	11.6	20.0	19.9	24.8	41.4	17.6	13.0	11.2	37.2	13.86	15.21
섬유의복	14.7	131.7	19.0	9.9	13.6	41.6	79.1	28.2	32.7	27.6	6.4	–	255.24	33.41
종이목재	–	–	6.2	11.7	–	9.0	66.5	–	97.7	258.4	16.2	14.1	14.29	13.44
화학	10.8	23.8	18.5	11.2	11.0	18.0	23.1	40.2	13.7	14.2	10.2	32.2	–	13.7
의약품	17.0	19.6	14.9	15.6	22.4	29.4	33.0	68.8	11.3	225.2	91.7	83.3	99.01	85.07
비금속광물	–	–	45.0	–	–	–	24.8	7.9	21.7	7.7	14.4	13.9	42.56	25.01
철강금속	7.5	10.9	11.9	7.8	8.9	11.2	13.5	15.2	13.0	12.6	10.7	19.5	27.72	5.74
기계	11.0	432.5	–	17.7	19.8	27.8	–	46.9	–	92.1	71.9	59.7	–	25.08
전기전자	10.3	302.7	16.4	10.8	24.6	12.2	8.5	8.7	17.2	9.9	5.5	16.0	28.55	15.63
의료정밀	10.0	60.2	24.6	9.2	–	–	32.7	67.8	19.8	13.6	5.3	22.8	18.36	10.01
운수장비	7.5	11.1	14.3	9.0	7.8	9.0	7.3	10.3	9.5	10.0	52.6	23.1	56.27	22
유통업	10.4	19.0	31.8	12.8	9.7	18.3	26.1	40.9	79.6	22.2	9.5	17.1	42.24	11.13
전기가스업	11.3	–	38.3	37.0	–	–	160.8	10.8	4.1	20.1	–	–	–	–
건설업	6.8	16.9	21.3	–	–	–	–	–	51.5	41.3	13.1	8.3	6.52	9.82
운수창고업	11.0	–	–	9.3	–	–	–	6.8	11.8	–	26.0	–	–	13.31
통신업	10.2	11.9	11.3	7.0	7.2	13.1	17.6	25.9	12.9	9.7	8.8	13.6	12.46	6.92
금융업	5.6	14.6	17.2	9.8	7.7	10.4	18.6	9.7	9.3	10.6	7.6	8.5	8.71	6.44
은행	3.6	9.8	11.5	5.4	3.9	6.8	13.6	6.8	7.5	7.7	5.6	5.1	5.73	16.98
증권	7.7	19.6	14.8	9.0	15.8	27.2	–	17.9	16.0	12.8	7.7	8.5	6.72	4.47
보험	12.9	16.7	16.9	11.6	12.3	13.4	22.3	14.1	9.8	12.4	10.6	12.4	11.03	6.83
서비스업	10.6	19.0	16.6	11.9	10.2	12.0	23.7	32.0	18.6	33.5	25.2	33.2	74.79	11.82

92) KRX 통계 data 참조

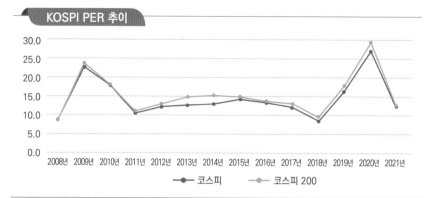

KOSPI PER 추이

| | 2008년 | 2009년 | 2010년 | 2011년 | 2012년 | 2013년 | 2014년 | 2015년 | 2016년 | 2017년 | 2018년 | 2019년 | 2020년 | 2021년 |

— 코스피   — 코스피 200

2) KOSDAQ 산업별 PER 추이[93]

구분	2008년	2009년	2010년	2011년	2012년	2013년	2014년	2015년	2016년	2017년	2018년	2019년	2020년	2021년
코스닥				35.4	28.5	31.2	39.7	41.8	40.8	33.7	42.9	48.4	62.68	38.67
코스닥 150								28.8	32.6	42.5	41.0	42.2	50.15	37.32
코스닥 대형주	15.4	42.6	22.7	22.3	21.8	20.4	23.4	25.5	28.6	25.6	32.8	38.5	41.34	41.44
코스닥 중형주				34.0	23.6	36.5	30.3	39.1	32.6	28.9	29.1	28.5	42.34	26.5
코스닥 소형주	-	-	-	-	-	-	-	-	361.9	77.3	-	489.3		52.99
코스닥 IT	-	-	-	34.0	25.6	25.3	40.6	35.4	59.5	33.3	28.8	30.7	52.79	35.97
통신방송서비스	-	-	-	25.0	14.3	18.5	21.1	13.7	22.8	12.4	15.6	17.6	23.63	17.38
통신서비스	-	-	-	-	1642.9	25.2	46.7	17.8	16.4	17.5	15.1	20.0	24.18	13.38
방송서비스	15.7	27.7	15.3	12.9	9.8	17.1	16.9	12.9	25.6	11.5	15.8	17.0	23.48	19.49
IT S/W · SVC	-	-	-	69.9	29.8	34.2	43.7	31.7	59.5	47.3	33.4	40.9		
인터넷	-	-	-	18.8	15.1	31.2	32.1	42.1	75.4	21.5	453.0	18.6	32.21	31.41
디지털콘텐츠	-	-	-	-	36.2	84.6	79.8	23.8	70.5	70.9	22.0	64.1		
소프트웨어	-	-	-	36.9	47.3	25.6	35.3	31.8	46.3	44.2	109.4	61.8	52.3	46.28
컴퓨터서비스	-	-	-	-	22.6	24.4	72.3	58.8	52.4	22.0	19.8	12.3	29.01	18.28
IT H/W	-	-	-	27.1	28.7	24.9	48.9	63.8	83.0	39.1	31.6	30.4	70.02	33.96
통신장비	-	-	-	-	20.5	19.8	40.6	77.3	144.1	-	237.0	37.0		62.78
정보기기	-	-	-	254.6	-	-	-	25.4	58.4	41.9	69.4	52.7	117.33	
반도체	-	-	-	18.2	22.9	39.5	-	43.0	42.1	22.8	14.1	30.8	35.59	27.69
IT부품	-	-	-	23.5	35.6	16.3	17.4	328.5	-	79.0	-	26.6	200.94	35.67
제조	-	-	-	31.6	29.0	33.9	29.6	43.8	33.2	34.8	52.1	53.9		

93) KRX 통계 data 참조

구분	2008년	2009년	2010년	2011년	2012년	2013년	2014년	2015년	2016년	2017년	2018년	2019년	2020년	2021년
음식 · 담배	–	–	10.1	10.5	21.6	18.9	16.7	29.8	21.3	28.2	24.2	29.1	23.93	13.66
섬유 · 의류	–	–	–	–	33.9	–	–	–	–	–	37.2	112.1	44.07	12.64
종이 · 목재	–	–	–	9.8	9.5	6.9	54.8	18.8	26.7	16.2	9.3	16.5	38.66	22.76
출판 · 매체복제	–	–	–	38.7	145.3	–	–	57.3	39.4	58.5	153.2	–	39.11	27.51
화학	–	–	–	220.1	40.6	27.8	–	31.5	28.2	30.8	38.0	23.3	11.23	28.85
제약	16.9	48.4	–	40.0	38.8	36.2	50.6	96.8	36.0	80.0	147.2	96.8	264.4	90.66
비금속	9.3	–	–	13.0	–	18.0	8.0	5.0	12.9	14.8	21.7	45.8	30.18	27.12
금속	33.7	28.6	–	252.2	24.4	21.9	28.9	–	23.5	16.7	41.0	458.2	1965.96	32.97
기계 · 장비	–	–	–	22.0	23.3	–	25.9	74.5	65.0	16.7	28.5	100.4	183.27	63.93
일반전기전자	–	–	–	–	–	68.6	67.2	171.7	82.5	24.6	47.6	35.1	57.82	91.68
의료 · 정밀기기	–	–	–	24.5	62.0	40.4	28.4	85.8	64.3	44.5	57.8	33.8		40.37
운송장비 · 부품	4.4	–	10.0	9.7	8.8	10.8	9.1	12.8	18.1	15.9	–	132.8		77.89
기타 제조	11.0	–	7.1	12.1	8.6	9.5	–	41.2	23.1	52.0	46.9	31.4		
건설	8.5	18.2	15.9	12.2	–	41.3	–	16.5	13.3	7.0	7.1	10.1	9.82	7.03
유통	–	–	–	288.0	36.3	58.4	120.7	140.3	46.3	94.9	72.6	–	126.78	32.66
운송	–	23.9	–	5.6	3.2	20.7	9.3	–	14.2	11.3	7.7	149.0	8.32	8.43
금융	9.7	–	–	111.4	25.4	62.2	24.5	15.5	16.5	6.5	21.0	24.1	13.27	6.88
오락문화	–	–	–	–	57.9	37.5	27.1	46.1	52.3	–	–	–		
기타서비스	–	–	–	36.0	26.2	57.4	32.9	86.8	96.7	233.1	218.6	250.5	104.06	164.81
코스닥 우량기업부	–	–	–	13.5	13.2	15.7	16.5	19.4	19.4	17.6	17.2	18.6	22.83	18.77
코스닥 벤처기업부	–	–	–	29.3	27.5	42.9	96.8	119.0	128.3	79.0	156.6	79.0	78.63	64.01
코스닥 중견기업부	–	–	–	–	–	–	–	–	–	–	291.0	–		1435.5
코스닥 기술성장기업부	–	–	–	–	–	–	–	–	–	–	–	–		

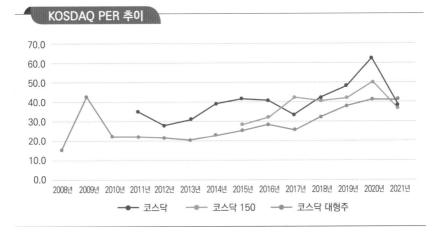

KOSDAQ PER 추이

━●━ 코스닥　　━●━ 코스닥 150　　━●━ 코스닥 대형주

3) KOSPI 산업별 PBR 추이[94]

구분	2008년	2009년	2010년	2011년	2012년	2013년	2014년	2015년	2016년	2017년	2018년	2019년	2020년	2021년
코스피	0.94	1.34	1.50	1.19	1.25	1.20	1.11	1.10	1.00	1.11	0.87	0.89	1.16	1.14
코스피 200	0.97	1.41	1.60	1.24	1.31	1.24	1.10	1.11	1.01	1.15	0.88	0.93	1.24	1.18
코스피 100	0.99	1.47	1.64	1.26	1.33	1.24	1.09	1.08	1.00	1.14	0.86	0.93	1.24	1.2
코스피 50	0.97	1.43	1.61	1.23	1.35	1.26	1.07	1.07	1.00	1.15	0.86	0.94	1.26	1.21
코스피 대형주	1.00	1.47	1.66	1.26	1.35	1.26	1.12	1.07	1.01	1.13	0.88	0.92	1.21	1.18
코스피 중형주	0.72	0.93	1.00	0.97	0.97	1.02	1.06	1.21	0.95	1.06	0.89	0.80	0.97	0.91
코스피 소형주	0.48	0.63	0.63	0.56	0.59	0.66	0.76	0.93	0.79	0.76	0.67	0.63	0.72	0.73
제조업	1.03	1.56	1.77	1.43	1.57	1.41	1.21	1.17	1.13	1.26	0.95	1.05	1.49	1.4
음식료품	1.05	1.19	1.07	1.21	1.49	1.42	1.47	1.99	1.29	1.58	1.15	0.99	1.06	0.96
섬유의복	0.53	0.75	0.80	0.84	0.70	0.79	2.58	1.14	0.82	0.80	0.65	0.86	0.78	1.67
종이목재	0.52	0.62	0.52	0.41	0.46	0.52	0.50	0.50	0.62	0.52	0.61	0.54	0.68	0.68
화학	1.12	1.64	2.32	1.81	1.56	1.46	1.27	1.79	1.44	1.54	1.18	1.04	1.49	1.27
의약품	1.61	1.78	1.36	1.20	1.58	1.57	1.60	3.06	2.64	3.85	4.74	4.24	7.29	5.79
비금속광물	0.39	0.55	0.55	0.46	0.47	0.58	1.00	1.03	0.85	0.78	0.96	1.00	1.49	1.62
철강금속	0.92	1.36	1.15	0.86	0.84	0.76	0.64	0.50	0.62	0.68	0.51	0.46	0.52	0.54
기계	1.48	1.48	2.05	1.45	1.16	0.99	1.03	1.22	1.31	1.40	1.20	1.00	1.58	1.7
전기전자	0.99	1.78	1.84	1.48	2.15	1.78	1.50	1.22	1.35	1.56	0.98	1.26	1.8	1.69
의료정밀	1.68	4.02	1.48	0.91	1.00	1.61	1.49	1.89	1.59	2.22	1.13	1.36	1.27	2.1
운수장비	0.99	1.48	2.24	1.76	1.52	1.43	0.93	0.83	0.71	0.62	0.54	0.58	0.73	0.8
유통업	1.11	1.34	1.39	1.11	1.07	1.06	1.01	1.37	1.06	1.01	0.86	0.78	0.84	0.73
전기가스업	0.48	0.54	0.48	0.41	0.42	0.49	0.54	0.56	0.41	0.36	0.33	0.28	0.28	0.26
건설업	0.95	1.13	1.17	0.96	1.01	0.85	0.84	0.82	0.82	0.75	0.86	0.69	0.7	0.74
운수창고업	1.08	1.15	1.53	1.04	1.43	2.14	2.01	1.19	1.18	1.20	1.08	1.07	1.5	1.4
통신업	0.95	0.82	0.95	0.74	0.94	1.13	1.19	1.01	0.98	1.04	0.90	0.75	0.68	0.56
금융업	0.79	1.22	1.30	0.86	0.80	0.80	0.77	0.67	0.62	0.83	0.64	0.52	0.48	0.59
은행	0.59	1.22	1.14	0.67	0.57	0.56	0.44	0.41	0.41	0.49	0.43	0.30	0.26	1.09
증권	0.93	1.19	1.24	0.66	0.77	0.64	0.76	0.72	0.69	0.74	0.57	0.56	0.58	0.57
보험	1.90	2.06	1.66	1.32	1.17	1.09	1.27	1.08	0.76	0.86	0.67	0.47	0.4	0.44
서비스업	1.14	1.57	1.78	1.42	1.43	1.50	1.62	1.97	1.43	2.73	2.13	2.31	3.23	2.73

---

94) KRX 통계 data 참조

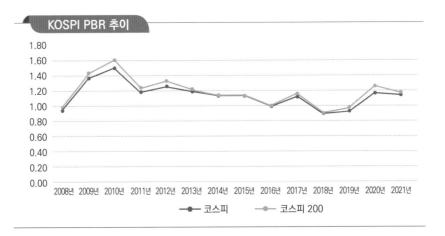

4) KOSDAQ 산업별 PBR 추이[95]

구분	2008년	2009년	2010년	2011년	2012년	2013년	2014년	2015년	2016년	2017년	2018년	2019년	2020년	2021년
코스닥	0.8	1.4	1.5	1.5	1.5	1.5	1.7	2.1	1.9	2.3	1.7	1.7	2.55	2.51
코스닥 150								3.0	2.7	4.1	3.0	2.8	4.35	3.92
코스닥 대형주	1.3	2.0	2.3	2.1	2.2	2.2	2.4	2.9	2.5	3.5	3.1	2.8	4.5	4.48
코스닥 중형주	0.7	1.4	1.4	1.5	1.5	1.4	1.5	1.9	1.7	1.9	1.4	1.5	2	2.22
코스닥 소형주	0.4	0.8	0.8	0.8	0.9	0.9	1.0	1.4	1.4	1.3	1.1	1.1	1.52	1.54
코스닥 IT	0.7	1.5	1.7	1.6	1.7	1.6	1.8	1.9	1.8	2.1	1.5	1.7	2.32	2.78
통신방송서비스	0.9	1.2	1.6	1.3	1.4	1.7	1.4	1.7	1.4	1.5	1.3	1.1	1.06	1.03
통신서비스	0.8	0.9	1.2	0.9	1.2	1.2	1.4	2.8	2.0	1.7	1.3	1.2	1.37	1.37
방송서비스	1.0	1.6	2.2	1.9	1.5	2.0	1.5	1.6	1.3	1.5	1.3	1.1	0.99	0.95
IT S/W · SVC	0.7	1.9	2.0	2.4	2.4	2.0	2.9	2.7	1.9	2.5	2.1	2.0		
인터넷	1.4	2.7	2.5	2.6	2.0	1.8	2.8	2.6	1.6	1.5	3.1	2.6	3.05	1.9
디지털콘텐츠	1.1	2.7	2.0	2.5	3.0	2.1	4.1	3.2	1.9	3.0	2.2	1.9		
소프트웨어	0.6	1.3	1.3	2.4	2.4	2.3	2.4	2.6	2.0	2.3	1.9	2.2	2.89	3.88
컴퓨터서비스	0.4	1.4	2.3	2.2	1.6	1.5	1.7	2.0	2.1	1.9	1.7	1.3	1.37	1.3
IT H/W	0.6	1.5	1.7	1.4	1.5	1.4	1.4	1.6	1.8	2.1	1.4	1.7	2.44	2.55
통신장비	0.6	0.9	0.9	0.8	1.0	1.0	1.3	1.4	1.4	1.8	1.4	1.9	2.76	2.05
정보기기	0.2	1.1	0.8	0.8	1.0	1.2	1.5	1.7	1.7	1.5	1.1	1.0	1.57	1.37
반도체	0.8	2.1	2.5	1.9	1.6	1.7	1.8	2.0	2.2	2.5	1.5	2.0	2.89	2.86
IT부품	0.6	1.5	1.6	1.3	1.7	1.4	1.2	1.3	1.5	1.7	1.3	1.4	1.88	2.49
제조	0.9	1.4	1.5	1.6	1.4	1.5	1.5	2.3	2.1	2.5	1.8	1.7		

95) KRX 통계 data 참조

구분	2008년	2009년	2010년	2011년	2012년	2013년	2014년	2015년	2016년	2017년	2018년	2019년	2020년	2021년
음식 · 담배	0.7	1.1	1.2	0.9	0.9	1.3	1.3	2.0	1.9	2.0	1.6	1.3	1.41	1.25
섬유 · 의류	0.3	0.7	0.6	1.2	0.8	0.7	0.8	1.6	2.2	1.6	1.5	1.5	1.37	1.57
종이 · 목재	0.5	0.7	0.6	0.6	0.5	0.5	1.0	0.9	0.9	0.8	0.7	1.0	1.4	1.81
출판 · 매체복제	0.9	1.7	1.7	2.9	1.5	1.6	3.3	5.3	4.2	3.8	1.3	1.5	1.92	1.9
화학	0.8	1.4	1.3	1.5	1.6	1.5	1.4	2.1	2.0	2.1	1.5	1.6	2.5	2.75
제약	1.3	2.4	3.0	3.4	3.3	2.9	3.3	5.7	4.4	6.4	4.0	3.2	5.5	3.59
비금속	0.6	0.6	1.3	1.2	0.9	1.0	1.0	1.0	1.1	1.6	2.0	1.0	1.03	1.11
금속	1.6	1.8	1.3	1.2	1.1	1.1	0.8	0.9	1.0	0.9	0.8	0.7	0.93	1.06
기계 · 장비	0.8	1.4	1.9	2.0	1.4	1.3	1.3	1.7	2.0	1.9	1.5	1.7	2.21	2.09
일반전기전자	0.5	1.0	1.0	0.8	0.8	1.0	1.1	1.3	1.4	1.5	1.5	1.9	2.79	3.81
의료 · 정밀기기	0.8	1.5	1.4	1.7	2.2	2.4	3.0	4.1	3.1	2.7	2.0	2.2	3.16	3.14
운송장비 · 부품	0.5	0.9	1.0	0.9	0.8	1.0	0.9	1.1	1.0	1.0	1.2	1.3	1.51	1.37
기타 제조	0.5	0.7	0.7	0.7	0.9	0.9	1.3	1.3	1.4	1.3	1.2	1.3		
건설	0.6	0.9	0.8	0.6	0.6	0.7	1.0	1.3	1.1	0.9	0.7	0.7	0.8	0.83
유통	0.7	1.1	1.2	1.4	1.4	1.5	2.0	2.6	1.6	3.4	2.3	1.8	3.83	2.43
운송	0.4	0.6	0.7	0.5	0.5	0.5	0.5	0.7	0.7	0.6	0.4	0.6	0.61	0.88
금융	0.8	0.7	0.6	0.6	0.9	1.0	1.3	1.3	1.2	1.0	0.8	0.8	0.97	1.01
오락문화	0.4	0.8	0.8	1.8	3.4	3.5	3.2	2.8	1.7	2.4	2.7	2.2		
기타서비스	1.4	1.6	1.4	1.3	1.5	1.6	1.9	2.7	2.3	4.3	3.9	3.1	5.12	3.51
코스닥 우량기업부	0.0	0.0	0.0	1.6	1.6	1.7	1.7	1.9	1.6	2.1	1.5	1.5	2.2	2.17
코스닥 벤처기업부	0.0	0.0	0.0	1.8	1.6	1.8	2.2	2.9	2.6	2.7	2.0	2.1	2.71	3.09
코스닥 중견기업부	0.0	0.0	0.0	1.2	1.3	1.1	1.3	2.0	1.9	2.3	1.6	1.7	2.29	2.36
코스닥 기술성장기업부	0.0	0.0	0.0	2.7	4.9	6.9	6.4	10.6	5.7	8.6	9.3	5.6	10.45	6.52

KOSDAQ PBR 추이

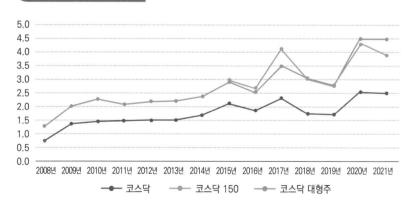

④ 해외 주요 기업 PER, PSR 추이

1) 해외 주요 기업 PER 추이[96]

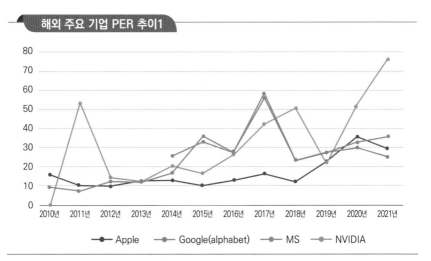

해외 주요 기업 PER 추이1

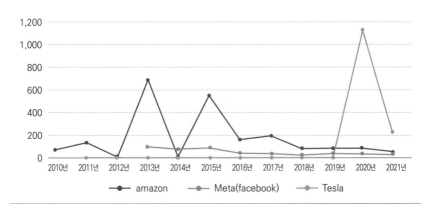

해외 주요 기업 PER 추이2

---

96) nasdaq.com, macrotrends.net 참조

2) 해외 주요 기업 PSR 추이[97]

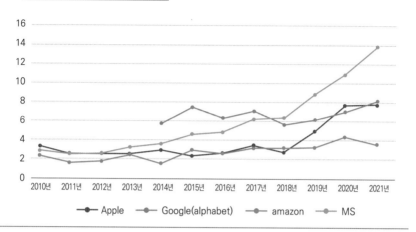

해외 주요 기업 PSR 추이1

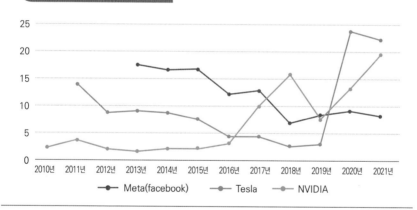

해외 주요 기업 PSR 추이2

---

97) nasdaq.com, macrotrends.net 참조

후기

지금까지 우리는 "수익=가치-가격"이므로, 좋은 투자를 위해서는 가치평가가 무엇인지를 반드시 알아야 하며 주식가치평가를 위해 필요한 기본적인 사항들은 무엇인지를 살펴보았습니다.

그리고 주식가치평가를 위해서는 향후 성장성, 이익창출능력, 불확실성의 정도를 파악하는 것이 중요하며, 향후 성장성과 이익창출능력이 높을 수 있는 기업들의 조건에 대해서도 살펴보았습니다.

이제 주식가치평가를 위한 기본적인 준비는 갖춰져 있습니다. 여기에 주식가치평가를 하기 위해 한 가지 반드시 필요한 사항만 추가하면 됩니다. 그것은 회사의 "가치"를 제대로 알아보는 것입니다. 그런데 이것은 생각만큼 그렇게 쉬운 일은 아닌 듯 합니다.

다음의 사례를 보아도 가치를 제대로 알아보는 것이 얼마나 어려운 일인지를 알 수 있습니다. 다음의 사진은 과연 무엇에 쓰는 물건일까요?[98]

---

98) 국립중앙박물관 웹진 이미지 참조

　이것은 세계 최초의 디지털카메라입니다. 이 세계 최초 디지털카메라를 개발한 회사는 당시 아날로그 필름 시장의 리더인 "코닥"이었습니다. 코닥은 미국의 경영전문지 포브스가 1987년 창간 70주년을 맞은 조사에서 70년 동안 시가총액 평균성장률이 시장 평균을 웃도는 실적을 낸 기업은 "코닥"과 "GE" 두 곳 밖에 없다고 발표한 두 회사 중 하나였습니다. 당시 코닥은 아날로그 필름 시장의 선두주자로서 디지털카메라를 세계 최초로 개발하였음에도 불구하고 디지털 시장이 그렇게 빨리 도래할지를 예측하지 못했고, 아날로그 필름 시장에서의 선도적 지위 유지를 보다 강조하다가 결국 디지털 시장에서 뒤처지게 됩니다.

　이러한 일은 우리 일상에서도 흔하게 발생하는 것 같습니다. 이처럼 우리 앞에 잠재적인 성장가능성이 풍부한 가치 있는 자산이 있음에도 불구하고, 당시에는 그 가치를 알아보지 못하고 나중에서야 알게 되는 일은 쉽게 볼 수 있습니다.

　시장환경은 변화하고 기업이 생존과 성장을 위해 변화하는 환경에 대응해가는 과정에서 가치 있는 자산이 달라지기도 합니다.

그만큼 가치를 제대로 파악하는 것은 쉽지 않은 일입니다. 하지만 전혀 방법이 없는 것은 아닙니다. 처음으로 돌아가서 가치투자를 하는 투자자들은 시장과 산업과 대상회사에 대해 분석하는 시간을 아까워하지 않는다는 말을 새겨볼 필요가 있습니다.

시장에 귀를 기울이고 변화하는 흐름을 잘 관찰하면서, 산업과 회사에 대해 충분한 이해를 갖게 된다면, 그러한 이해는 기업의 핵심 가치를 파악하는 열쇠가 될 것이기 때문입니다.

그리고 그 과정에서 여러분들이 주식가치평가를 하게 될 때, 이 책이 조금이나마 도움이 될 수 있기를 바랍니다.

참고자료 및 참고사이트

- 이중욱 · 김성수, 「기업가치평가와 재무실사」, 삼일인포마인(2021)

- 이중욱 · 김성수 · 박윤진, 「M&A와 투자, 기업재편 가이드」, 삼일인포마인(2022)

- 에스워드 다모다란, 「주식가치평가를 위한 작은 책」, 정호성, 부크온(2013)

- https://finance.yahoo.com

- https://finance.naver.com

- https://finance.daum.net

- https://fnguide.com

- https://krx.co.kr

- https://Kind.krx.co.kr

- https://dart.fss.or.kr

- https://Samili.com

- 증권사 애널리스트 분석 보고서

저자는 서강대학교 경영학과를 나와 회계사 시험에
합격하고 오랜 기간 삼일회계법인에서 근무하였다.
다양한 가치평가 경험을 공유하고자
「기업가치평가와 재무실사」,
「M&A와 투자, 기업재편 가이드」라는
두 권의 실무서적을 집필하였다.
이 책은 더 많은 사람들이 가치평가에 대해
쉽게 이해할 수 있도록 가치평가 입문자와
가치투자를 하고자 하는 일반인을 위해 쓰여진
주식가치평가 책이다.